Encounters with Children's Expression and Arts-based Research:
Arts-based Inquiry in Elementary Education (Starting Inquiry with Arts-based Research Series 2)
Koichi Kasahara, Satoshi Ikeda, & Chihiro Tetsuka. (Eds.)

子どもの表現と
アートベース・リサーチの出会い

ABRから始まる探究（2）初等教育編

笠原広一・池田吏志・手塚千尋　編

学術研究出版

は じ め に

近年の「アート」の活況と美術教育

　近年,「アート」という言葉が世の中を賑わせている。書店にはタイトルに「アート」を冠する書籍が多数積まれ,オンラインストアでも沢山の種類の書籍が次々に刊行されている。とりわけコロナ禍以降はオンラインのワークショップや鑑賞,動画サイトのコンテンツも相当な数となり,「アート」という言葉を目にしない日はないだろう。こうした「アート」の活況が今までと少し違うのは,それらが趣味や教養,生き甲斐づくりなどの余暇活動というよりも,アーティストのもつ創造的な思考,芸術制作がもつ創造的プロセスを,人生を生き抜く上で,そしてビジネスなど様々な社会活動の中で積極的に活かしていくことを目的としているものが多いということである。文化芸術や教育だけでなく,他の産業界や学問領域からも「アート」は多くの注目を集めている。

　こうした状況はこれまで学校や大学で美術教育の実践や研究に携わってきた者にとっても非常に喜ばしいことである。ちなみに一口に美術教育といっても,より正確には,学校で行う図画工作科や美術科の授業は「美術科教育」であり,美術大学での芸術制作の専門家養成や生涯学習で広く行われている美術活動などは(広義の)「美術教育」に含まれる。特に学校教育の図画工作科や美術科は受験科目ではないことや,それを学ぶことで何が得られ,何にどう役に立つのかを測定可能なやり方で事前にわかりやすく示すことが難しい特性をもつため,教育システムの中で良さを十分に発揮し難いところがある。物事の認識の枠組み自体を超え出ることが「アート」の本質でもあるだけに,様々な可能性がありつつも,既存のシステムにはなかなか収まりきらないのである。

　それでは,アーティストが取り組んでいる活動をそのまま学校で行えばよいかというと,そうとは言えない。もちろんそうした活動が学校教育に新た

な可能性と活性化を生み出す優れた事例もあるが，公教育として行う学校の美術科教育としては，目的や制度，児童生徒の発達や学習の系統性を考えた内容や方法，評価など，様々な条件の中で体系的・計画的に取り組む必要があり，それがあることで義務教育において全国の全ての学習者の学びの機会が保証されている。しかし，それは一方で内容や方法の硬直化やマニュアル化による弊害も生みやすいため，種々の条件を問い直しながら授業実践の考え方や方法を検証し発展させていくことが美術科教育の研究の役割となる。美術科教育は学校教育という固有の条件の上で行われている美術教育の実践であり研究だが，その条件や前提をより広い美術と教育の領域に広げてみれば，おそらく現在の美術（科）教育の実践と研究には，未だ見いだせていない多くの可能性があるはずである。目下の「アート」の活況は，その可能性を示唆しているようにも見える。美術教育の研究においては，実践のフィールドごとに今現在求められている知識や技術の研究や開発が必要であることはもちろんだが，そうした条件自体も問い直してみる中で，未だ具体化されていない美術教育の可能性の探究にも取り組んでいく必要があるのではないだろうか。

アートベース・リサーチ（Arts-based Research：ABR）

　本書が扱う「アートベース・リサーチ」（Arts-based Research（以下，ABR）はそうした未だ具体化されていない美術教育の可能性を開拓する注目すべき試みの一つである。ABR は直訳すると「芸術（アート）に基づく研究」となる。通常，アートといえば自己表現のように表したい感情や考えなどを絵や彫刻（美術），音楽や映像，最近であれば様々なデジタル表現等によって形に表す活動であり作品と理解されている。確かに今もアートはそうした側面を持っているが，ABR が着目するのは，アートが様々な表現の材料や技法を用いながら何かを形にしていく過程で，素材や状況との対話と省察を通して何らかの発見や気づきを生み出したり，新たな理解や価値を提起したりするような，ある種の知的創造を伴う側面である。この「知」とは自然科学や社会科学の学術研究の知とは異なるタイプの知であり，異なる表現形式で表される

芸術的な知性である。他の研究のように数や言葉で表し難い物事の「質」を捉え，そこにアートの表現形式によって形を与えていくことで，他の方法では見出すことのできない物事の別の側面を浮かび上がらせ，新たな意味と価値を生み出していくような研究（探究）となる。ABR は表現・制作活動であると同時にそれが研究にもなっていく。ABR は特に 1990 年代に議論が活発化し，2000 年代に入ると美術教育，芸術療法，社会学など，様々な分野に広がり始めた。近年では日本でも実践と研究が各地で活発になってきている。

　アートが他の方法とは異なる何かを生み出すとしても，それを学術研究と同様に「知」と呼ぶべきかなど，たしかに今でも議論が続いている問題ではある。しかしこの四半世紀を振り返ってみると，私たちにとってアートは教養や生き甲斐だけでなく，ケアや社会包摂の実践，格差や差別などの社会課題へのアプローチといった，新たな視点からの現実の問題への関与可能性の創出などへ，その役割や意義を大きく拡張させてきている。もはや私たちはアートで何かを表現するだけでなく，アートすることを通して何かを知り，自己との，物事との，そして社会（世界）との新たな関係を創り出してさえいるのだ。こうしたアートのあり方とは，その問いかけや試みが始まった当初にはなかった可能性を，表現や制作の過程を通して探りながら具体化していくと言う点で，まさに研究（リサーチ）のようなものである。アートは個人を支える「生きる探究／探求（Living inquiry）」でもあると同時に，現実社会への関与というアクション・リサーチのようなものになってきているとも言えるだろう。

　そうした意味で，ABR は今日的なアートのあり様や議論，その背景にある個人や社会の状況，様々な教育の機会やその変革，他の学術研究の分野も含めた知の創出，これらが交差する場所に多視点的に立ち上がってくる，アートをベースにした探究の技法と位置付けることができると考える。ABR は今もなお発展的に研究や実践が生み出されており，その定義やあり方自体も変化し続けている。先ほど述べたように，未だ具体化されていない美術教育の可能性を開拓していくとすれば，それぞれの現場で ABR を試みながら，理論の考察を深め，実践を具体化し，理論と実践，そしてアートと研究（リサーチ）

のダイナミックな循環と生成を賦活させることが重要になるだろう。本書は
まさに，そうした試みに挑戦した研究者たちの論考や実践の数々を開示する
ものである。執筆者は教員養成系大学や美術大学に勤務する者や学校で教壇
に立つ者，大学院生まで様々である。美術教育に携わっている点は共通する
が，ワークショップ研究，特別支援教育，インクルーシブ教育，学習環境デザ
イン，工芸教育，さらに教育哲学，彫刻制作，絵画制作など専門も様々で，国
内だけでなくスペインやカナダで研究に取り組む者も参画しており，こうし
た多彩な参画が ABR の寛容さと可能性の一端を示してもいる。

本研究および本書刊行の経緯

　本書に収録した研究は科学研究費による共同研究「Arts-Based Research
による芸術を基盤とした探究型学習理論の構築」（基盤研究（B）課題番号
18H01010, 2018年度〜2020年度）の成果に基づいている。いずれのメンバー
も ABR に関心を持ち，とりわけ本科研では ABR の探究的な特性に着目し
ながら，各々が大学などの高等教育機関や初等教育の現場で実践と研究に取
り組んできた。その中で本書は「ABR から始まる探究（2）初等教育編」とし
て，近年関心が高まり取り組みが進んでいる探究的な学習と ABR の接点を考
え，幼稚園や小学校でのアートベースの探究の実践と研究の試みを紹介して
いる。その際，ABR を学校教育に応用するというよりも，実践者や研究者が
ABR を学ぶことで自分たちの実践や研究にどのような変化が起こるのかに
着目し，子どもの表現と ABR がどのように出会うかを考察した実践研究を収
録している。また，主に大学や大学院での実践を紹介するとともに ABR の理
論面での論考を収録した「ABR から始まる探究（1）高等教育編」も同時に編
まれており，そちらも本書とあわせてご覧いただきたい。

　ABR のような新たな実践や研究は高等教育に限った話と思われがちだが，
ABR の議論の背景には大学や学校教育，そして学術研究を支える共通の認識
基盤にまつわる問題提起がある。それは私たちが世界をどのように認識し，
いかなる表現形式でそれを表しているのか，その上にいかなる研究や学習
理論が展開され，どのような教育のビジョンが描かれ，ガイドラインやカリ

キュラムが形づくられ，どのように実践されるのかということに通底している問題なのだ。それらは教育と学術研究が共有する基盤的な問題認識でもあり，ABRは新しい知識創造の可能性を拓こうとする試みでもある。まさにそうした試みをどのように具体化していくことができるのかという問いが，本研究が美術教育の文脈でABRを論じる重要な問題基盤ともなっている。

　すでに本研究の期間中に共同研究者の小松佳代子による『美術教育の可能性　作品制作と芸術的省察』(2018，勁草書房) や研究代表者の笠原広一とリタ・L・アーウィンによる『アートグラフィー　芸術家 / 研究者 / 教育者として生きる探求の技法』(2019，学術研究出版) も刊行され，ABRに関連した議論を眼にすることも少しずつ増えてきている。今後も共同研究者らと取り組んだ研究が国内外から順次発刊される予定で，日本のABRが海外に発信される状況も生まれている。日本も含め世界中で起こっている自然災害，政治・経済あるいは文化的なコンフリクト，そして戦争や国際紛争を伝えるニュースや投稿が手元のスマートフォンに流れてこない日はないように，私たちの日々の暮らしや人生は，好むと好まざるとにかかわらず国境を超えた問題状況に絶えず影響を受けている。私たちは内と外の両方に意識を開き，アート，教育，リサーチとともに，それらの複雑な条件と状況のあいだで可能性を模索していく必要がある。新型コロナウィルスの感染拡大は多くの困難をもたらしているが，一方で地域や国を超えたオンラインのコラボレーションも活性化させた。こうした新たな状況の中でアートと教育とリサーチの可能性を国内外の人々と連携しながら探究していくことは今後ますます重要になるだろう。「アート」をめぐる，そして美術教育の可能性をめぐるABRの取り組みは，私たちが新たな時代を生きていくために必要な，アートと教育とリサーチのそして知の共創の新たな技法と理論を生み出していく道に通じていると信じている。特に本書は，そうした可能性を学校教育の文脈で多角的に検討・試行し，その実装可能性を模索したものである。本書の研究を批判的に乗り越えることで，その可能性はさらに具体化が進むと考える。

本書の構成

　ここで，本書が収録した初等教育での理論（第1部：理論編）と実践（第2部：実践編）の概要を示す。

第1部：理論編－学校教育への展開可能性

第1章「アートと，探究／研究と，学校教育との出会い－学校教育と学術研究が共有する知識創造のパラダイムとABR」では，教育実践の背景にある制度や学習理論と学術研究が共有する知識創造の基盤を概観し，その基盤の上に新たな知の技法を創造しようとするABRの関連性を論じ，アートと探究／研究と教育を結ぶ共通の問題基盤を浮き彫りにする。（笠原広一）

第2章「美術教育におけるABRの可能性」では，ABRの考え方，科学的探究や量的・質的研究との違い，他の探究的な学習との異同を検討し，図画工作科や美術科での芸術的探究とは何か，教科横断的学習や学習の個別化との関係など，学校教育の文脈上でABRの可能性を論じる。（和久井智洋）

第3章「学校教育におけるABR・A/r/tographyによる「探究」型学習－総合的な学習（探究）の時間における探究との比較を中心に」では，学校教育の文脈にABR・A/r/tographyを導入する際の問題点や懸念を検討，学習指導要領および「総合的な学習（探究）の時間」での探究の考え方と比較することで，ABRによるアートベースの探究実践の実装可能性を論じる。（池田吏志）

第4章「授業としてのABR実践研究－芸術に基づく探究型学習活動への展開と課題」では，学習科学の理論に基づき，芸術に基づく探究の授業化の方略，カリキュラムデザインや教授法（授業形態）について，学習環境デザインの観点から考察するとともに，ABR・芸術に基づく探究学習のフレームワークの構想を試みる。（手塚千尋）

第2部：実践編－ABRの特色を活かした学校園での展開

第5章「幼児の土を使った遊びと探究－Arts-Based Researchの視点から実践を描き出す」では，幼稚園での土を使った実践でのアクションリサーチと

関与観察の中で，幼児が繰り広げる遊びや表現活動をABRの視点に立って捉え直してみることで，子どもの姿や，保育を捉える保育者や観察者の視点や省察がどのように変化するのかを考察する。(吉川暢子・手塚千尋・森本謙・笠原広一)

第6章「図画工作科における「土」を用いた実践のA/r/tography試行」では，小学校図画工作科での探究による学習の題材開発と実践を通して，図画工作科なからではの探求の姿を記述し，芸術を基盤とした探究型学習活動の導入における課題を明らかにする。(岩永啓司・手塚千尋)

第7章「Arts-Based Researchに基づく小学校での探究的ワークショップ実践の開発－小学校5・6年生を対象とした図画工作科の関連実践」では，東京都内の公立小学校5・6年生と実施したABRに基づく探究型ワークショップ実践について，以下8章から13章で論じる全6プログラムを概説し総合考察を示す。(笠原広一・森本謙・加山総子)

第8章「身体と教室の関係性に着目したABRに基づくワークショップ実践－クラフト紙を身に着けることによる探究的活動」では，6年生のクラスで行なった，クラフト紙を使った実践について考察する。(池田晴介・和田賢征)

第9章「紙風船を使って発見を見出そう！－紙風船で空間に潜在する概念を探究する」では，6年生のクラスで行なった，赤と白の折り紙風船を使って環境の中に潜在する概念を発見するワークショップ実践について考察する。(笠原広一・丁佳楠・岩永啓司)

第10章「学校の思い出を描く探究について」では，6年生のクラスで行なった，筆ペンによるドローイングと言葉の表現によって，場所の探究を通して思い出と自己の成長を振り返る実践を考察する。(小室明久・佐藤真帆)

第11章「ワクの外に何が見える？－日常のリ・フレーミングワークショップを実践して」では，5年生のクラスで行なった，枠をかざして日常の空間をリ・フレーミングすることで，場所やモノからコトを見出していくワークショップ実践について考察する。(手塚千尋)

第12章「偶然を積極的に肯定する－見えているようで見えていない色を見つける」では，5年生のクラスで行なった，偶然選んだ二色の絵の具を混ぜ合

わせた色のある場所を探し，予め意味があるはずだと考える意識の外部へ跳躍する生成的な学びのワークショップ実践について考察する。(生井亮司)

第13章「学校の軌跡と自分たちの今を写し取る－「時間」を見つけるワークショップの実践」では，5年生のクラスで行なった，フロッタージュ技法を使って日常の風景の中にある見えない時間を見つけ出すワークショップ実践について考察する。(栗山由加)

第14章「図工のなかのABR－子どもの脱線における芸術的省察」では，自身の小学校図画工作科での授業と子どもの姿から，アーティストの思考に近い痕跡を捉え，探究の時間として図画工作科の授業の捉え直しを試みる。(櫻井あすみ)

第15章「ABR黎明期にある我が国の受け止めと学校教育実践に向けた展望－執筆者による座談会」では，執筆者らのABRとの出会い，この間の研究や実践の手探り感，学校で実践した際の説明の難しさや子どもの姿，一般化できないものを研究として扱う意義，個人と社会をつなぐ探究的実践としての美術教育とABRの可能性について，オンライン座談会で議論を展開する。(笠原広一・池田吏志・手塚千尋・吉川暢子・岩永啓司・森本謙・栗山由加・櫻井あすみ・生井亮司・小室明久・和久井智洋)

特別講演録　海外の事例紹介

第16章「Arts-Based Researchを実践的に学ぶ－バルセロナ大学の取り組みについての講演とワークショップから」では，ABRの研究を牽引するバルセロナ大学のフェルナンド・H・ヘルナンデス教授による東京学芸大学での講演会を報告する。講演ではABRの基盤となる考え方やバルセロナ大学で行なわれた子どもとのワークショップが紹介されたほか，会場の参加者とABRを実践的に理解するためのワークショップが行われた。(フェルナンド・H・ヘルナンデス)

さいごに

なお，本書が収録する学校園での実践は新型コロナウィルスの感染拡大以

前，本研究期間の前半で実施した実践である。本来であれば並行して進めていた理論研究と継続的に往還させながら実践を重ねていく予定であったが，その後はコロナ禍のため学校園での実践が困難となり，その後の理論研究を反映させた実践を行う機会を持つことが難しかった。ゆえに，第2部の実践編は第1部の理論が練り上げられる初期段階の試行的実践という位置付けが強いことを念頭に置いて読み進めていただきたい。その分，結果的には著者らの初期の試行錯誤が率直に見て取れる内容となっている。最終部の座談会のフランクなトークもそうした点を生かしたものである。

　ぜひここから，アート，研究（リサーチ），教育（実践）のあいだの新たな議論の創造に，読者の皆様にもご参加いただきたい。

2022年3月
笠 原 広 一

本書の用語について

アートベース・リサーチ

　近年，日本で広がり始めた Arts-based Research（ABR）の研究を概観すると，その表記や呼称は論者によって様々である。直訳すると「芸術に基づく研究（探究）」「芸術を基盤とする探究（探求）」となる。それに加えて本文中では「アートベースの探究（研究）」など文脈に応じて用いている。ABRの呼称としては現時点で広く用いられている「アートベース・リサーチ」としている。

探究・探求

　「探究」については学校教育での「総合的な探究の時間」や教科学習，学術研究の文脈では基本的に「探究」を用いるが，著者によってはそれとは異なる意味を表すために適宜「探求」を用いる場合もある。基本的には、芸術制作などの表現や技法や素材とのかかわり合いを通した探索や理解については「探究」を，それを通じた自己理解や他者理解などを追求する連続的な探索については（自己）「探求」を用いる。他の研究分野での用語の使用や訳書からの引用の場合は原著を踏襲しているが，同じ意味でも分野や訳者によって異なる訳語が選択されている場合もある。それ以外は著者内で可能な限り統一に努めたが，各著者の判断によるところもあることをご了承いただきたい。

科研費研究メンバー

笠原　広一　　東京学芸大学　准教授　　（研究代表者・本書編者）

池田　吏志　　広島大学　准教授　　　　（本書編者）

手塚　千尋　　明治学院大学　准教授　　（本書編者）

小松佳代子　　長岡造形大学　教授

生井　亮司　　武蔵野大学　教授

茂木　一司　　跡見学園女子大学　教授

佐藤　真帆　　千葉大学　准教授

吉川　暢子　　香川大学　准教授

岩永　啓司　　北海道教育大学　准教授

栗山　由加　　東京学芸大学　個人研究員

小室　明久　　中部学院大学短期大学部　助教

本書執筆協力者

フェルナンド・H・ヘルナンデス　バルセロナ大学　教授

森本　　謙　　ブリティッシュ・コロンビア大学大学院博士課程

加山　総子　　武蔵野大学　非常勤講師

櫻井あすみ　　星野学園小学校　非常勤講師
　　　　　　　川口短期大学　非常勤講師

和久井智洋　　東京学芸大学大学院教育学研究科
　　　　　　　東京都公立小学校主任教諭（図工専科）

丁　　佳楠　　東京学芸大学大学院教育学研究科

池田　晴介　　東京学芸大学大学院教育学研究科

和田　賢征　　東京学芸大学中等教育教員養成課程美術専攻

目 次

はじめに　*3*

第1部　理論編—学校教育への展開可能性

第1章　アートと，探究／研究と，学校教育との出会い
学校教育と学術研究が共有する知識創造のパラダイムとABR

笠原 広一……　*21*

第2章　美術教育におけるABRの可能性

和久井 智洋……　*43*

第3章　学校教育におけるABR・A/r/tographyによる「探究」型学習
総合的な学習（探究）の時間における探究との比較を中心に

池田 吏志……　*59*

第4章　授業としてのABR実践研究
芸術に基づく探究型学習活動への展開と課題

手塚 千尋……　*79*

第2部　実践編—ABRの特色を活かした学校園での展開

第5章　幼児の土を使った遊びと探究
Arts-Based Research の視点から実践を描き出す

吉川 暢子・手塚 千尋・森本 謙・笠原 広一……　*99*

第6章　図画工作科における「土」を用いた実践のA/r/tography試行

岩永 啓司・手塚 千尋……　*121*

第7章　Arts-Based Research に基づく小学校での探究的ワークショップ
　　　　実践の開発
　　　　小学校5・6年生を対象とした図画工作科の関連実践

　　　　　　　　　　　　　　　　笠原 広一・森本 謙・加山 総子 …… *151*

第8章　身体と教室の関係性に着目したABRに基づくワークショップ実践
　　　　クラフト紙を身に着けることによる探究的活動

　　　　　　　　　　　　　　　　　　　　池田 晴介・和田 賢征 …… *163*

第9章　紙風船を使って発見を見出そう！
　　　　－紙風船で空間に潜在する概念を探究する

　　　　　　　　　　　　　　　　笠原 広一・丁 佳楠・岩永 啓司 …… *175*

第10章　学校の思い出を描く探究について

　　　　　　　　　　　　　　　　　　　　小室 明久・佐藤 真帆 …… *187*

第11章　ワクの外に何が見える？
　　　　日常のリ・フレーミングワークショップを実践して

　　　　　　　　　　　　　　　　　　　　　　　　手塚 千尋 …… *197*

第12章　偶然を積極的に肯定する
　　　　見えているようで見えていない色を見つける

　　　　　　　　　　　　　　　　　　　　　　　　生井 亮司 …… *209*

第13章　学校の軌跡と自分たちの今を写し取る
　　　　「時間」を見つけるワークショップの実践

　　　　　　　　　　　　　　　　　　　　　　　　栗山 由加 …… *217*

第14章　図工のなかのABR

子どもの脱線における芸術的省察

櫻井 あすみ …… *225*

第15章　ABR黎明期にある我が国の受け止めと学校教育実践に向けた
展望

執筆者による座談会

笠原 広一・池田 吏志・手塚 千尋・吉川 暢子

岩永 啓司・森本 謙・栗山 由加・櫻井 あすみ

生井 亮司・小室 明久・和久井 智洋 …… *235*

特別講演録　海外の事例紹介

第16章　Arts-Based Research を実践的に学ぶ

バルセロナ大学の取り組みについての講演とワークショップから

フェルナンド・H・ヘルナンデス …… *277*

おわりに　*299*

著者紹介　*303*

第1部

理論編
学校教育への展開可能性

第1章

アートと，探究／研究と，学校教育との出会い
学校教育と学術研究が共有する知識創造のパラダイムとABR

笠原広一

1. 教育を論じる背後にあるもの

　教育にまつわる議論ほど様々な個人の意見や経験，感情が入り混じるものはない。すべての人々がかつて児童生徒として学校生活を経験し，親になった場合は保護者として教育や学校に関わるなど，人生で何度も学校・教育に関わる機会があるため，教育の議論には当事者意識を持ちやすい。そして私たちが自分事としてそうした議論に加わることは民主的な教育を支える上で重要なことである。

　今日，社会の様々な制度や仕組みに軋みが生じ，それをどのように変えていけば良いか考えようとするとき，教育はいかにあるべきかが問われ，期待と批判が入り混じった議論が湧き上がる。しかし教育にまつわる問題は言うほど簡単ではなく，常に複雑な様相を呈する。毎日通った学校時代の経験は一人ひとり固有なものであり，同じクラスで授業を受けた友達の経験もその体験や意味は一人ひとり異なる。そして教育を受ける側としては誰もが経験するものの，教育を行う側の経験をする者は限られる。同じ教室に居たといっても教師と児童生徒では目的と役割が異なり，見ていた風景も同じではない。教育の議論は各自が自由な立場から行えるわけだが，教育制度や教育方法の根底や背後にあり，その基盤となる「ものの見方や考え方」はあまり一般的に語られることはない。教育政策や学習指導要領はもちろん，各種教育学研究の背後には，その人や教育・研究のコミュニティに共

有されている「ものの見方や考え方」がある。それは教育観や学習観であり，さらにその前提となる知の「パラダイム」（クーン，1971：1962）に関することである。

　パラダイムといえば天動説から地動説への転換といった話がよく例に挙げられるが，パラダイムが異なれば物事や真理を捉えるために拠って立つ枠組みや前提が異なるということだ。星が動いているのか，それとも私たちが動いていると考えるのかで見方も見えるものもその理解も変わる。真実の基準や疑問を解明する方法も違ってくる。その違いに無自覚であれば，同じ目的で議論をしていても噛み合わず，コンフリクトが起きることもあるだろう。よりよい教育を実現したいという願いは共通しても，どんな前提や立場から何をどのように見て語っているのか，そのズレを確認しなければ教育にまつわる議論はなかなか噛み合わない。

2.　個人の「ものの見方や考え方」を学習と研究によって人類の知と接続する

　物事の背景にある「ものの見方や考え方」は普段あまり自覚されないが，私たちの体に染み込んでおり，無意識の言動や行動の基盤を形成している。学習者はもちろん教師や研究者にとっても同様で，時にはそれは教育観や研究観など自身のアイデンティティと深く関わるものとなっている場合も多い。

　公教育における教育活動は，人類が蓄積した一般性をもった知識と，個々人の固有な見方や考え方とのあいだを学習内容や活動，教材等で媒介しながら展開する。知識を学ぶことで限定的な個人の固有性や恣意性を超えた視座や理解を形成する。このことは学習者だけでなく教師や研究者も同様である。こうした合理的で科学的な態度の獲得は，知識を扱う教育の前提であり，大学などの高等教育や教員養成の根本でもある。しかし，教育の中で学んだ内容や実際に行ったことは見えやすいが，そこにあった「ものの見方や考え方」はやはり見えにくい。

　教育においては「すぐに役立つ」見えやすい知識と技能の獲得も不可欠だが，近年より明瞭となった知識基盤型社会の進展に伴い，教育の高度化・抽

象化が進み，知識創出の基盤的，メタ的な学習・研究の重要性が高まっている。産業や社会構造の変化が早く，様々な問題や課題に対処していくには，個別領域の具体的経験を学ぶだけでなく，より抽象度の高い知識を創出し，状況の一般化と個別化の複雑な往還を扱う学習とその（メタ）技法の習得や開発が求められる。具体的な問題と抽象的な思考との往還を通した知的創発性の活性化がイノベーション（技術革新）やインベンション（発明）の鍵になる。こうした動きはコロナ禍で加速し，教育現場でのデジタルトランスフォーメーションも含め，学校教育はこうした知的創造性への対応という変化の中にある。

　探究や研究を通して新たな知識を創造していく活動は，大学の学術研究だけでなく，今後は学校教育でもデフォルト化していくだろう。個人の「ものの見方や考え方」を学習と研究によって人類の知と接続するような，客観と主観のあいだの幅広いレンジで展開する探究的な学習活動が不可欠になる。教科横断とは内容の横断だけでなく，各分野が主とする認識のパラダイムと知識創造技法の横断であり統合的活用でもある。学校での探究的な学習もそうだが，「探究」を通した知識創造活動の原理が初等・中等教育と高等教育とで共有されることにはメリットがある。大学受験を念頭に置いた従来の知識詰め込み型の教育を経ていざ大学に入学してみると，そこで行われる実験やフィールドワークなどの研究は，それまで学生が経験してきた学習とは大きな違いがある。その不幸な不連続をつなぎ直し，人生のさまざまな場面で知を創出・活用し，主体的に問題に対処し課題解決を図りながら生きていくための資質・能力の育成に，こうした知識創造の共通基盤が役立つ可能性がある。

　それは何も自然科学や社会科学に関連する教科だけでなく美術などの芸術教科にも言えることだ。美術教育に引きつけて言えば，一人ひとりの感性，知識と経験，教科に固有な内容と技術，それらと共に発揮される教科領域固有のものの見方や考え方，これらをフルに活用しながら新たな知を生み出していくアートによる学習活動が重要になるということであり，このことは大学などの高等教育での研究をベースにした知識創造の考え方や技法と，学校教

育の実践原理とのあいだに，より共通性の高い橋（回路）が造られることを意味する。

3. 学習理論の変遷と学校教育の背景にあるもの

　では，教育にまつわる議論の背景にあるパラダイムとはどのようなものであったか。学習指導要領（解説）や答申にもそうした背景は概略的に書かれてはいるが，概ね社会状況の変化とそれを駆動している産業構造や科学技術の変化について述べられている。しかし，適応すべきそれら「変化」の奥に，さらにそのベースとなる科学研究の変化，「知」を再／定義，再／創造するメタ理論（認識論や存在論他）の変化などが連動して動いている。つまり学習理論とその背景的なパラダイムについても少し目を向けてみる必要があるということだ。

　教授・学習理論の哲学的な前提の変遷（久保田，1995；2012，笠原，2018）を振り返ってみると，1950 年代頃の行動主義的学習観，1960 年代の認知主義的学習観，1980 年代以降の（社会）構成主義的学習観と大きく変遷を辿っている。行動主義が外部の知識を学習者に注入していく学習モデル（導管メタファ）であるのに対し，（社会的）構成主義において知識とは実際に人やもの，環境との相互作用を通して間主観的に構成されていくもの（参加メタファ）と捉えられている。この変化の過程で，学習とは受動的な知識の受容から能動的に知を構成することへと考え方が変化し，それに伴い学習者の位置付けや教育の実践と評価の考え方や方法も変化した。

　これらは教育（実践）の側に起こった学習観（論）の変遷であり，心理学や認知科学など学術研究が生み出した知とパラダイムの変化が根底にあった。こうした変化は学問分野が相互に影響し合いながら起こるものであり，自然科学や社会科学のみならず，哲学，芸術などとも複雑に連動している。とりわけ 1970 年代以降，ポストモダン思想の広がりの中で，それまでの近代主義的な知識や制度の相対化が進み，多様なものの見方や考え方，一人ひとりの異なる感受認識を前提に協同的な学習活動を通して相互に見方や考え方を受容し合いながら新たな意味を作り出していくという，社会構成主義的な考え方が

社会の様々な領域に拡大して今日に至っており，これらは現在の教育の基調をなす考え方となっている。

　現在の学校教育が依拠する学習理論も広義の構成主義的学習論の文脈の上に展開しているが，そこには課題もある。平田 (2016) は構成主義に基づく状況的学習論の成果と課題を検討し，実際の共同体の社会的文脈のなかで多様な人々との交渉を通して知識を獲得していく学習へと学習観が転換したことはよいが，すでにある共同体への順応主義的な側面や，共同体の構成員のアイデンティティの獲得が他の実践共同体での学びを見えにくくし，共同体自体への反省と批判を難しくする点を指摘している。学校内であれ地域であれ，実際的な参加を通して学ぶことは重要だが，その共同体を所与のものとみなして順応していくとすれば，共同体に潜在する権力構造，抑圧や差別，不平等が見えにくくなり，それらを強化してしまうことにもつながるというわけである。同時に状況と文脈を批判的に見る視点を持つことが必要となるが，こうした文脈依存の複雑で総合的な関与を必要とする学習は，学習者のリフレクションと学習を自らデザインする自己主導性が必要なポスト近代型の高度で複雑な学習活動となる。ここで学習者が関与し学ぶ共同体は，一般的な知識のように抽象的で普遍性の高いものというよりも，場所や目的やメンバーなど固有の条件を持った状況的なものである。そうなると，より有利な環境や実践共同体に参加可能かが学習への参加に際しての新たな格差になる懸念もある (平塚, 2010)。

　また，近年の地球規模での気候変動や環境問題をみると，人類が地球の地質や生態系に与えてきた影響はすでに地球の限界を超えつつあり，「人新世」(Anthropocene) と呼ばれる新しい地質時代を表す言葉は，人間だけが「主体」で，自然や地球が客体であるという従来の西洋的な認識論の前提を批判し (斎藤, 2020)，「ポストヒューマン」(Posthuman)（ブライドッティ, 2019）など人間の主体性の再考とともに，主体／客体，人間／非人間の枠組みや，人間と自然の関係を問い直させる思想的，教育的実践の試みも活発化している。こうした人間と非人間，人間と「もの」との前提条件の変化は，様々な学問や社会実践に広がっている存在論的転回 (ontoligical turn) と問題意識を共有

している。こうした新たな哲学的思索はこれまでと異なる問題の捉え方やアプローチの創出を促す可能性を示唆している。こうした社会状況とテクノロジーの変化，その前提と背景の考察から生まれる新たな認識の枠組みは，学習論や学習指導要領等の議論の方向性，それを実装した教育実践や評価の考え方などと認識論的な議論の基盤を深部で共有している。

4. 産業構造の変化と教育政策と美術教育

社会の動向や技術革新などは教育改革や学習指導要領の背景として理解しやすく，その背景には様々な科学研究と知の動向，パラダイム，認識論や存在論などの議論が深部で関連していることを述べてきた。ここではより美術教育に引きつけてそのことを見てみよう。

日本の近代公教育制度の成立と変遷は，西洋的近代化と産業構造の工業化に重なる形で進んできた。藤原 (2018) によれば，20 世紀，とりわけ戦後は第一次産業（農林水産業）から第二次産業（製造建築業）へのシフト（工業化），第二次産業から第三次産業（流通サービス業）への移行によるポスト工業化が進んだが，その間，政府の政策も社会的自由主義に基づくケインズ主義政策から古典的自由主義の系譜に位置する新自由主義政策へと転換し，これらの社会構造の変容と戦後の教育改革は相補的な社会政策として具体化され，美術教育もこのマクロな動向と合わせて認識する必要があるという (p. 36)。学習指導要領が試案として位置づけられた戦後の一時期を除き，学習指導要領が法的拘束力を持つようになると同時に教育の中央集権化が進んだ。当時は戦後の経済復興を支える人材と能力の育成が急務のため，工場のラインや工業製品のものづくりなどを担う労働者の育成を前提とした教育が求められた。そのとき多くの情報（知識）を一斉に効率よく注入できる学校の教授システムを支える行動主義をベースにした学習論は確かに有効だった。しかし，大量生産によって工業製品の普及が飽和状態になると，商品はものから情報やサービスに変化した。時期的には 1970 年代から 1980 年代になるが，それに伴って教育政策も「使用価値を生み出す工場労働者に要求される能力から，記号価値を欲望することで新しい資本主義を担う消費者に求められる能力へ

のシフト」(p. 39) というポスト工業化に対応した能力育成への移行が求められ，多様化や個性を重視した感性主義的 (金子，2003) な教育政策が進められた。このように使用価値から記号価値への移行は，記号の多元的な意味解釈能力へと教育をシフトさせるが，それは構成主義的学習観によって支えられる意味を創出する学習活動と重なっている。

　こうした産業構造の変化は「もの」から「こと」への転換だが，同時にその間のソ連崩壊(1991年)やブレントウッズ体制の終焉と変動相場制への移行，オイルショックを経てケインズ政策(大きな政府)から新自由主義体制への移行が進むなど，経済，政治，教育・社会政策は連鎖的に変化していった (藤原，p. 39)。とりわけ新自由主義への政策的転換以後，市場化の論理は経済格差と学力格差の再生産を強化し，教育の個性化は児童中心主義的な美術教育にとって親和性が高いものの，無批判に個々人の個性を求めることは資本主義経済の欲望の追求に無自覚に組み込まれる危険があり，社会問題から子どもたちを剥離させる危険もあるという。産業と経済の構造変化と歩調を合わせた教育政策や美術教育が記号消費の担い手育成を担った一方で，主体的で批判的な社会形成の視座を持った市民の育成には十分に機能してきたとは言えない点を藤原は指摘している。

　こうした産業構造と社会状況の変化とは，Society 1.0 (狩猟社会) に始まり，Society 2.0 (農耕社会)，Society 3.0 (工業社会)，Society 4.0 (情報社会)，そして近年では Society 5.0 「サイバー空間 (仮想空間) とフィジカル空間 (現実空間) を高度に融合させたシステムにより，経済発展と社会的課題の解決を両立する，人間中心の社会 (Society)」(内閣府) と言われるように変化してきており，研究開発，新産業やサービスの創出，新しい消費行動，消費者育成の教育制度といった包括的なシステムとして構想されている。こうした変化は経済だけでなく，政治，法律，倫理，科学，文化など様々な領域が絡み合っており，特定の分野や技術のみで形づくられるわけではない。こうした動きが生み出す影響に批判的(分析的)に検討を加えていける主体と視点が必要となる。

　もし，美術教育が自己の内的世界の表現に閉じる方向性を押し出す場合，

それは消費者の論理が優しくナイーブな自分探しを包み込む。また一方で産業上の経済的な問題解決に直結する美術教育は，先ほどのシステムの再帰的強化を肯定する論理が働く可能性があり，いずれも現状のシステムに包摂されるならば，それ自体を相対化する視座を形成し得ず，学習としてもアートとしても十全に機能しないことになる。構成主義的な多元性，多様性には開かれつつも，そこに批判と議論の開かれた場を生み出すような公共の知識創造の共同的契機が必要となる。その点で，ナイーブで抑圧された自己の表現を支える方法論だけでなく，表現を通して他者の眼差しに触れ，自己認識が社会的な位相へと展開し，実際的な社会的関与を生み出していくような美術教育のあり方を模索していく必要があるだろう。新たな社会を生きる／担う／創り出す市民的主体の形成を担うのが教育だとすれば，それを美術教育においては感性的な認識にまつわる表現と制作を通じて行なっていくとするならば，内に対してであれ，外に対してであれ，「適応」だけでなく批判的な再／創造の論理を併せ持つ必要があるだろう（笠原，2018）。

5. 現代的な応答責任を支える知識創造の技法としての美術教育

　現代社会が抱える諸問題はいずれも発見や定義自体が難しく，解決のためのアプローチも複合的にならざるを得ない。高度な医療技術の開発は人間の生命倫理の再考を必要とし，科学技術の実装や応用はすぐれて政治的かつ倫理で，それを支える哲学的な議論も不可欠になる（コロナ禍のなかでこうした状況を多々目の当たりにしたはずである）。人間が何かを知ること，考えること，判断することは，多くの学問分野の知的創造活動によって支えられており，複雑化する変化の激しい現代社会を生き，何かしらの問題に関与していこうとするとき，こうした知識創造の技法は助けになると同時に，これからの市民的主体形成にとって基盤となる重要な共通の教養（リベラルアーツ）となる。手元のスマートフォンで世界の様々な情報が瞬時に共有される今日，私たちが「個人の「ものの見方や考え方」を学習と研究によって人類の知と接続すること」はかつてないほど重要な意味と可能性を持つ。私たちの感受認識やささやかな情報発信が今までとは異なる重みで現実に影

響を与え得る時代であり，知の創造への参加は現代社会への一つの応答責任（responsibility）と言えるかもしれない。そこに人間の感性的な認識に関連した視点を持ったアートが欠けてよいはずはないだろう。

6. 探究を通した知の創出方法の実装

　このように日々の教育実践は制度的および方法的な基盤において学習論と深く関連しており，それは科学の発展や経済と連動した産業構造の変化と，政治的，倫理的，文化的側面も併せ持ち，複雑に絡み合って動いている。現代社会では何らかの情報を知っているだけでは十分ではなく，関連する状況や文脈への参加を通した学習活動によって実際的な関与を生み出しながら物事の深い理解や解決につなげていくことが求められる。これまでの行動主義，認知主義，構成主義の学習観に基づく複数の教育活動のレイヤー上に，具体的なモノや情報，抽象的な概念や思考，これらの間に様々なパスを描きながら学習活動が展開し深まっていくことになる。

　近年では「探究」がそうした教育を具体化するキーワードとして重要な役割を担い始めている。「探究」と言えば学校教育では主に「総合的な学習（探究）の時間」の話になるが，今日学校教育で取り組まれている「探究」はそれだけではなく，個別の教科においても，教科を横断しても取り組まれている。近年盛んな「プロジェクト学習」や「課題解決型学習」などは探究的な学習の一つであり，生徒版の研究活動（リサーチ）と言える（田中・橋本，2012；溝上，2018）。高等学校では SSH（スーパーサイエンスハイスクール）や SGH（スーパーグローバルハイスクール）で積極的に取り組まれている。総合的な学習（探究）や SSH や SGH の取り組みは大学で行う研究活動（リサーチ）と全て同じではないが，「課題の設定」「情報の収集」「整理・分析」「まとめ・表現」といった学習活動がスパイラルに展開していく探究過程は，実際に物事や課題にどのように知的に関与し，課題解決を具体化し，新たな知を発見・創出していくかという基本的な考え方と技法において，大学での研究活動（リサーチ）やアカデミックスキルと共通点が多い。

　探究的な学習活動の導入の背景として語られるのは，先に述べたように高

度経済成長までの標準化された知識の効率的な学習と共同体への順応から，現在のグローバル化した変化の激しい時代の中で，多様性や新規性，個性の発揮や異質なものと新たな接点やネットワーク構築を通じて課題を解決し，新たな価値を生み出していく知識基盤型社会への変化である（成田，2016）。こうした社会を生きていく上で必要となる主体的に学び続ける力とは，「高度な専門的職業や研究者，先端的な仕事において求められるだけではない」(p. 49) ため，仕事や市民生活の様々な場面で必要な力として現代人の基盤的リテラシーだと言ってよいだろう。

　すでに私たちは抽象的で汎用的な資質・能力を育成し，時代や社会の変化の中でたえずメタ的に知識創造のあり方をアップデートしていく教育に移行し始めている。それはもはや大学などの高等教育だけで行うものではないのだ。もちろん抽象的で汎用的な資質・能力と言っても，それ自体は全く異なる領域の問題に転移可能なものではなく（ソーヤー，2017），教科固有の知識や現実の社会的文脈上での学習を通して行われる必要がある。何かについて知ることや理解を生み出すこと，知を創出することは，現代社会の基盤的リテラシーと捉え，大学などの高等教育で行ってきたアカデミックスキルやリサーチスキルと実践的・理論的基盤を広く共有しており，「探究」を通した知識創造の取り組みを初等・中等教育と高等教育に通底する現代的な共通要件と認識する必要があるだろう。

　それによって初等・中等教育と高等教育とのギャップも幾分少なくなり，探究的な学習が示すような知識創造（リサーチ）的教育活動の可能性がより積極的に社会に位置付けられ，効果を発揮していくことを期待したい。自ら問題を発見し，主体的に学び，判断し，よりよい解決を見出していく能力を育成する教育が実装されていくことで，学びの質も，社会の在り方も変化していくだろう。

7.　「探究」にまつわるパラダイムや方法の問題と美術教育の関わり

　このように探究的な学習の視点や，アカデミックリサーチを含めた「研究」および「探究／探求」という営みが生み出す諸分野の知が今日の社会を支え

ており，そのことが今後ますます重要になるが，ここで見落してはいけない問題がある。それは，学習者が探究やリサーチに取り組む際に拠って立つ，教師によって示される，あるいは明示されずに暗に前提とされるパラダイムや研究方法の問題である。ここまでの議論を振り返れば，行動主義や認知主義など，自然科学の枠組みに依拠した研究の考え方に立って生み出された知識や研究方法が，大学や学校教育で中心的に用いられてきたことがわかる。もちろん自然科学が今日の文明や科学技術の発展に大きく寄与したことは疑うべくもない。しかし先ほど見たように認識の枠組みはもちろん，人間や非人間といった主体と客体の枠組みさえ，ある特定の認識枠組みの限定性として指摘される昨今の状況を考えれば，学校教育で依拠する探究・研究の枠組みも再検討する必要がある。SSH や探究的な学習に関する説明や手引きを見ると，多くは自然科学や社会科学研究の考え方や方法論をベースにしていることがわかる。もちろん高校までの探究は発達や学習内容をふまえ適切な方法で行うことが重要であるが，高等学校までの探究（リサーチ）に認識論や存在論，研究パラダイム，そしてアートも含めた探究の議論が入り込んでいるかと言えば，現時点ではその形跡はあまり見られない。

　ここで提起したいのは，探究／探求・研究に「アート（芸術）」が関わる考え方と方法も含めるべきだということである。探究活動の過程とされる「課題の設定」「情報の収集」「整理・分析」「まとめ・表現」の「まとめ・表現」の段階でアートが活用できることは想像し易いが，一番の本質的な形での「アート」の関わりとは表現（representation）の方法や成果物としてではなく，「アートをリサーチとして行うことそのものの可能性」にある。しかし，「アートをリサーチとして行う」ことは一般的にイメージしにくい。実際，美術教育の教員養成課程でも「アートによる表現」は教えても，「アートをリサーチとして行うこと」を教える機会はほとんどない。美術教育を専門に学ぶ大学院生でもなければ知ることはないだろう。そうなると探究の可能性もアートと教育の可能性も広がりに欠けてしまい，学術研究が長い時間をかけて乗り越えてきたパラダイムや研究方法の問題を，学校教育が気づかずに巻き戻し，以前の状況を再現・強化してしまいかねない。現在も教員養成系大学の学生が複

数のパラダイムの違いを学ぶような機会は少なく，美術科の学生も卒業論文を課されずに美術制作のみで卒業可能であることも多いため，たとえ変化の時代にアートに可能性があるとしても，美術教育がこうした状況に十分に対応できない潜在的な原因の一つとなっているのではないかと自戒を込め危惧するところである。得手不得手ではなく，制作と研究，視覚と文字，感性と理性，複数のパラダイム間を行き来する探究の経験が美術教育に必要なのだ。

8. 量的研究と質的研究とアートに基づくリサーチ

　通常，アートといえば自己表現や何かを再現的に表象することやその作品を思い浮かべるだろう。アートは感情や考えをイメージ（図像等）として形にする行為であるとは思っていても，アートをリサーチと考えることは稀であろう。「アートがリサーチになりえるのか？」と疑問にも思うことだろう。アートをリサーチと関連づけて考える昨今の動向は，先に見てきた行動主義，認知主義，構成主義への認識の枠組みや学習論の変遷と共通する背景的議論の延長上にある。

　こうした学術研究や学習論の変遷とは研究方法の創造と拡張の歴史でもあった。研究は何を対象とし，どのように対象を観察し，どのようにデータを表現するかによって研究方法が変わってくる。対象から得られるデータを数量として扱い分析する場合は量的（定量的）研究となり，インタビューやアンケート，観察に基づく記述や歴史的資料などをデータとして扱う場合は質的（定性的）研究となる。量的研究は多くの観察対象（サンプル）を数で表し統計的に処理するため，個々の対象よりも，それら全体がどのような傾向を持ち，測りたいものの度合いがどの程度かを数字で表現するものとなる。一方で質的研究は，個別の観察対象の具体的な特性を言葉で表すため，調査対象の全体的傾向よりも個別のあり様（質）を描き出すことになる。

　教育実践を対象とする社会科学研究を例にすれば，先ほどの行動主義や認知主義に基づく研究では主に量的研究が，構成主義の枠組みで考える実践上の問題の場合はその問いに応じて量的研究だけでなく質的研究も取り入れながら研究が行われることが多い。そして重要なのは，それら研究パラダイム

の違いや研究方法の違いによって見えるものや生み出される知識が異なるという知の多面的特性の理解である。これらの二つの方法は補完的に扱えるが，同じ目的と尺度で比較することはできない。大規模な調査によって量的に導き出す知識もあれば，少ない調査サンプル（対象が一人でも）を深く理解することで示せるものもあるのだ。

ポストコロニアリズムやフェミニズムなどの研究の文脈では，それまで支配的だった研究の特権的立ち位置が批判され，それらが用いてきた方法では掬い上げられなかったもの，語られなかったものに光を当てようとすることで，新たな研究の視座や方法の開発が試みられた。美術教育研究ではこれまでリサーチのパラダイムやメソッドについての議論は活発ではなかったが，近年は量的研究だけでなく，教育実践を扱う研究において事物や関わりの質的側面に焦点を当てた質的研究も出てきており（笠原, 2017），少しずつ美術と教育と知の創出の問題が前景化し始めている。

数量的に表される量的研究にも言語で記述される質的研究にも長所と短所，そして限界がある（やまだ, 2006）。世界を記述する表現としては数字も言語（言葉）も人間が生み出した言語であり，メタファーを駆使する芸術表現も一つの言語である（やまだ, 2006）。教育成果に関する研究でも量的研究は行動主義や認知主義に基づく教育成果の測定で力を発揮したが，他方，固有性をもった一人ひとりの児童生徒との教育実践に関する質的研究も子ども理解や実践理解の臨床的な知を生み出してきた。こうした研究の枠組みや方法論の拡張を考えるとき，学校の美術や音楽などの芸術教科は量的基準では判別がつけられないものや，その質を言葉で語りがたいものをビジュアル・イメージや音といった言語で扱う教科（芸術であり / 学問であり / 実践）だということが言える。アートは世界を捉え表現するために人間が生み出した数字や言葉に並ぶ，しかしそれらでは表現できないものを扱う重要な言語である。数字や言葉による研究や探究だけでなく，アートによる研究の可能性も考える必要があるだろう。

第 1 章　アートと, 探究／研究と, 学校教育との出会い　33

9. アートベース・リサーチ：ABR（芸術に基づく研究・探究）

　ここまでの話から，アートがリサーチ（研究・探究）になるということは，絵や彫刻や音楽など何かしらの芸術表現の形式による制作活動を通して，ある事柄についての理解や知識を得ていく，生み出していく探究過程を進むリサーチが可能であるということだ。このようにアートがもつ表現や制作活動上の特性をリサーチに活かしていこうとする，また，それ自体を新たなリサーチと位置付けようとする考え方であり方法がアートベース・リサーチ（Arts-based research）（以下，ABR）である（笠原, 2019）。元来アートはその表現過程の中に探索的な要素を持つ。創造的な制作活動によるアートセラピー（Creative Arts Therapies）では表現過程の探索的性質をセラピーに応用しており（McNiff, 1998；Leavy, 2019），それも ABR の一つの源流とされる。そしてここまでの議論で見てきた自然科学や人文・社会科学研究に対してアートを研究として位置付ける取り組みは，直接的には教育学研究におけるエリオット・W・アイスナー（Elliot W. Eisner）の貢献が大きい。

　アイスナーは，研究とは人間の経験を拡大し理解を促すものであり，そこに知識の創造や物事について知るプロセスがあるならば，科学であろうと芸術であろうと形式は異なるとしても同様に研究と言えるという。アイスナーは自身のそれまでの研究から，教育に科学的知見が不可欠であることを認めた上で，人間の固有な知覚体験に基づいた省察が生み出す知が教育においては重要だと考え，“*Arts Based Research*”（Barone & Eisner, 2012）の中で次のように述べている。

　　ABRとは，芸術が手段として用いている思考の形式と表現の形式を活用する活動であり，それによって世界はよりよく理解され，そうした理解は知性の拡大をもたらす。(p. xi. 筆者訳出)

　このように ABR とはアートが用いる表現形式を使って行う研究（リサーチ）であり，美術であれば様々なモノとの関わりを通して，音楽であれば音，ダンスや演劇であれば身体や物語などを通して作品が具体化されていく過程

の中で，関係的・生成的に生起する作品制作を通した質的な気づきや発見，それに対する応答的・循環的・生成的な創造といった，芸術制作にかかる質的特性を用いる探究活動だということだ。そしてこうしたアートを用いるリサーチとは，先ほどの研究方法の議論から考えれば，統計的手法が対象とするような多数の事例からランダムに抽出して一般化できる知を生み出すことを目的とするのではなく，定量化できない唯一無二の固有性にまつわる経験を扱い，美術だけでなく詩や小説などの文学，近年の多様な映像メディア表現などを用いて行うことができる新たな形式での人間や社会にまつわる探究だと言える。アイスナーらは次のようにも述べている。

　ABR は研究（論文）を読む者が執筆者の経験に参与することを可能にするために，（芸術の）表現形式が持つ表現力豊かな質を活用する。より端的に言えば ABR は意味を伝えるために（芸術の）表現形式が持つ表現力豊かな質を利用したプロセスのことなのである。（括弧：筆者追加）（Barone & Eisner, 2012, p. xi. 筆者訳出）

　つまり，研究の方法，プロセスとしてアートを用いると同時に，最終的には芸術表現として観る者や触れる者に受容されるということだ。例えば，映画を観ることで，ある状況下の人間のあり様について実感を伴いながらより深く理解することができることは想像し易いだろう。映画でなく絵画や小説でリサーチがなされれば，そこに表現され描き出されるものもまた変わってくる。先ほど述べたようにアートが単にリサーチの最終成果を表現するだけのものではなく，どんな方法でどのように制作過程で探究がなされるかによって，どのような人間や事象の理解，真実の解明や意味の生成がなされるかが変わってくるのだ。この点が客観的なエビデンスに基づいて一つの真実を追求する他の研究と大きく異なる点である。一方，間主観的に複数の意味を構成し得る構成主義的な質的研究との類似性もあるが，アートはアンケートに置き換えることができるビジュアル・データということではなく，何かを形づくったり具体化していく表現・制作過程の中に立ち現れるもの，その出現

と出会いこそが重要になる。その点ではやはり，ABR は量的研究や質的研究とは異なる研究の考え方であり方法なのだ。とりいそぎこうした他の研究方法との違いも含め，ABR とは何かという定義としては，さしあたって，「芸術制作の特性を物事の探究や調査，意味や価値の創出に用いていこうとする，探究的で省察的な芸術制作の用い方であり，同時に研究の方法論」（笠原，2019），そしてアプローチ（Leavy, 2019）であると述べておく。

10.　ABR の特徴

　近年，ABR のハンドブックを刊行したパトリシア・リーヴィー（Leavy Patoricia）は，「ABR とは創造的諸芸術の原理を研究の文脈に組み合わせた知識構築の学際的アプローチである」（Leavy, 2019, p. 4）（筆者訳）と定義している。先に見た ABR の特性からすると，ABR は質的研究の一つの方法のようにも見えるのだが，これに対してリーヴィーは，質的研究は確かにアート同様に質に着目するが，グラウンデッド・セオリー・アプローチ（データに密着した分析からの理論創出）を取ることが多いのに対し，ABR は「グラウンドレス・セオリー」（データを用いない理論創出）であり，それは研究方法の違いというよりも新たなパラダイムの提起なのだ（Leavy, 2019）という。そして ABR は，アートが感覚，身体，イメージなど，私たちが前言語的に物事を理解することを可能にし，物事の多面的な真実を伝え，自分や他者についての理解を生み出し，相互的・間主観的に知識の共有を可能にするものだと言う。

　ABR はその方法として視覚芸術や音楽，詩や映像，身体表現や演劇，デジタル表現など様々な表現方法を用いることができるが，それはアートが質的研究を支える解釈のためのデータを提供する（生み出す）という意味ではない。むしろアートの表現と制作を通して探っていくことで見いだしていくものが ABR のリサーチ・探究によって生み出される知であり，そこがアートベースのリサーチ・探究の重要な特徴である。それゆえ既存の形式で取得できるデータに基づく（グランデッド）研究でもなければ，一般的な社会科学研究の最終的な視覚化されたプレゼンテーションという役割でもない，アートの制作過程の中で発見的・生成的に生み出されていく知とその可能性に基づ

く研究が ABR だということである。

　ABR におけるアートとは，研究のプロセスと生み出された知を具体化した生成物であり混成物である。それは確かにアートを研究に「用いる」手法だとも言えるが，よりアートの特性に基づいて述べるならば，絶えずアートは目的的に用いられる私たちの意図を超え出ようとするものであり，予め設定した問いに答えを導き出すための実証的な研究のデザイン・プロセスとは異なる進み方をする。何かへとねらって「落とし込む」というよりは，未知なるものとの出会いを招き入れると表現する方が近いかもしれない。アートはすでに起こった，今起こりつつある，そしてこれから起こるであろう出来事についての質的で個別的なあり様を具体化し，その質的な側面を浮かび上がらせる。過去に起こった出来事の意味を事後的に「理解するため」の研究とも異なり，むしろ未だ明確に問いを設定することができないものや，様々な表現や調査も含めながら探究自体をアートによって，アートとして立ち上げていく，そんなリサーチ（探究）となっていく（becoming）生成的なプロセスに特徴がある。

　教育学研究は ABR が生まれた背景の一つとして重要な領域であり，現在 ABR は芸術に基づく教育研究（Arts-based educational research：ABER）として，教育分野でも広く展開している。アートの表現・制作と文章による自伝的な自己探求を統合的に行っていくアートグラフィー（a/r/tography）（Irwin & de Cosson, 2004, Springgay, Irwin, Leggo, & Gouzouasis, 2008；笠原・アーウィン，2019）などもその一つだが，その他に約 30 種類ほどのバリエーションがある（Leavy, 2019）。

　ABR を通した実践は探究者を研究や表現，それらを通したアイデンティティの探求に向かわせるだけでなく，間主観的に他者との関わり合いや社会的文脈と自身の探究を架橋させる特徴も持ち，ABR は個人と社会をつなぐ探究として展開する可能性を含んだアプローチである。リーヴィー（Leavy, 2019）も ABR が詩や物語に表現されるナイーブで抑圧された自己表現を支えるとしつつも，その中にとどまるのではなく，表現を通して他者の眼差しに敏感になり，ABR に取り組むことを通して自己認識が社会的な位相へ展開

第 1 章　アートと，探究／研究と，学校教育との出会い　　37

していくことや，具体的な社会的関与を生み出していくことがその特徴だとする。ABR は知るためのリサーチの方法というだけでなく，リサーチ（探究）を通して実際的な問題への関与を刺激し，科学と芸術，研究と実践が広く交差する地平を具体的に提供するものなのだ。そして何より，「アートとしてリサーチ」し，「アートの実践として」，自己や社会の課題に取り組むということは，問うべき課題自体を捉えることが難しいものや，他の方法では十分にその意味や実感に触れることができないもの，表し共有することが難しいものに対して，他の科学研究とは異なる仕方で捉え，思考し，新たな関与の仕方を生み出し，私たちの感受・認識や態度を変えるような生成的で変容的な学習を引き起こす可能性を持つ。それが「アートをリサーチとして行うこと」の意義であり，ABR を美術教育，学校教育で行なっていく意義である。ABR は，数字や言語とは異なるアートというもう一つの言語でもって認識の枠組みを問う固有な研究の方法であり，その可能性をより広く私たちの生を支える局面に，そして社会の様々な局面に用いていくことで，私たちの生と社会関与の在り方に新たな視野と（メタ）技法を拓くものとなるだろう。

11.　ABR と美術教育の可能性

　ABR を研究する小松（2018；2022）は，こうした ABR の可能性が学校教育の美術教育に実装されることには大きな可能性があると言う。しかし，国内はもちろん海外でも美術制作や教員養成などの高等教育での事例は多いものの，学校教育での ABR に関連した事例は少ない。高等教育での実践手法を学校にそのまま持ち込むことには問題もある。しかしここまで見てきた様に，日本では探究的な学習の導入が進み，初等・中等教育と高等教育が知識創造の探究的な学びを共通基盤とする状況が進みつつある。大学などの高等教育における学際研究のように，初等・中等教育でも教科横断型の授業も取り組みが進んでいる。そうした状況変化は技術革新や産業構造の変化，認識論や存在論などの知の枠組み，研究方法などの知識創造の方法の変化と拡張とも連動した動きの延長上にある。しかし，その探究には今後「アート」が不可欠であり，それが研究や知識創造といった探究のあり方を大きく拡張させる可

能性を秘めている。その点では近年の日本でのビジネス界におけるデザイン思考（ブラウン, 2019）やアート思考（末永, 2019）への関心の高まりは, いち早くこうした問題状況への対処が求められる様々な現場からの要請とも言える。

　大学生に「小中学校の図工・美術で何を学んだか」を尋ねると, どんな作品をつくったかは思い出せるが,「何を学んだか」はうまく言葉にならないという。美術教育, そしてアートの学びが何なのかは捉えがたく示しにくい。しかし 2000 年代に入ると佐藤・今井（2000）が自己の生を想像的・創造的に創り出していく技法としてのアートの教育の可能性を教育学から提起し（小松, 2022）, 認知科学や心理学などの広範な学問領域からの学際的アプローチを見せる学習科学（ソーヤー, 2017）からも, 芸術活動の中での学びについて研究が行われ, 芸術家になる過程での学習や創造的熟達を解明しようとする研究（横地, 2020）もなされるようになってきた。そして本書第 1 巻（高等教育編）を執筆する小松らを中心に認知科学の研究者らが学校の内外で様々なジャンルにわたって取り組まれている芸術教育の実践研究の見取り図を描きなおす研究も具体化され始めている（Komatsu, Takagi, Ishiguro & Okada, 2022）。このように美術教育が, アートの教育が, 私たちにとっていかなる可能性を持つのか, 教育, 学術, 経済や様々な社会的営みにおいて, さらには人間のあり方自体を問い直し新たなビジョンを見出していく上で, 重要な実践と研究のホットトピックとなりつつある。私たちはそうした異種混交的なフィールドの中でアートと共に新たな知の探究へと踏み出していかねばならない時期に来ている。

12.　さいごに

　ABR と美術教育, そして学校教育についての具体的な議論はここから（2章以降）となる。本章はそこに立入る前の前提を示したが, 重要なのはこれまで様々な隔たりの中で考えられてきた美術教育を様々な実践的・学術的な議論の中に関連づけてその新たな可能性を見出していくことだ。「教育実践」と「研究」,「アートの表現・制作」と「学術研究」,「パラダイムや研究方法などの

知の創出の論理」と「社会や産業の変化」，そして「教育制度や学習観」。これらは互いに影響し合いながら形づくられている。目の前の現場や研究の背後にある理論や関係性を意識することは普段あまりないかもしれないが，これらの見取り図を描いてみることは今後の表現，研究，教育実践を考える上で役に立つはずである。ここまで論じてきた「学校教育と学術研究が共有する知識創造のパラダイムと ABR」（本章サブタイトル）の議論から見えてきた，「アートと，探究／研究と，学校教育との出会い」（本章タイトル）の接点を出発点に，ABR がひらく教育の実践と理論とはいかなるものか，それが実際に学校教育の文脈で展開したとき，子どもの表現と ABR の出会いが何をひらくのか，ここからぜひ一緒に考えていただきたいと思う。

文献

Baron, T. & Eisner, E. W. (2012). *Art based research*. CA：Sage.

ブラウン・T 著, 千葉敏生訳 (2019).『デザイン思考が世界を変える』早川書房.

藤原智也 (2018).「教育改革と学力・能力論の現在」美術科教育学会叢書編集委員会編, 『美術教育学叢書 1 美術教育学の現在から』学術研究出版/Bookway, 34-44.

平田仁胤 (2016).「状況的学習論の再検討：ドレイファスのハイデガー解釈に注目して」『岡山大学大学院教育学研究科研究論集』161, 1-9.

平塚眞樹 (2010).「若者移行期の変容とコンピテンシー・きょういく・社会関係資本」本田由紀編『労働再審 1 転換期の労働と〈能力〉』大月書店, p. 222.

Irwin, R. L., De Cosson, A. (Eds.). (2004). *A/r/tography：Rendering self through arts-based living inquiry*. Vancouver, BC：Pacific Educational Press.

笠原広一，リタ・L・アーウィン編 (2019).『アートグラフィー：芸術家/研究者/教育者として生きる探求の技法』Bookway.

笠原広一 (2019).「Arts-Based Research による美術教育研究の可能性について：その成立の背景と歴史及び国内外の研究動向の概況から」『美術教育学』40, 113-128.

笠原広一 (2018).「美術科教育の学習論と実践理論の拡張：学習論・ワークショップ・インクルージョンの関連動向から考える」美術科教育学会叢書編集委員会編『美術教育学叢書 1 美術教育学の現在から』学術研究出版/Bookway, 84-97.

笠原広一 (2017).『子どものワークショップと体験理解：感性的な視点からの実践研究

のアプローチ』九州大学出版会.

金子一夫 (2003).『美術科教育の方法論と歴史』中央公論美術出版.

クーン・T・S (著), 中山茂 (訳) (1971).『科学革命の構造』みすず書房 (Kuhn, T. S. (1962). *The Structure of Scientific Revolution*. Chicago：The University of Chicago Press.)

Komatsu, K., Takagi, K., Ishiguro, H. & Okada, T. (Eds.). (2022). *Arts-Based Methods in Education Research in Japan* (Arts, Creativities, and Learning Environments in Global Perspectives,7), Leiden, The Netherlands：Brill Academic Pub.

小松佳代子 (2022).「美術教育に横槍を入れる」『第44回美術科教育学会東京大会研究発表概要集』第44回美術科教育学会東京大会「社会の変化, アートの変容, 美術教育はどこへ」Keynote1「社会の変化とアートの変容」(2022年3月5日), 1-8.

小松佳代子 (2018).『美術教育の可能性：作品制作と芸術的省察』勁草書房.

久保田賢一 (1995).「教授学習理論の哲学的全体：パラダイム論の視点から」『日本教育工学雑誌』18, 219-231.

久保田賢一 (2012).「構成主義パラダイムの学習理論」『情報研究』36, 43-55.

Leavy, P. (Ed.). (2019). *Handbook of Arts-Basaed Research*. NY：Guilford Press.

McNiff, S. (1998). *Art-Based Research*. London：Jessica Kingsley.

溝上慎一・成田秀夫 (2016).『アクティブラーニングとしてのPBLと探究的な学習』東信堂.

内閣府「Society 5.0 とは」https：//www8.cao.go.jp/cstp/society5_0/ (最終アクセス日：2022年3月13日)

成田秀夫 (2016).「高校での探究的な学習の展開」溝上慎一・成田秀夫編『アクティブラーニングとしてのPBLと探究的な学習』東信堂, 46-65.

ブライドッティ・R (著), 門林岳史 (監訳) (2019).『ポストヒューマン：新しい人文学に向けて』フィルムアート社

斎藤幸平 (2020).『人新世の「資本論」』集英社.

佐藤学・今井康雄 (2000).『子どもの想像力を育む：アート教育の思想と実践』東京大学出版会.

Springgay, S., Irwin, R. L., Leggo, C. & Gouzouasis, P. (Eds.). (2008). *Being with A/r/tography*. Rotterdam, The Netherlands：Sense Publishers.

ソーヤー・R・K (著), 秋田喜代美, 森敏昭, 大島純, 白水始 (監訳) (2017).『学習科学

ハンドブック 第二版 第3巻―領域専門知識を学ぶ／学習科学研究を教室に持ち込む』北大路書房.

末永幸歩 (2019).『13歳からのアート思考』プレジデント社.

田中智志・橋本美保 (2012).『プロジェクト活動：知と生を結ぶ学び』東京大学出版会.

やまだようこ (2006).「質的心理学とナラティヴ研究の基礎概念：ナラティヴ・ターンと物語的自己」『心理学評論』49 (3), 436-463.

横地早和子 (2020).『創造するエキスパートたち：アーティストと創作ビジョン』共立出版.

第2章

美術教育における ABR の可能性

和久井智洋

1. はじめに

　グローバル化が進展し多様化する現代社会に対応する資質・能力を育成するために，これまでの知識中心の教育から脱却を図るためのカリキュラム改革が国際的に進んでいる[1]。そのような潮流の中で注目されるのが問題解決的な探究をベースにしたカリキュラム構成や学習である。

　日本においても高等学校では，総合的な探究の時間や古典探究，日本史探究，世界史探究，地理探究，理数探究といった科目が新設され，STEAM 教育が推進されようとしている。また，小学校においても，「習得・活用・探究という学びの過程」という深い学びの視点からの授業改善が求められ，総合的な学習の時間において探究的な見方・考え方に基づく「横断的・総合的」な学習を行うことが示されている。

　このように，探究的な活動が「横断的・総合的」に実践される中で，芸術や美術はものをつくるといった側面からその役割を担っているが，芸術制作が本来もつ「美的体験を重ね」[2]ながら探究的にものをつくり出していく特性との間には違いもあると考えられる。

　美術教育の分野では，芸術に基づく探究・研究として，アートベース・リサーチ（Arts-based Research, 以下 ABR と表記）という新たな方法が展開されている。ABR とは笠原（2019）によると「芸術を基盤とする新しい知の創出を目指す研究の考え方を示す概念であり，同時に実践の方法論」（p. 114）とし，

ABR は従来の科学研究と芸術の間にある溝や，科学研究や人文社会学研究に対して置かれてきた芸術の位置付けを大きく変えるものとして，近年国際的な美術教育研究の中で関心が向けられているという。

　美術教育においても，ABR の概念や実践方法を取り入れ，芸術に基づく視点から探究的活動を考察することで，芸術表現の特性を生かした探究的な学びの可能性が開かれるのではないだろうか。そこで本章では，ABR の理論や方法について概観し，その特性から芸術的探究の特質を明らかにした上で，美術教育における芸術的探究に基づく学習活動の可能性を考察する。

　本文で示す探究と探求であるが，学習指導要領が示す探究や，学術研究における学問的に何かを探し究めようとする場合を「探究」とする。そして，実証主義的研究として自己と切り離された研究よりも，その人の生きた経験と深く結びつき学問のみにとどまらず何かを探し求める，見出そうと求めるといった広義の意味をもつ場合を「探求」と示し，引用文に関しては原典のままとした。

2.　探究ベースの学習とは

　探究ベースの代表的な学習理論として課題解決学習 (Project-Based Learning)，問題基盤型学習 (Problem-Based Learning) といった学習理論が挙げられる。

　課題解決学習とは，J・デューイ (Dewey) (2013: 1938) によって経験主義に基づく課題解決型の教育論として提唱されたことに端を発する学習理論である。その特徴として，①学習を駆動させる質問，②スタンダードや評価に沿った学習目標，③科学的実践，④協調，⑤学習テクノロジ，⑥アーティファクトとしての学習成果のアウトプットの 6 つがある (クレイチャック＆シン，2016)。

　問題基盤型学習は，チュートリアルと呼ばれる学習のプロセス (問題のシナリオ－事実の同定－仮説の生成－知識の欠落の把握－自己主導型学習－新しい知識の応用－抽象化－評価) を通して協調的な問題解決や自己主導型の学習に取り組み，理解の促進を促す教育方法である (Hmelo-Silver, 2004)。

このように，探究ベースの学習理論にもかなりの幅があり，その方法は多様である。しかし，大きく共通する点として，問題解決のための問いの設定，明確な学習目標，他者との協働，教師の足場かけの重要性といった点を挙げることができる。また，課題解決学習では学習成果物や作品をつくり出すことに主眼が置かれるが，その目的は知識の適応や問題解決の方法となる。

以上のことから，学習科学の知見に基づく探究ベースの学習理論は，物事や対象に対し客観的な事実や視点から実証的で総合的な理解を導き出そうとする科学的な探究アプローチということができる。一方で，実証主義的な科学的探究では捉えることが難しい事象や経験を捉え，考察を深めていく方法として注目されている方法が，芸術に基づく探究・研究である。

3. 芸術に基づく研究・探究とは何か

では，芸術に基づく探究・研究とはいかなるものであろうか。そこで，ABRの代表的な論者であるE・W・アイスナー（Eisner）とT・バロン（Barone）による共著の *Arts based research* (2011)，P・リーヴィー（Leavy）の *Method meets Art : Arts-Based Research Practice* (2020) からABRの定義や特徴を明らかにする。また，広義のABRであるA/r/tographyについて，笠原広一とR・L・アーウィン（Iwin）による『アートグラフィー 芸術家/研究者/教育者として生きる探究の技法』(2019) からその特徴やABRとの違いを概観する。

3. 1. アイスナーとT・バロンによるABR

ABRはアイスナーとT・バロンによってスタンフォード大学で行われた教育イベント（1993〜2005）で生まれ，その後，社会学や教育学，アートセラピーなどの領域において展開をみせる芸術表現の特性に基づく新たな研究方法である。

Barone & Eisner (2011) によると，ABRとは「芸術のもつ思考様式や表現形式を活用する活動であり，そのような理解によって世界はよりよく理解され，知性が拡張される」(p.xi) と述べる。また，「他の方法では言い表すことができない意味を表現するために，論証的なコミュニケーションの制限を超

第2章　美術教育におけるABRの可能性　45

える取り組み」（p. 1）であり，絵，音楽，ダンス，などの非論証的な手段による「美意識に根ざした表現方法の可能性を探求する試み」（p. 1）とも述べている。このように，ABR は，芸術という個々の美意識や経験に根ざす表現方法を用いた探求的な活動なのだという。また，ABR は状況について命題的に主張するのではなくイメージを提供することに貢献するのであり，「世界のある側面についての理解を深め，より複雑にするためのヒューリスティックなもの」（p. 3）だとする。そして，ABR は芸術表現という曖昧ながらも喚起的で説得力のある具体的な形を創造することで他者の共感的な参加を可能にし，研究に関心を持つ人が理解を深めるための新たな視点を提供するという。また，ABR の特徴の一つとして，個々の美的判断に基づくがゆえに，世界への視点は部分的であり完全性を持つものではないが，それゆえに個人がそれぞれの異なる視点から議論することを可能とし，単一の統一された見解では得られない概念に到達することができることを挙げている。つまり，芸術表現という曖昧ながらも具体的なものやことをつくり出すことで，言葉だけではアクセスできない直感的な理解や新たなイメージが生み出され，他者の共感的な参加と多義的な解釈を可能とする広がりをもつ新たな理解や概念を照らし出すことができるのである。このように ABR は，従来の量的・統計的な研究では明らかにできなかった非定量的な質を捉えることができるのであり，自分に適した芸術表現を用いて探究することができるという点で民主的な方法であるとする。

　また，ABR の作品を評価するためにはクライテリア（規準）を用いる必要性があるという。定量的な尺度であるスタンダード（基準）に対し，クライテリアとは，「評価者が作品を評価する際に本質的に注意すべき点を示したもの」（p. 146）であり，作品の意義や価値といった質を精査し判断することを手助けするものだという。そしてその一般的な規準として，社会問題の核心に迫る鋭さ（incisiveness），余分なものを排除し必要最小限のものや言葉しか含まれない簡潔さ（concision），表現力のある強い形態としてまとまっているという一貫性（coherence），その作品によって現象を見たり行動したりすることができる生成性（generativity），社会の中で人々の生活に大きな違い

をもたらす問題に焦点を当てているかといったテーマの社会的意義（social significance），作品の読者の感情を呼び起こし，美的経験を伴いながら作品の意味を感じとることができる喚起性（evocation）と，作品が新たな視点から何かを照らし出す照明効果（illumination）といった6つの要素を挙げる。ABRの作品の評価を考えるには，これらの規準を出発点としながらも，現実的には共通の基準との間で調停しつつ，想像力豊かに新たな規準を見極める必要性が論じられている。

このように，曖昧で多義的な意味をもつABRの作品も，一定の規準や共通の基準を手がかりに，評価者の想像力を働かせながらその質を捉え評価しようとするのである。

3. 2. リーヴィーによるABR

Leavy（2020）では，社会的な問題解決と芸術表現の特性を結びつけてABRが展開されている。リーヴィーによれば，ABRの実践は研究と芸術との親和性から生まれ，データの生成，分析，解釈，表現といった研究のいずれか，または全ての段階で分野を超えて研究者が使用できる方法論的なツールであり，芸術の理念を取り入れ，理論と実践が絡み合った総合的な方法であり，文学，漫画，音楽，ダンス，パフォーマンス，ビジュアルアート，映画など多様な表現メディアを利用することが示されている。また，芸術は似た者同士や異質な者同士を結びつけ，新しい見方や経験をもたらすことができ，説明，探求，発見などを目的とした研究プロジェクトに芸術をベースにした実践は特に有効であるという。

そしてリーヴィーは，ABRは量的研究や質的研究と同様に新たな洞察を育み，社会的世界や人間の経験の側面を照らし出す研究方法であるが，それぞれの研究方法は異なるとし，その考え方の違いを表1のように整理して示している。

表1　量的，質的，ABRアプローチの主な考え方

量的	質的	アートベース
数字	言葉	ストーリー，イメージ，音，情景，感覚的なもの
データの発見	データの収集	データまたはコンテンツの生成
測定	意味	喚起
集計	筆記	表現
価値中立	価値を伴う	政治的，意識改革，解放
信頼性	プロセス	真正性
妥当性	解釈	真実性
証明／納得	説得力	促す，感動，美的な力
一般化可能性	転移可能性	共鳴
分野別	学際的	超越的

出典：Leavy, P. (2020). *Method Meets Arts* (3rd Edition), Guilford Press, p. 306を筆者訳出

　また，ABRではテキストから視覚イメージ，詩から散文，ダンスから視覚イメージへといったように，ある形式の知識を別の形式に変換し翻訳的に表現することが可能であり，それによって相乗的な効果のあるアプローチになるという。また，複数の意味を生み出すことがABRの強みであるとし，「深い関与，批判的思考，省察を促進する可能性」(p. 290) を秘めた方法なのだという。このように作品の意味を開いていくことによって，鑑賞者は自分なりの解釈を作品に加えることができ，積極的な参加を促し批判的思考や想像性を育むことができると主張する。

　このようにリーヴィーが論じるABRは，芸術的な手法が研究における一つの方法論として機能することを示唆するものであり，芸術と科学的手法との融合をABRによってつなごうとするのである。

3. 3.　A/r/tography（アートグラフィー）としてのABR

　ABRが近年実践や対象領域の広がりをみせる中，より教育に重心を置く広義のABRとしてArts-based educational research（ABER）がある。ここでは特にその一つとしてA/r/tographyをとり上げる。A/r/tographyは，「A（artist：芸

術家），R（researcher：研究者），T（teacher：教育者）と，graphy（記述）の頭文字を合わせた造語」（p. 118）であり，その分かち難い複数の立ち位置の「あいだ」から見えるもの，そうした複雑な関係性を生きる中での体験や省察を，芸術制作や表現，研究，教育的な実践や活動を行き来しながら，記述（graphy）することを通して探究する考え方，方法，理論，理論化の営みである（笠原＆アーウィン，2019）。

A/r/tography を展開するアーウィン（2019a）によると，A/r/tography はドゥルーズ＝ガタリ（Deleuze ＆ Guattari）が論じたリゾーム³の概念に基づく研究方法であり，「新しい理解を生み出す強力なうねりとなるダイナミクスの中で動く，モノと思考と構造のアッサンブラージュ」（p. 16）であり，リゾームの中に見出される動きを認識することによって理論と実践の間の伝統的な関係を変化させるものだという。また，アートグラフィーは，「芸術と記述は互いに補完し，反論し，強め合うことでビジュアルとテクストを結び付ける」（p. 45）が，一方が他方を説明する関係にあるのではなく，「互いに何かしら異なりつつも類似性があることを教えてくれ，自身の実践の中へより深く探求を進めていくことを可能とする」（p. 45）ものであり，美的な経験を通して自らの実践を生き，自らの理解を表象し，知ること，行うこと，作ることを統合する活動である（アーウィン，2019b）。

アートグラフィーはこのような生成的な探求を生み出す上で，自らが芸術実践とともに記述的に省察を深めるアートグラファーに「なっていく」（becoming）過程の教育的意味が重要であり，その人の生きた体験や生と深く結びついた，現在進行形の「生きる探求」（living inquiry）となっていくところに価値を見出す。生きる探求とは「探求行為を通して芸術や教育に関わる人生のこと」（アーウィン＆スプリンゲイ，2019, p. 71）であり，こうした行為は循環的，省察的，応答的で意味創造の理論的，実践的，芸術的な方法であるという。このような生きた探求においては，命題的な理解ではなく解釈が適しており，解釈をすることを通して，アイデアを想像したり理論的思考に方向性を与えたりといった探求プロセスが生み出されていくとする。

アートグラフィーの実践は「関係性の探求，関係性の美学，関係的学習」

（アーウィン＆スプリンゲイ，2019，p. 69）といった関係性から始まる。教師は，芸術的な実践共同体の社会的関係性に埋め込まれた一員として，対話的な視点で子どもたちとともに実践するアートグラファーとなることで，互いに知を共有し合う相互関係を生成し，子どもたちもまた，アートグラファーへとなっていくのである。

3. 4. 芸術による探求の可能性

　ここまで，アイスナーとT・バロンによるABR，リーヴィーによるABR，アーウィンのA/r/tography を概観した。論者によって違いはあるが，ABR は個人の感覚や感性といった美的経験に根ざした主観的で非論証的な方法が用いられ，結果として生み出されるものやことは，曖昧で多義的な意味をもつがゆえに多様な解釈と議論が可能となり，従来のアプローチでは辿り着けなかったような，新たな知を生み出そうとする実践的な理論であるといえる。また，広義のABR である A/r/tography では，芸術表現と記述といった異なる方法を往還・統合し，その関係性の中に省察的に表現を見出そうと探求する「表象の二重構造化」[4] の学びということができる。そのような省察的な探求プロセスを通して，その人の生きた体験や生と深く結びつく現在進行形の生きる探求となるのであり，学習者の「真正性」に基づく学習活動としての可能性を見出すことができる。

4. 科学的探究と芸術的探究

　ここまで，課題解決学習，問題基盤型学習といった科学的な探究プロセスに基づく学習方法と，ABR という芸術に基づく探究の在り方を概観した。

　前者の科学的探究は，物事や対象に対し客観的な事実や視点から，実証的で総合的な理解を導き出そうとする探究であることは先に述べた。B・バロンとハモンド（2017）は，科学的探究ベースの学習において効果を発揮するには，小グループでの協働，明確に定義された学習目標，綿密にデザインされた足場かけ，活動中の評価，十分な情報に基づくカリキュラムによって学習が展開される必要があると述べる。

科学的探究が，明確さや一般的な論理に基づいた課題設定や知識の適応，そして課題解決が図られるのに対し，芸術に基づく探究は，美的体験という個人の感覚や感性に基づき，手探りにリゾーム（根茎）状に広がっていく，主観的で非論証的な方法によって生成される活動となる。そこには当初必ずしも明確な問いや答えといったものはなく，美的体験を重ね，材料と関わり表現行為そのものに深く没入していく中で，自己省察を重ね「表現的成果」[5] が生成されていく過程を生み出す。それゆえ，最初に思い描いていた内容からは大きく質が変化し，新たな発見をしたり，全く予想もしていなかった結果にたどり着いたりする可能性を含む。そして，その結果として創造される作品の意味や価値は「開かれた作品」[6] として，作者や他者によって多様に解釈され，多義的な意味をもつのである。

　このように，科学的探究と芸術的探究ではそのプロセスや結果としての作品，広くは生成されたものやことがもつ意味には大きな違いがある。

　では，このような特徴をもつ芸術的探究は学校教育の中でどのように展開することができるだろうか。次節では ABR がもつ特質を踏まえその可能性を考察する。

5.　美術教育における ABR の可能性

　ここまで ABR の特徴を概観し，科学的探究との比較から芸術的探究の特質を明らかにした。では，芸術的探究という曖昧で個々の感性に基づく活動はどのように美術教育に位置づけることができるだろうか。

　これまでの美術教育も例えば『小学校学習指導要領（平成 29 年告示）解説図画工作科編』（文部科学省，2017）が示すように，感性は知性と一体化して創造力を育む重要なものとし，子どもが学習活動において十分に働かせることを重視してきた。しかし，教師による教授目標を規準とする標準化された枠組みにおいては，桂（2020）が「個の表現や自発的な鑑賞を抑圧する方向に働く」（p. 3）と述べるように，一律の目標を達成することに重きが置かれ，個々の感性に基づき表現の可能性を探究することは難しい側面も考えられる。矢野（2008）が，今日の学校においては一元的な価値が支配し，生成変容の出

来事や体験が極度に衰弱していると述べ，「生成としての教育」の必要性を主張するように，有用な資質や能力の育成に基づく学習活動からこぼれ落ちる生成的な体験や出来事にも目を向け学習活動に位置付けていく必要がある。美的体験に基づく芸術的探究は，個々の生成性を内包しながらも省察的な学習・探究活動であり，従来の学習の枠組みを複眼的に構成する一つの方法として，その可能性を見出すことができるのではないだろうか。しかし，芸術的探究による生成変容の出来事の合理的な手段化や意図的な計画化は，その基本的な性質を失ってしまう危険性を孕むものでもある。

　このようなことを踏まえ，芸術的探究は実際に学校教育や授業の中でどのような活動としてイメージすることができるのであろうか。

5. 1.　表現の探求と生成

　芸術的探究に基づく学習では，子どもの内にある表現欲求と，材料や用具，場所等に表現を通して関わっていく中で，美的経験を重ね表現が生成されていく。教師は，芸術的探究が可能となるテーマや，材料や用具といった探究的な活動を支える場を設定するが，子どもとのやりとりに応じて柔軟に変容させていく必要がある。つまりは，教師があらかじめ材料やテーマといった学習の場を設定しておくのではなく，子ども自身が材料を集めたり，選んだり，つくり出したりし，自問したり，話し合ったりしながら自らの選択と行為に基づき材料や場に積極的に関わる中で，自分と作品とのあいだに意味や価値を見出しながら表現していくのである。同時に，子どもは生成変容するイメージを，ワークシートへ記述したり，スケッチや写真等にビジュアル化したりし，言語的表象とイメージ的表象とを往還し，自らの思考を可視化させながら省察的に表現をつくり出していくのである。

　このような生成的活動においては，教師は2つの姿勢が求められる。第一に，作者である子どもの言葉にこそ真実があるといった「無知の姿勢」[7]で子どもとの対話を紡ぐことである。第二に，専門家としての立場から「教育的鑑識眼」[8]によって捉えた活動の質を「教育批評」として言語に翻訳し，子どもが気づいていない学習の可能性を示し，新たな気づきを促すのである。教育

批評によって翻訳表現されたものは，目標や規準というレンズを通して見る時には見えて来ない多様な価値を授業という実践に見出すことができる（桂，2020）。活動をただ子どもの自主性に任せるのではなく，教師は無知の姿勢や教育批評を通して子どもの体験や発見に寄り添い，個に応じた学習の可能性を子どもと共に創発的につくり出すのである。

　このように，芸術的探究に基づく学習活動では，美的経験を重ねモノと自己とが一体的に変容しながらイメージ的表象を生成しつつ，記述や教師との対話といった言語的表象とを往還しながら探究を深め表現を更新していくことになる。それは，対話によって作品や活動の質，多様な可能性を判断する「鑑識眼」や，その質を言語に翻訳するといった「教育批評」の力が促され，子ども自身が省察的に学習を自己調整していく学習活動としての可能性を見出すことができる。そして，このような子どもを主体とする省察的な学習活動では，作品の色や形といった造形性のみならず，表現の意味や価値を省察的に見出し，自己形成を伴う「生きる探求」としての芸術表現の在り方が立ち現れてくるのである。

5．2．図画工作科および美術科における芸術的探究と教科横断的な単元構成の可能性

　ここまで芸術的探究に基づく学習は，美術教育において個々の生成性を内包する省察的な学習・探究活動であり自己調整的な学習活動としての可能性を見出した。それは，これまで図画工作科および美術科が自分の感覚や行為を通した理解を大切にし，感じ取ったことを基に見方や感じ方を深めようとする子ども自身の主体性や能動性を重視してきた学びの在り方を，ABRを意識することでより促進することができるといえる。また，ABRは芸術表現という曖昧ながらも喚起的で説得力のある具体的な形を創造することで，他者の共感的な参加を可能にし，様々なメディアに詩的に翻訳可能となる。「開かれた作品」から喚起され生成される多様な見方や考え方・感じ方を基に対話的に学び合い，探究を深めることができるのである。それは図画工作科や美術科の授業がもつ様々な表現方法が，意味の生成や価値の創出において，そ

の可能性を見出していく上で非常に重要な役割を持つことを意味する。

　また，こうした表現がもつ多様な意味や価値の生成といった可能性は，芸術的探究に基づく学習が教科横断的な単元としても構成できることを示唆する。学校教育には図画工作科や美術科以外にも音楽，国語における詩や物語，書写，体育におけるダンス等の芸術表現に関わる学習が組み込まれている。図画工作科や美術科で生み出した作品を基に，絵から詩へ，詩から音楽へといった他教科の多様な表現方法や，アナログな表現からデジタルな表現へといったように，自らの興味・関心に応じた表現方法を選択し翻訳的に表現することも考えられる。翻訳的に表現形式を横断することで，視覚イメージによる表象だけでなく，音による表象や言語的表象，身体表象等，複数の感覚や感性を用いて探究を深めることができる。表現形式が変わることで物事の見えてくる側面や姿も変わり，生み出される理解も他の方法や教科とは質的に変わってくるだろう。また，複数の表象は他者の共感的な理解と参加を一層促し，多様な解釈を可能とする。このように，教科を横断することで複数の表象と対話的な解釈を一体的に統合し探究を進めることができる。その結果，新たな洞察を得たり深めたりすることができるのである。

　このように芸術的探究に基づく学習活動の可能性は，文部科学省（2021）がいう子供一人一人に応じた探究的な活動に取り組む機会を提供し，子供自身が学習を調整していく「学習の個性化」と，子供一人一人の特性や学習進度に応じて柔軟な学習設定を行う「指導の個別化」を合わせた「個に応じた指導」や，その個性を生かした「協働的な学び」の充実といった教育の個性化や協働化の在り方を，芸術的探究の観点から捉え直し新たに構成していく一つの方法となる。つまり，従来の画一的で教師による規準と評価による学習活動の枠組みから，曖昧さを許容し子どもと教師が表現の可能性を共に探究する目標生成型の学習の枠組みとして新たな可能性を開くことができると考える。

6. おわりに

　本章ではABRの概念や方法について概観し，科学的探究と芸術的探究の違いからその特質を明らかにした上で，美術教育や学校教育における芸術的探

究に基づく学習活動の可能性を考察した。

　芸術的探究に基づく学習活動は，美的体験という個人の感覚や感性に基づく主観的で非論証的な方法による子どもを主体とする生成的な表現活動であり，省察的で自己調整的な学習活動となる。そこでは，作品の色や形といった造形性のみならず，自己形成を伴いながら表現への意味や価値を捉えようとする「生きた探求」となり，これまでの美術教育の在り方を更新する可能性をもつ。また，それは現状の教育の枠組みを問い直すものであり，子どもを主体とする目標生成型の学習の枠組みとして新たな可能性を開く可能性があるだろう。しかし，曖昧で複雑であり一般化できない ABR の安易な教育への応用は生成としての基本的な性格が失われ，ただ混乱を招く危険性がある。学習活動を展開する教師が曖昧で不確かな知の在り方を許容し，その可能性を子どもと共に開いていくこと，そうした考え方と方法の創出が必要となってくる。

　以上，本章では学校教育における芸術的探究に基づく学習活動が位置づく可能性を描き出すことを試みた。これまでの知識や経験といった論理が通用しなくなる「VUCA 化」する社会を自律的，創造的に生きて抜いていくための方法として ABR の概念や実践的な方法は一つの鍵となってくるのではないだろうか。

註

1　例えば国際バカロレア教育の PYP における探究プログラム (赤羽, 2020) や，上海の探究型カリキュラムを含む「多次元のカリキュラム構造」(野沢, 2020, p.339) 等が挙げられる。

2　「美的体験を重ね」とは，文部科学省 (2018) によると「表現や鑑賞の活動を通して自己や社会を見つめ，自然や美術作品など対象との関わりからよさや美しさを発見し，それを表現に生かしたり，人間の生きる姿などの美しさに感動したり，作品と作者やその背景にある生活や歴史，風土などに興味・関心をもち探求したりするなどして，美的感覚を働かせて対象や事象から様々なことを感じ取る力や創造性などを育む体験を積み重ねること」(p. 103) と示される。

3　G・ドゥルーズ (Deleuze) と F・ガタリ (Guattari) (1994) によって提唱された概念

で，始まりも終わりもない，「序列的でなく意味形成的でない非中心化システム」（p. 34）であり，「ただ諸状態の交通によって定義されるシステム」（p. 34），「ありとあらゆる種類の生成変化」（p. 35）といった概念のメタファーがリゾーム（地下茎）であり，中心性をもち系譜的で「複写と複製の理論」（p.24）のメタファーである樹木モデルと対比させて示されている。

4　北尾（2020）は，心理学の実験や研究を踏まえ，「意味や文脈などを言語的表象，印象やイメージなどをイメージ的表象」（p. 25）とし，その 2 つの表象は，別個のものではなく，相互依存的な関係として捉え，文脈やイメージが知識の関連づけを促す心のメカニズムである学びの「精緻化」を促す必要性を示し，表象の二重構造化が学びを深めると主張している。

5　Eisner（2002）によると，「表現的成果」とは，学習の過程で生徒が実現する成果のことであり，それは，意図的に計画された活動であっても予測できない成果が得られる可能性がある。ゆえに，教師はその成果を基に応答的に評価し授業を展開する必要性を述べる。

6　U・エーコ（Eco）（2011）は，芸術作品は「曖昧なメッセージ，単一の意味表現の中に共生する多様な意味内容」（p. 12）をもち，解釈者に委ねられた多様な可能性によって成り立つという概念を「開かれた作品」とした。

7　H・アンダーソンと H・グーリシャン（2014）が定義した概念で，クライアントに対して専門的な知識をもって対応するのではなく，クライアントこそ専門家であるという姿勢から語りに耳を傾け，問いを投げかける姿勢と示される。

8　Eisner（2002）によると，「教育的鑑識眼」とは鑑賞の技術であり，他の人が気付かない子どもの作品や教室での出来事のよさに気づく能力であり，「鑑識眼」によって捉えたことを言語的に公にし，それまで気づかれなかった対象の特質を広く認識させる行為が「教育批評」であると定義する。

文献

Eisner, E. W. (2002). *The Arts and the Creation of Mind*, London: Yale University Press.

アーウィン・R（著），笠原広一（訳）（2019a).「アートグラフィーへの生成」，笠原広一，リタ・L・アーウィン（編著），『アートグラフィー－芸術家／研究者／教育者として生きる探究の技法』BookWay, 15-40.

アーウィン・R（著），笠原広一（訳）（2019b).「アートグラフィー　換喩的混淆」，笠原広一，リタ・L・アーウィン（編著），『アートグラフィー－芸術家／研究者／教育者と

して生きる探究の技法』BookWay, 41-55.

アーウィン・R, スプリンゲイ・S（著）, 笠原広一（訳）(2019).「実践に基づく研究としてのアートグラフィー」, 笠原広一, リタ・L・アーウィン（編著）,『アートグラフィー－芸術家/研究者/教育者として生きる探究の技法』BookWay, 57-79.

赤羽寿 (2020).「国際バカロレア（IB）教育とは－IB教育プログラムの構造と特徴」, 東京学芸大学国際バカロレア教育研究会（編）,『国際バカロレア教育と教員養成』学文社, 12-40.

アンダーソン・H, グーリシャン・H（著）, 野口裕二, 野村直樹（訳）(2014).「クライエントこそ専門家である －セラピーにおける無知のアプローチ」, シーラ・マクマナミーら（編）,『ナラティヴ・セラピー－社会構成主義の実践』遠見書房, 43-64.

エーコ・U（著）, 篠原資明, 和田忠彦（訳）(2011).『開かれた作品』青土社

Hmelo-Silver, C. E. (2004). Problem-based learning: what and how do students learn? *Educational Psychology Review*, *16*(3), 235-266.

笠原広一 (2019).「Arts-Based Researchによる美術教育研究の可能性についてその成立の背景と 歴史及び国内外の研究動向の概況から」『美術教育学』40, 113-128.

笠原広一, リタ・L・アーウィン (2019).『アートグラフィー－芸術家/研究者/教育者として生きる探究の技法』BookWay

桂直美 (2020).『芸術に根差す授業構成論－デューイの芸術哲学に基づく理論と実践－』東信堂

北尾倫彦 (2020).『深い学びの化学－精緻化メタ認知主体的な学び』図書文化

クレイチェック・J・S, シン・N（著）, 河﨑美保（訳）(2016).「課題解決型学習」, R. K. ソーヤー（編）, 森敏明, 秋田喜代美, 大島純, 白水始（監訳）, 望月俊男, 益川弘如（編訳）,『学習科学ハンドブック［第二版］・効果的な学びを促進する実践/共に学ぶ第2巻』北大路書房, 17-35.

デューイ・J（著）, 河村望（訳）(2013).『行動の論理学－探究の理論』人間の科学新社（原著 Dewey, John (1938). *Logic: The Theory of Inquiry*, NY: Henry Holt and Company. ）

ドゥルーズ・G, ガタリ・F（著）, 宇野邦一, 小沢秋広, 田中敏彦, 豊崎光一, 宮林寛, 守中高明（訳）(1994).『千のプラトー－資本主義と分裂症』河出書房新社

野沢有希 (2020).「上海のカリキュラム改革におけるカリキュラム全体構造の特徴に関する研究」『上越教育大学研究紀要』39 (2), 333-342.

Barone, T. and Eisner, E. W. (2011). *Arts Based Research*, CA: Sage.

バロン・B, ハモンド・L(著), 深見俊崇(訳)(2017).「意味ある学習のために私たちはいかに教えることができるか」, L.ダーリング-ハモンド(編), 深見俊崇(編訳),『パワフル・ラーニング－社会に開かれた学びと理解をつくる』北大路書房, 9-67.

文部科学省(2008).「人権教育の指導方法等の在り方について［第三次とりまとめ］～指導の在り方編～」文部科学省HP https://www.mext.go.jp/b_menu/shingi/chousa/shotou/024/report/08041404.htm（2022年1月10日アクセス）

文部科学省(2017).『小学校学習指導要領(平成29年告示)解説 図画工作科編』東洋館出版

文部科学省(2018).『高等学校学習指導要領(平成30年告示)解説 芸術(音楽　美術　工芸　書道)編　音楽編　美術編』教育図書

文部科学省(2021a).「『令和の日本型学校教育』の構築を目指して～全ての子供たちの可能性を引き出す, 個別最適な学びと, 協働的な学びの実現～（答申）」

矢野智司(2008).『贈与と交換の教育学－漱石, 賢治と純粋贈与のレッスン』東京大学出版会

Leavy, P.,（2020）. *Method Meets Arts* (3rd Edition), NY: Guilford Press.

第3章

学校教育におけるABR・A/r/tographyによる「探究」型学習
総合的な学習（探究）の時間における探究との比較を中心に

池田吏志

1. ABR・A/r/tography導入時に想定される問題点

　ラディカルな理論や実践は，開拓的意思を持った研究者・実践者にとっては魅力的であり，その可能性の大きさに感銘を受け，広く啓発したいと考える。しかし，それを学校教育に持ち込もうとすると，学校教育法施行規則第五五条[1]に該当する学校や実験的な取り組みを行う学校を除き，諸手を挙げて歓迎されることはあまり無い。イーガン（2016）は，新規プロジェクトの導入を学校に提案した際の対応は往々にして慎重であるとし，人間である以上何か余計な仕事をしないですませようとすること，さらに新規プロジェクトは，面倒な問題を含むかもしれず，教師や行政職やさらに悪い場合は保護者も悩ませる可能性があることから，風変わりで新奇なアイデアには手を触れずに断りたいと思うことが通常であるとしている。新たな理論を学校教育に持ち込もうとする研究者・実践者はこの現状に立ち向かう柔軟で強い意思を持ち，そのように考える人たちの視座の変容（理論的・心情的方向性の変換）を目指すことが求められる。

　我が国において，新規プロジェクトを学校教育で行う場合の懸念は2点ある。1点目は，文脈性である。用いられる理論は，実践しようとする国や地域，学校から生成・構築されたものではなく，異なる場所や時代の社会・政治・

経済・文化を背景とした要請や問題意識から生成・構築される場合が多い。特に学校教育は国や地域で異なった歴史や制度を持ち，その国の政治的・経済的状況や社会的課題によって求められる学習内容や方法は異なる。これらがある種脱臼したような状況で移植されることへの懸念や不信感が根底に存在する。2点目は，制度面の整合性への懸念である。日本の初等中等教育では学習指導要領が学校教育の教育課程を規定する基準として存在し，各学年の授業時間数や学習内容の枠組みが定められている。このようなある種強固な枠組みの中に新たな理論を組み込もうとしたとき，常に学習指導要領の目標や内容との整合性が問われる。言うまでも無く教育には常に責任が含まれ，学齢期の子供たちの一度限りのかけがえの無い時間に対して，学校教育が何を学習内容とするのかという選択段階では慎重な検討が求められ，同時に政治的な力学が働かざるをえない。学校教育での顕著な成果が認められていない，もしくは試行中の理論である場合，その効果の不確実性に対する懸念は，新しいことに取り組む場合に二の足を踏ませる要因になる。

　このことを踏まえ，Art-based research（以後，ABR と記す）や A/r/tography による探究活動を学校で行う場合に教育関係者から呈されるであろう疑問や懸念は次のように予想できる。（イーガン，2016, p. 27-89 を参考に）

〈ABR・A/r/tography についての疑問や懸念〉

- ・ABR・A/r/tography は何が目指され，子供にどのような力が育成されるのか（もしくは育成されることが期待できるのか・何ができるようになるのか）。
- ・ABR・A/r/tography とはそもそも何か。現行の学校教育で行われる図工・美術と何が違うのか。
- ・ABR・A/r/tography で探究が目指される場合，総合的な学習（探究）の時間の活動とは何が違うのか。
- ・ABR・A/r/tography はプロジェクトなのか，カリキュラムなのか，題材（単元）の単位で学習されるものなのか，それとも図工・美術全般を通して学習されるものなのか。

- ABR・A/r/tography は学習内容なのか，学習方法なのか，もしくは図工・美術のパラダイムシフトを要請するものなのか。
- 小学校，中学校，高等学校の発達段階に応じて ABR・A/r/tography の実践はどのように違うのか，もしくは違わないのか。
- ABR・A/r/tography において目標はどのように設定するのか。また，評価はどのように行うのか。
- 現行の学習指導要領との整合性はどのように保障されるのか。
- ABR・A/r/tography における教員の役割は何か。これまでや現行の教員の役割と何が違うのか。仮に教えない場合，探究を促進させるための方略はどのようなものか。
- ABR・A/r/tography は高等教育機関の美術家養成もしくは美術教育研究者養成のみで行えばよいのではないか。
- ABR・A/r/tography の教育的効果を証明する基礎的な研究成果は公表されているのか。
- ABR・A/r/tography を導入したとして，都市部の学校から例えば山間部や離島の学校までのすべての教員が指導可能なのか。

　ここに挙げた懸念はそのまま，新しい理論が持つ可能性として捉えることも可能である。また，新しい理論は，パイロット研究として試行的実践を行い，その後有効性を検証する進め方もあり，"案ずるより生むが易し"の場合も往々にしてある。また，子供が生き生きと活動する姿を目の当たりにしてその有効性に気付く場合もある。「不易流行」の通り，教育は，時代を超えて受け継がれる理念や学習内容がある一方で，時代の変化や要請と共に変化が求められ，これまでのやり方を常に批判的に検討し，その摩擦や軋轢の中から新たな教育や学習の在り方を選択したり創造したりする過程を要する。約10年ごとに学習指導要領が見直され，改訂されるのはそのためである。美術教育も同様に，現行の教育実践の問題点を省察的に検討し，常にリフォームしながら，今，そしてこれからの社会に向けた取り組みに着手していくことが求められる。我が国の教育実践を省察し，グローバル化する世界の中で国際

的な動向を視野に入れ，子供たち，そして子供たちを含む市民に真に必要な
資質・能力を育成する教育とは何かを検討し，協議し，発見し，醸成し，発信
していくことで国際社会に貢献することもまた研究者・実践者には求められ
ている。特に，新しい理論の導入を推進する研究者は学校教育関係者による
上記の疑問や懸念に答える，もしくは答える準備をすること，そして挑戦的
な研究を推進していくことで新たな教育の地平を開拓していくことが同時に
求められている。

2. 本章の目的

　本章では，上述した疑問や懸念の中から，「ABR・A/r/tography で探究が目
指される場合，総合的な学習（探究）の時間における探究とは何が違うのか」
という問いに対する基礎資料を提供すること，そしてその解決案を提示する
ことを目的とした。

3. 探究の比較

　ABR・A/r/tography との関係が問われる「総合的な学習（高校：探究）の時
間」（以後，総合と記す）とはどのような学習なのか，本節では，総合の歴史的
変遷及び教科との関係を概観する。

(1) 総合の歴史的概観

　総合は，平成 8 年 7 月の中央教育審議会「21 世紀を展望した我が国の教育
の在り方について」（第一次答申）において創設が提言された。この答申では，
「生きる力」を育成するために，「横断的・総合的な指導を一層推進し得るよ
うな新たな手立てを講じ」，「一定のまとまった時間（総合的な学習の時間）を
設けて横断的・総合的な指導を行うこと」が提言された（文部省，1996）。こ
れを受け，総合的な学習の時間は平成 10-11 年版学習指導要領で創設された。
以後，約 20 年が経過し，その間 2 回の改訂を経ている（平成 20-21 年版，平成
29-30 年版）。

　総合において探究が特に注目されたのは，平成 20-21 年版の改訂時である。

改訂の要点には，総合における学習が体験的活動を基盤とした「探究的な学習となるよう充実を図ること」（文部科学省，2009, p. 10）が明記された。そのため，平成 20-21 版学習指導要領における総合の目標や内容の取扱いには「探究的な学習」「探究活動」「問題の解決や探究活動の過程」等の文言が新たに用いられている。さらに，解説では，「総合的な学習の時間と各教科等との役割分担を明らかにし，総合的な学習の時間では探究的な学習としての充実を目指し」（文部科学省，2009, p. 10）とされるように，各教科と関連を持ちつつも各教科とは異なる学習の枠組みとして教育課程に位置づけられた。

(2) 平成 29-30 年版　総合的な学習（探究）の時間における探究とは

では，平成 29-30 年版学習指導要領の総合において探究はどのような学習として位置づけられているのだろうか。まず，総合とは「学校が地域や学校，児童生徒の実態等に応じて，教科・科目等の枠を超えた横断的・総合的な学習とすることと同時に，探究的な学習や協働的な学習」（文部科学省，2019f, p. 6）を行う活動であり，総合で述べられる探究的な学習とは，「物事の本質を探って見極めようとする一連の知的営みのこと」（文部科学省，2019f, p. 9）とされる。解説では，児童生徒が探究的に学習する姿として図 1 が示され（この図は平成 20-21 年版学習指導要領解説ですでに提示されている），複

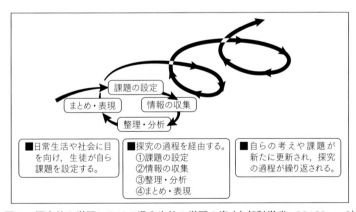

図 1　探究的な学習における児童生徒の学習の姿（文部科学省，2019f, p. 9）

数の文献で引用されている（田村ら, 2019；高橋ら, 2019）。

　このような探究的な学習について，解説では，次のような生徒の姿を見出せるとしている。

　事象を捉える感性や問題意識が揺さぶられて，学習活動への取組が真剣になる。身に付けた知識及び技能を活用し，その有用性を実感する。見方が広がったことを喜び，更なる学習への意欲を高める。概念が具体性を増して理解が深まる。学んだことを自己と結び付けて，自分の成長を自覚したり自己の生き方を考えたりする。このように，探究的な学習においては，生徒の豊かな学習の姿が現れる。（文部科学省, 2019f, p. 9）

　図1を見ると，いわゆるPDCAサイクルに則ってリニアに展開される"型通り"の探究過程のようにもみえる。しかし，解説には，合わせて次のような記述もある。

　ただし，この①②③④の過程を固定的に捉える必要はない。物事の本質を探って見極めようとするとき，活動の順序が入れ替わったり，ある活動が重点的に行われたりすることは，当然起こり得ることだからである。（文部科学省, 2019f, p. 9）

　つまり，探究はあくまでも一つの決められた枠組みの通りに進められる学習ではなく，多様なプロセスを伴って自律的に物事の本質を探る学習であるといえる。

(3)　総合と各教科等における探究の違い

　平成29-30年の学習指導要領の改訂では，高等学校において，「総合的な学習の時間」の名称が「総合的な探究の時間」に変更された。また，教科・科目においても高等学校では「古典探究」や「地理探究」，「理数探究基礎及び理数探究」などの科目が新設された。教科・科目における探究と「総合的な探究の時

間」（高等学校）における探究の違いについて，総合の解説では，次の3点が挙げられている。

　一つは，この時間の学習の対象や領域は，特定の教科・科目等に留まらず，横断的・総合的な点である。総合的な探究の時間は，実社会や実生活における複雑な文脈の中に存在する事象を対象としている。二つは，複数の教科・科目等における見方・考え方を総合的・統合的に働かせて探究するという点である。他の探究が，他教科・科目における理解をより深めることを目的に行われていることに対し，総合的な探究の時間では，実社会や実生活における複雑な文脈の中に存在する問題を様々な角度から俯瞰して捉え，考えていく。そして三つは，この時間における学習活動が，解決の道筋がすぐには明らかにならない課題や，唯一の正解が存在しない課題に対して，最適解や納得解を見いだすことを重視しているという点である。（文部科学省，2019f, p. 10, 下線は筆者による）

　教科との役割分担や位置づけの違いを考える上で重要な点は，二つ目の「他の探究が，他教科・科目における理解をより深めることを目的に行われている」との記述である。つまり，教科・科目における探究では，教科・科目の内容・方法の本質的な理解が目指されており，あくまでも教科固有の見方・考え方を習得・活用できるための学習が目指されている。
　ただし，もちろんこれらは明確に線引きされるものではない。答申では，「各教科等の『見方・考え方』と総合的な学習の時間の『見方・考え方』は相互に関連し合いながら，より確かなものとなり，実社会・実生活の中で生きて働くものとなっていく」（文部科学省，2016, p. 238）とし，「この過程の順序は入れ替わったり，一体化したり，重点的に行われたり，一連の過程がより大きな過程の一部になったりもする」（文部科学省，2016, p. 238）とも述べられている。このことを踏まえて，答申では，「総合的な学習の時間と各教科等との関連を明らかにする」（文部科学省，2016, p. 236）ことが課題として挙げられ，「これまで以上に総合的な学習の時間と各教科等の相互の関わりを意識

第3章　学校教育におけるABR・A/r/tographyによる「探究」型学習　65

しながら，学校全体で育てたい資質・能力に対応したカリキュラム・マネジメントが行われるようにすること」（文部科学省, 2016, p. 236）が求められている。各教科等と総合は一体的・連動的に実施されることが望まれているが，相互の関係については，各学校のカリキュラム・マネジメントによる教育課程の整理，構成，配置に委ねられている。

このことを踏まえ，ABR・A/r/tography の実践においては，図画工作・美術を含む各教科等と総合とがどのような関係で実施されるのか，教育課程上の位置づけを整理し，特に目的間の関係を児童生徒と教員が共有できる状態が望ましい。

4. 見方・考え方の比較

(1) 各教科等における見方・考え方とは

各教科等の見方・考え方は学習指導要領においてどのように記述されているのだろうか。ABR・A/r/tography の実践に向け，この点の整合性を示すことは必須となる。

まず，各教科等における「見方・考え方」とは，「どのような視点で物事を捉え，どのような考え方で思考していくのか」（文部科学省, 2019a, p. 8）という，その教科等ならではの物事を捉える視点や考え方である。それは「各教科等を学ぶ本質的な意義の中核をなすものであり，教科等の学習と社会をつなぐものである」（文部科学省, 2019a, p. 8）とされる。平成 29-30 年版学習指導要領で各教科等の見方・考え方が注目されるようになった背景として，答申には次のような記述がある。「子供たちに必要な資質・能力を育んでいくためには，各教科等での学びが，一人一人のキャリア形成やよりよい社会づくりにどのようにつながっているのかを見据えながら，各教科等をなぜ学ぶのか，それを通じてどういった力が身に付くのかという，教科等を学ぶ本質的な意義を明確にすることが必要になる」（文部科学省, 2016, p. 32）とし，その上で，「学習指導要領においては，長年，見方や考え方といった用語が用いられてきているが，その内容については必ずしも具体的に説明されてはこなかった。今回の改訂においては，これまで述べたような観点から各教科等

における「見方・考え方」とはどういったものかを改めて明らかにし，それ
を軸とした授業改善の取組を活性化しようとするものである」（文部科学省，
2016, p. 34）とされている。この問題意識と課題を受け，各教科等では各教
科等固有の見方・考え方が検討された。

(2) 図画工作・美術における見方・考え方の検討の経緯

　図画工作・美術における見方・考え方は，文部科学省の教育課程部会「芸術
ワーキンググループ」（主査：福本謹一）で検討された。ワーキングでは 2015
年 11 月 23 日から 2016 年 5 月 26 日の期間に，合計 8 回の会合が開かれた。
議事録を確認すると，「見方・考え方」に関する議論として，第 2 回芸術ワー
キンググループ（平成 27 年 12 月 21 日）では，見方・考え方が依拠する「芸術
系科目を学ぶ本質的な意義」が議論されている。議論では，「感性の涵養」，「知
性と感性の一体化」，「身体知」，「創造」，「価値の発見と更新」，「自己表現の機
会」，「想像」，「違いの認識」，「他者を認める」，「多様な子供たちの表現の可能
性」，「居場所づくり」等が，芸術系科目を学ぶ本質的な意義として挙げられて
いる。その後，第 3 回から第 6 回までのワーキングでは，芸術系科目を通じて
育成すべき資質・能力の明確化を中心として議論が行われている。そして，続
く第 7 回芸術ワーキンググループ（2016 年 4 月 26 日）の配布資料の中に，「芸
術系教科・科目における見方・考え方（案）」が含まれている（ただし，ここで
どのような議論が行われて原案が示されたのかは不明である）。そして，ワー
キンググループの最終回である，第 8 回教育課程部会芸術ワーキンググルー
プでは，「芸術ワーキンググループにおける審議の取りまとめ」（平成 28 年 5
月 26 日）が公表され，教科等の特質に応じた見方・考え方が示された。

(3) 図画工作・美術と総合における見方・考え方の違い

　図画工作・美術では，見方・考え方が「造形的な見方・考え方」とされ，総
合では，「探究的な見方・考え方」として提示された（巻末資料）。なお，他教科
（小中学校）をみると，国語は「言葉による見方・考え方」，社会では「社会的な
見方・考え方」，算数・数学では「数学的な見方・考え方」，理科では「理科の

見方・考え方」，音楽は「音楽的な見方・考え方」，体育・保健体育では，「保健の見方・考え方」，外国語活動・外国語では，「外国語によるコミュニケーションにおける見方・考え方」，道徳では，「道徳科における見方・考え方」，特別活動では「集団や社会の形成者としての見方・考え方」とされている。

　これらを比較して分かるように，図画工作・美術は，「美術的な見方・考え方」とせず，特に造形面に絞った内容を教科の本質として据えたことが分かる。また，総合でも，道徳の見方・考え方のように「総合的な学習における見方・考え方」とはせず，探究に絞った内容を学習の本質として据えている。図画工作・美術における見方・考え方は「造形的な見方・考え方」とされ，小学校，中学校，高等学校のいずれでも，「対象や事象を造形的な視点で捉え」，自分なりの「意味や価値をつくり出す」ことが教科の本質的な意義として挙げられた。造形的な視点が見方・考え方に含まれた背景として，ワーキングの議事録には，平成20-21年版学習指導要領における「表現及び鑑賞に共通して働く資質・能力である〔共通事項〕とも深い関わりがある」（芸術ワーキング，2016a）ことが記されている。つまり，色，形，イメージを捉えることを見方・考え方の中心に据えたことが読み取れる。

　ただし，このように図画工作・美術の学びを「造形的」に限定してしまうと，色や形に限定された指導が想起され，実施されてしまう懸念がある。もちろん，学校教育における各教科等の関係から，他の教科にあって図画工作・美術にしかないものを相対的に検討すると，造形的な見方・考え方を設定することは他の教科等にはない固有な領域（独自性）を確保できることにはなる。しかし，図画工作・美術での学習はそれだけにとどまらず，むしろ，芸術ワーキングの「審議の取りまとめ」の次の記述が重要である。「審議の取りまとめ」では，芸術系教科・科目の「見方・考え方」の特徴は「知性と感性の両方を働かせて対象を捉える」点であり，「知性だけでは捉えられないことを，身体を通して，知性と感性を融合させながら捉えていくことが，他教科等以上に芸術系教科・科目が担っている学びである。」（芸術ワーキンググループ，2016b，p. 3）とされる。また，「個別性の重視による多様性の包容，多様な価値を認める柔軟な発想や他者との協働，自己表現とともに自分自身をつくりだしてい

くこと」や「自分の感情のメタ認知」なども芸術系教科・科目を学ぶ意義や必要性として挙げられている（芸術ワーキンググループ, 2016b, p. 3）。また，芸術ワーキングでは，特に重要な「感性」の働きについて，感性は「感じるという受動的な面だけではない。感じ取って自分を更新していくこと，新しい意味や価値を創造していくことなども含めて『感性』の働きである」として，「『感性』は知性と一体化して創造性の根幹をなすものである。このため，子供たちの創造性を育む上でも，感性を働かせ育む芸術系教科・科目がこのことを担っている」（芸術ワーキンググループ, 2016b, p. 3）としている。この点を含めて図画工作・美術における見方・考え方を捉え，学習内容や指導方法を設定することが望ましい。

5.　今後に向けて

　本章は，冒頭に挙げた"懸念"の中の，「ABR・A/r/tography で探究が目指される場合，総合的な学習（探究）の時間の活動とは何が違うのか」に対する回答の資料として作成した。具体的には，答申や学習指導要領，学習指導要領解説の記述内容の背景や歴史的な経緯を含めて図画工作・美術と総合を比較・整理した。

　調査を踏まえ，現時点での筆者の見解を述べる。まず，図画工作・美術等の教科と総合はあくまでも学校教育の制度的な枠組みであり，子供の生活や実感とは異なるいわゆる"与えられた枠組み"である。その両者の「境界」のありようを「どちらなのか」と問うことはそれほど重要ではないと考える。むしろ，池田（2020）の「滅境」概念を用い，両者の接面には何があるのか，何が起こりうるのか，何を見出せるのかを探り，考え，議論し，その上で新しい方策を検討していくことが「教科」と「総合」との建設的な関係の持ち方であると考える。

　では，ABR・A/r/tography の実践に向け，その接面をどのように考えていけばよいのだろうか。筆者の現時点での ABR・A/r/tography の理解を踏まえ，解決のための方策を 2 案提示し，可能性と留意点を記す。

⑴ （案1）総合にABR・A/r/tographyを取り入れる

　案1は，表題の通り，総合にABR・A/r/tographyを取り入れることである。学習指導要領の総合の目標（小学校）は次のように記されている。

　第1　目標

　　　探究的な見方・考え方を働かせ，横断的・総合的な学習を行うことを通して，よりよく課題を解決し，<u>自己の生き方を考えていく</u>ための資質・能力を次のとおり育成することを目指す。

　　⑴　探究的な学習の過程において，課題の解決に必要な知識及び技能を身に付け，課題に関わる概念を形成し，探究的な学習のよさを理解するようにする。

　　⑵　実社会や実生活の中から<u>問いを見いだし</u>，自分で課題を立て，情報を集め，整理・分析して，まとめ・表現することができるようにする。

　　⑶　探究的な学習に主体的・協働的に取り組むとともに，<u>互いのよさを生かしながら</u>，積極的に社会に参画しようとする態度を養う。

（文部科学省，2018，p. 179，下線は筆者による）

　ここで示された総合の目標は，管見のかぎり，ABRやA/r/tographyの指向性に近接する。例えば，大目標で掲げられた「<u>自己の生き方を考えていく</u>」ことは，A/r/tographyで重視される「living inquiry（生きた探究を行うこと，もしくは探究の中を生きること）」（Irwin, 2013）との親和性が高い。A/r/tographyでは，外在化・固定化された知識や技能の習得にとどまらず，今現在の自分自身の在り方を常に省察し，考察し，生成変容していくことが目指される。このことは，目標文で示された，自己の生き方を考えることと共通点を持つ。また，「<u>実社会や実生活の中から問いを見いだす</u>」ことは，Eisner（1997）が芸術特有の学びとして示した，「教育環境における問いの膨らみ」と共通点を持ち，さらに，「<u>互いのよさを生かしながら</u>」は，小松（2020）が，A/r/tographyの実践共同体の特徴として一人一人が「特異であること」と，「複数性」とが矛盾しない状態で，「それぞれの探究が創発的に組み変わっていく」点を指摘して

いることとも共通する。このように，ABR, A/r/tography で重視される内容
や指向性は，図画工作・美術の目標文（巻末資料）よりもむしろ総合の目標文
に近いように思われる。

　ただし，総合の目標文に基づいて ABR や A/r/tography を実施することはで
きない。笠原が，ABR とは，「芸術の表現形式という固有の特性をもちいて何
かを発見したり探究活動を行うこと」（笠原, 2019, p. 121）とするように，芸
術の表現形式を用いること，そして，発見的かつ探究的活動を含む必要があ
る。このことを踏まえ，仮に，総合の中に ABR・A/r/tography を取り込んだ場
合の目標文を想定してみると，次のようになる。

〈総合に ABR・A/r/tography を取り込んだ場合の目標文（仮）〉

　アートに基づく探究的な見方・考え方を働かせ，発見的・創造的な（横断
的・総合的）学習を行うことを通して，可能性に着目して世界を認識し（より
よく課題を解決し），自己の生き方を考えていくための資質・能力を次のとお
り育成することを目指す。

(1)　アートに基づく探究的な学習の過程において，自身の認識を構築するた
　　めに（課題の解決）に必要な知識及び技能を身に付けたり組み替えたりしな
　　がら，認識（課題）に関わる概念を形成し，探究的な学習のよさを理解する
　　ようにする。

(2)　実社会や実生活の中から問いを見いだし，自分で課題を立て，情報を集
　　め，整理・分析して，創造的にまとめ・表現することができるようにする。

(3)　アートに基づく探究的な学習に主体的・協働的に取り組むとともに，互
　　いのよさを生かしながら，積極的に社会に参画しようとする態度を養う。

　　　　　　　　　　　　　　（括弧内は元の文言，下線部は新たに加えた文言）

　仮に，現行の平成 29-30 年版学習指導要領実施下で図画工作・美術と総合
とを連動させた題材（単元）や授業を展開させるならば，年間最大で，表 1 の
授業時数を確保できる。週あたりの授業コマ数に換算すると，小学校 3・4 年
生で 130 コマ（週 3.7 コマ），小学校 5・6 年生で 120 コマ（週 3.4 コマ），中学

1年で95コマ（週2.7コマ），中学2・3年生で105コマ（週3コマ）となる。もちろん全ての授業を充てることは現実的ではないが，図画工作・美術と総合を組み合わせて実施することや，部分的に題材（単元）の単位で組み合わせて実施することは可能であると考える。

表1 「図画工作・美術」と「総合」の合計授業時数（年間）

学習指導要領	小学校						中学校		
	1年生	2年生	3年生	4年生	5年生	6年生	1年生	2年生	3年生
図工・美術	68	70	60	60	50	50	45	35	35
総合			70	70	70	70	50	70	70
	68	70	130	130	120	120	95	105	105

　ただし，案1には課題がある。課題は3点あり，1点目は，用語の定義である。「アートを通した」とは何か，「可能性に着目して世界を認識する」とは何か，また，「自身の認識を構築する」，「創造的にまとめ・表現する」とは何かといった概念を検討・提示する必要がある。2点目は，図画工作・美術とそれ以外の教科・科目との文脈づくりの指導である。現在公表されている多くの総合の実践では，例えば地域探究において地元の名産品を調べ，商品開発をし，それを販売して地域を盛り上げるといった取り組みが行われている（田村ら，2017）。こういったプロジェクトでは，美術は例えば商品のパッケージを作る，広報用のチラシをつくる，といった形で組み込まれる。果たしてこれは探究なのだろうか。もちろんプロジェクトの一部として役割は果たしているが，自分自身の好奇心や関心から派生的・連続的に調査や考察が進められるというよりは，事前に計画することも可能な目的や範囲が設定された活動ともいえる。もちろん探究の過程で生徒から自発的にこのようなアイデアが生まれたのであればねらいと合致するが，事前に設定された取り組みであれば，通常のデザインの授業とさほど変わらなくなる。課題の3点目は，ABR・A/r/tography全般にいえることであるが，どこまで制限を加えるのか，もしくは加えないのかという点である。学校教育においてテーマや学習内容の設定をどの程度子供に委ね，授業時数をどのように調整するのか，また，どのよう

に探究の方法論を指導するのか，ABR・A/r/tography における探究の指導法に関する研究・開発も合わせて必要であると考える。

⑵ （案2）図画工作・美術にABR・A/r/tography を取り入れる

案2は，図画工作・美術，つまり教科の枠組みの中にABR・A/r/tography を取り入れることである。この場合，どのレベルで取り入れるのかという問題がある。仮に，ABR・A/r/tography がパラダイムシフトを目指すのであれば，現行の教科目標を変更・修正・改訂し，教育課程全体における図画工作・美術の位置づけや役割を再検討する必要がある。（ただし，本稿でそれを論じることは無理があるため，この点は他に譲る。）現実的な方策としては，題材単位（単元単位）で実施することだろう。この場合，ABR・A/r/tography の指向性と目的レベルで共通点を持ち，最も円滑に導入が可能だと考えるのが，小学校の「造形遊び」である。「造形遊び」とは，図画工作の「A 表現」に含まれた二つの学習内容のうちの一つ（もう一つは「絵や立体，工作」）であり，小学校1年生から6年生まですべての学年で実施されている（文部科学省, 2018）。造形遊びとは，「児童が材料に進んで働きかけ，自分の感覚や行為を通して捉えた形や色などからイメージをもち，思いのままに発想や構想を繰り返し，技能を働かせてつくる能動的・創造的活動」（文部科学省, 2019a, p. 26-27）である。つまり，材料や環境がまずあり，そこに子供が関わって遊び始め，遊んでいくうちに作品らしきものを作りはじめ，試行錯誤する中で自分なりの意味や価値をつくり出す活動である。授業では，教員はつくるものをあらかじめ設定せず，子供は材料を触ったり周囲の環境に働きかけたりする中でテーマを決めていく（児童による問いの発見と制作方法のコーディネート）。さらに，活動はどのように展開するか分からず（活動の不確実性），体を動かすことと思考とが連続する活動が行われる（身体性を伴う行為と思考の往還・連続・質的変遷）。活動は個別に行われる場合もあればグループが形成される場合もあり，流動的に変化する（個別性と共同性の混在）。そして，学習評価では試行錯誤の過程が重視される（過程の重視）。特に，活動の初期段階で明確なゴールや到達点を設けないこと，制作物を児童自身が決定すること，さらに

過程が重視されることは，ABR・A/r/tographyで行われる探究と共通する。また，授業時数の確保においても，例えば，4コマから6コマ程度であれば，年間指導計画に組み込むことはそれほど難しくない。

　ただし，この案にも問題点がある。それは，題材が単発で終わってしまい，「生きた探究」となりにくいことである。適切なカリキュラム・マネジメントが行われなければ，仮に子供の中に探究のきっかけとなる問いが生まれたとしても，それを調べ，深め，各自の方法で表現できる機会や時間が設けられなくなる。この点が配慮されなければABR・A/r/tographyとはいえないと考える。

文献

Eisner, E. W. (1997). The promises and perils of alternative forms of data representation. *Educational Researcher*, 26(6), 4-10.

Irwin, R. L. (2013). Becoming A/r/tography. *Studies in Art Education*, 54(3), 198-215.

池田吏志 (2020).「境界から滅境へ―A/r/tographyによる肯定的な共生に向けた言葉の生成―」. 笠原広一・森本謙・リタ・L・アーウィン編『ウォーキング・アートグラフィー：歩きだす探求による芸術と教育の旅』学術研究出版

笠原広一 (2019).「Arts-Based Researchによる美術教育研究の可能性について―その成立の背景と歴史及び国内外の研究動向の概況から―」『美術教育学』40, 113-128.

Egan, K. (2010) *Learning in Depth: A simple innovation that can transform schooling*, IL: The University of Chicago Press. (キエラン・イーガン著, 高屋景一・佐柳光代訳 (2016).『深い学びをつくる　子どもと学校が変わるちょっとした工夫』 北大路書房)

芸術ワーキンググループ (2016a).『教育課程部会芸術ワーキンググループ（第8回）議事要旨』
http://www.mext.go.jp/b_menu/shingi/chukyo/chukyo3/069/siryo/1383624.htm (2020年10月20日閲覧)

芸術ワーキンググループ (2016b).『芸術ワーキンググループにおける審議の取りまとめ』
http://www.mext.go.jp/b_menu/shingi/chukyo/chukyo3/069/sonota/__icsFiles/afieldfile/2016/10/12/1377096_1.pdf (2020年10月20日閲覧)

小松佳代子(2020).「態度としてのアートグラフィ―熊野古道を歩き，探究し，表現する実践から―」，笠原広一・森本謙・リタ・L・アーウィン編『ウォーキング・アートグラフィー：歩きだす探求による芸術と教育の旅』学術研究出版

高橋陽一(編)，高橋陽一・杉山貴洋・葉山登・川本雅子・田中千賀子・有福一昭(著)(2019).『総合学習とアート』武蔵野美術大学出版会

田村学・廣瀬志保(編著)(2017).『「探究」を探究する　本気で取り組む高校の探究活動』学事出版

文部省(1996).『21世紀を展望した我が国の教育の在り方について』
http://www.mext.go.jp/b_menu/shingi/chuuou/toushin/960701.htm (2020年10月20日閲覧)

文部科学省(2016).『幼稚園，小学校，中学校，高等学校及び特別支援学校の学習指導要領等の改善及び必要な方策等について(答申)(中教審第197号)』http://www.mext.go.jp/b_menu/shingi/chukyo/chukyo0/toushin/1380731.htm (2020年10月20日閲覧)

文部科学省(2009).『小学校学習指導要領解説　総合的な学習の時間編』
http://www.mext.go.jp/component/a_menu/education/micro_detail/__icsFiles/afieldfile/2009/06/16/1234931_013.pdf (2020年10月20日閲覧)

文部科学省(2011).『中学校学習指導要領解説　総合的な学習の時間編』
http://www.mext.go.jp/component/a_menu/education/micro_detail/__icsFiles/afieldfile/2011/01/05/1234912_013.pdf (2020年10月20日閲覧)

文部科学省(2018).『小学校学習指導要領(平成29年告示)』東洋館出版

文部科学省(2019a).『小学校学習指導要領(平成29年告示)解説　図画工作編』
http://www.mext.go.jp/component/a_menu/education/micro_detail/__icsFiles/afieldfile/2019/03/18/1387017_008.pdf (2020年10月20日閲覧)

文部科学省(2019b).『中学校学習指導要領(平成29年告示)解説　美術編』
http://www.mext.go.jp/component/a_menu/education/micro_detail/__icsFiles/afieldfile/2019/03/18/1387018_007.pdf (2020年10月20日閲覧)

文部科学省(2019c).『高等学校学習指導要領(平成30年告示)解説　芸術(音楽　美術　工芸　書道)編　音楽編　美術編』
http://www.mext.go.jp/component/a_menu/education/micro_detail/__icsFiles/afieldfile/2019/03/28/1407073_08_1.pdf (2020年10月20日閲覧)

文部科学省 (2019d).『小学校学習指導要領 (平成29年告示) 解説　総合的な学習の時間編』

http://www.mext.go.jp/component/a_menu/education/micro_detail/__icsFiles/afieldfile/2019/03/18/1387017_013_1.pdf (2020年10月20日閲覧)

文部科学省 (2019e).『中学校学習指導要領 (平成29年告示) 解説　総合的な学習の時間編』

http://www.mext.go.jp/component/a_menu/education/micro_detail/__icsFiles/afieldfile/2019/03/18/1387018_012.pdf (2020年10月20日閲覧)

文部科学省 (2019f).『高等学校学習指導要領 (平成30年告示) 解説　総合的な探究の時間編』

http://www.mext.go.jp/component/a_menu/education/micro_detail/__icsFiles/afieldfile/2019/03/28/1407196_21_1_1_1.pdf (2020年10月20日閲覧)

註

1　学校教育法施行規則第五五条：小学校の教育課程に関し，その改善に資する研究を行うため特に必要があり，かつ，児童の教育上適切な配慮がなされていると文部科学大臣が認める場合においては，文部科学大臣が別に定めるところにより，第五十条第一項，第五十一条，又は第五十二条の規程によらないことができる。

巻末資料：

総合と図画工作・美術の目標

		総合的な学習（探究）の時間	図画工作・美術		
			小学校	中学校	高等学校（美術）
目標		探究的な(高校：探究の)見方・考え方を働かせ、横断的・総合的な学習を行うことを通して、(高校：自己の在り方生き方を考えながら、)よりよく課題を<u>解決し、自己の生き方を考えていく</u>(高校：発見し解決していく）ための資質・能力を次のとおり育成することを目指す。	表現及び鑑賞の活動を通して、造形的な見方・考え方を働かせ、生活や社会の中の形や色などと豊かに関わる資質・能力を次のとおり育成することを目指す。	表現及び鑑賞の幅広い活動を通して、造形的な見方・考え方を働かせ、生活や社会の中の美術や美術文化と豊かに関わる資質・能力を次のとおり育成することを目指す。	<u>美術の幅広い創造活動</u>（Ⅱ・Ⅲ：美術の創造的な諸活動）を通して、造形的な見方・考え方を働かせ、美的体験を<u>重ね</u>（Ⅱ：深め／Ⅲ：豊かにし）、生活や社会の中の美術や美術文化と幅広く関わる資質・能力を次のとおり育成することを目指す。
知識及び技能	(1)	<u>探究的な学習</u>（高校：探究）の過程において、課題の解決（高校：発見と解決）に必要な知識及び技能を身に付け、課題に関わる概念を形成し、<u>探究的な学習のよさ</u>（高校：探究の意義や価値）を理解するようにする。	対象や事象を捉える造形的な視点について自分の感覚や行為を通して理解するとともに、材料や用具を使い、表し方などを工夫して、創造的につくったり表したりすることができるようにする。	対象や事象を捉える造形的な視点について理解するとともに、表現方法を創意工夫し、創造的に表すことができるようにする。	対象や事象を捉える造形的な視点について理解を深めるとともに、意図に応じて表現方法を<u>創意工夫</u>し、（Ⅱ：追求し）、（Ⅱ：個性豊かで／Ⅲ：個性を生かして）創造的に表すことができるようにする。
思考力・判断力・表現力等	(2)	<u>実社会や実生活の中から</u>（高校：と自己の関わりから）問いを見いだし、自分で課題を立て、情報を集め、整理・分析して、まとめ・表現することができるようにする。	造形的なよさや美しさ、表したいこと、表し方などについて、創造的に発想や構想をしたり、作品などに対する自分の見方や感じ方を深めたりすることができるようにする。	造形的なよさや美しさ、表現の意図と工夫、美術の働きなどについて考え、主題を生み出し豊かに発想し構想を練ったり、美術や美術文化に対する見方や感じ方を深めたりすることができるようにする。	造形的なよさや美しさ、（Ⅲ：独創的な）表現の意図と<u>創意工夫</u>（Ⅱ：創造的な工夫）、美術の働きなどについて考え、主題を生成し<u>創造的に</u>（Ⅱ：個性豊かに／Ⅲ：個性を生かして）発想し構想を練ったり、<u>価値意識をもって</u>（Ⅱ：自己の価値観を高めて／自己の価値観を働かせて）美術や美術文化に対する見方や感じ方を深めたりすることができるようにする。
学びに向かう力・人間性等	(3)	<u>探究的な学習</u>（高校：探究）に主体的・協働的に取り組むとともに、互いのよさを生かしながら、<u>積極的に社会に参画しよう</u>（高校：新たな価値を創造し、よりよい社会を実現しよう）とする態度を養う。	つくりだす喜びを味わうとともに、感性を育み、楽しく豊かな生活を創造しようとする態度を養い、豊かな情緒を培う。	美術の創造活動の喜びを味わい、美術を愛好する心情を育み、感性を豊かにし、心豊かな生活を創造していく態度を養い、豊かな情操を培う。	主体的に美術の幅広い<u>創造活動</u>（Ⅱ・Ⅲ：創造的な諸活動）に取り組み、生涯にわたり美術を愛好する心情を育むとともに、感性（Ⅱ・Ⅲ：と美意識）を高め（Ⅲ：磨き）、美術文化に<u>親しみ</u>（Ⅲ：を尊重し）、心豊かな生活や社会を創造していく態度を養う。

第３章　学校教育におけるABR・A/r/tographyによる「探究」型学習　77

図画工作・美術における見方・考え方と総合における見方・考え方
（文部科学省, 2019abcdef を元に筆者作成）

	図画工作・美術	小中：総合的な学習の時間／高：総合的な探究の時間
	造形的な見方・考え方	小中：探究的な見方・考え方／高：探究の見方・考え方
小学校	造形的な見方・考え方とは、「感性や想像力を働かせ、対象や事象を、形や色などの造形的な視点で捉え、自分のイメージをもちながら意味や価値をつくりだすこと」であり、「対象や事象を、形や色などの造形的な視点で捉え」とは、材料や作品、出来事などを、形や色などの視点で捉えることである。	探究的な見方・考え方とは、各教科等における見方・考え方を総合的に活用して、広範な事象を多様な角度から俯瞰して捉え、実社会・実生活の課題を探求し、自己の生き方を問い続けるという総合的な学習の時間の特質に応じた見方・考え方を、探究的な見方・考え方と呼ぶ。
中学校	造形的な見方・考え方とは、「美術科の特質に応じた物事を捉える視点や考え方として、表現及び鑑賞の活動を通して、よさや美しさなどの価値や心情などを感じ取る力である感性や、想像力を働かせ、対象や事象を造形的な視点で捉え、自分としての意味や価値をつくりだすこと」であり、「造形的な視点」とは、「造形を豊かに捉える多様な視点であり、形や色彩、材料や光などの造形の要素に着目してそれらの働きを捉えたり、全体に着目して造形的な特徴などからイメージを捉えたりする視点のこと」である。	探究的な見方・考え方とは、各教科等における見方・考え方を総合的に活用して、広範な事象を多様な角度から俯瞰して捉え、実社会・実生活の課題を探求し、自己の生き方を問い続けるという総合的な学習の時間の特質に応じた見方・考え方を、探究的な見方・考え方と呼ぶ。
高等学校	造形的な見方・考え方とは、「美術の特質に応じた物事を捉える視点や考え方として、表現及び鑑賞の活動を通して、感性や美意識、想像力を働かせ、対象や事象を造形的な視点で捉え、自分としての意味や価値をつくりだすこと」であり、「造形的な視点」とは、「造形を豊かに捉える多様な視点であり、形や色彩、材料や光などの造形の要素に着目してそれらの働きを捉えたり、全体に着目して造形的な特徴などからイメージを捉えたりする視点のこと」である。	探究の見方・考え方とは、各教科・科目等における見方・考え方を総合的・統合的に活用して、広範で複雑な事象を多様な角度から俯瞰して捉え、実社会・実生活の課題を探求し、自己の在り方生き方を問い続けるという総合的な探究の時間の特質に応じた見方・考え方を、探究の見方・考え方と呼ぶ。

第4章

授業としてのABR実践研究
芸術に基づく探究型学習活動への展開と課題

手塚千尋

1. はじめに

　前章では，芸術に基づく探究活動を既存の学校教育システムに導入しようとする際に懸念される事項を網羅的に指摘しながら，学習活動としてどのように位置づけが可能かを検討し，具体的なシミュレーションを試みた。学校教育に実装化する上で加えて必要な事項としては，「芸術に基づく探究の活動をどのように授業として設計するか」といったカリキュラムデザインや具体的な教授法（授業形態）の検討である。学習指導要領に基づく教科教育という文脈での実践で避けられないのが「教授」—「学習」—「評価」である。図画工作で子どもたちが経験するであろう「探究」のプロセスも，学習指導要領の教科目標—学年目標—各領域・分野のねらいに関連付けられた中で展開されることとなる。このように記述すると，アーティストらABR実践者からはプレイヤー自身の感性に基づき無限大に広がるであろうABRの営みが突如としてある特定の型にはめ込まれ，矮小化された活動として描かれるような疑念と，展開される実践の諸相に違和感を持つかもしれない。一方で，教師の立場からは，フォーマルラーニング（公式の学習）として成立する学習の枠組みをいかに構築するべきかを課題に感じるだろう。そこで本章では，「芸術に基づく探究型学習活動」の学習環境デザインについて課題の整理を試みる。

2. これまでの実践のふりかえりから見えた論点について

　筆者らの研究チームは，これまでに ABR の教育実践化をめざして幼稚園，小学校で実践を重ねてきた（5 章以降で紹介する）。ABR には決まったメソッドがないことや，「理念であり方法である」といった未分化な側面を有することが相まって，教育実践の検討は常に迷いと葛藤の連続であり，このプロジェクト自体がチームによる協働的な探究によって進められていった。我々が最も注意力を要したのが，個別性の高い"探求"[1]を引き出すための工夫と，学習活動として探究が成立するための「足場掛け」のバランスの検討である。問題・課題解決型学習における「探求／探究」は，「課題解決」を目的とした学習活動における「方法」である。問題・課題解決型の学習活動は問題や課題の同定から始まるデザイン的思考に基づく学習活動である。一方で，ABR における「探求／探究」は，その過程で課題や問題を「発見」して「問い」として設定し，その「問い」の本質（真の問題や課題）をアートで探る活動である。問題・課題解決型学習との相違点としては，「探求／探究」の出発点は，主観的な発見にあることや，「解決」を目的としない「探求」が目的化された活動であるという点である。問題・課題解決型学習と ABR とでは，目的や「探求／探究」の活動内での位置づけは異なるが，プロセス指向の活動であることが共通点である。ABR を「芸術に基づく探究型学習活動」として実装化するためには，「学習」をどのような認識論に位置づけるのかといったことも明らかにする必要もある。（尚，「芸術に基づく探究活動」の「学習」に関する検討は 1 巻 6 章を参照されたい）。

　また，「芸術に基づく探究型学習活動」のラーニング・フレームワークの検討を通して，改めて気づいたことは図画工作科で扱う題材や授業は個々の表現を引き出そうとしながらも，1 クラス 30 名前後の児童を対象に一斉授業を実施するためには，ある特定の造形的思考モデルで授業設計せざるを得ないということである。ABR の特性を踏まえた授業実践化では，学習者がそれぞれに紡ぎ出している個別性の高い（多様な）「探求／探究」を，個人の文脈に沿って深めていく複線状の学習活動を成立させる必要がある。加えて，上記を実現するためには学習者の思考のペースやパターンに寄り添うために，探

求／探究を充分に広げられるだけの時間を授業内に保障する必要があること
から，活動のデザインも検討しなければならない。すなわち，「芸術に基づく
探究活動」の学習環境デザイン原則の検討である。したがって本章では，複
線状に展開されることを理由に一般化が困難とされる「芸術に基づく探究活
動」を学習科学の知見と比較しながら特徴づけると共に，授業化する視点を
得ることを試みる。それは，「芸術に基づく探求／探究のプロセスを設計する
こと」を問うことであり，学習者の多様な思考プロセスを前提とした授業設
計を検討することになる。

3. 21世紀の学校教育で希求される「学習」の特徴

　教育の世界的潮流である21世紀型スキルやコンピテンシー・ベースの学び
では，各教科教育において領域固有の知識（ハードスキル）に加えて知識を活
用する力（ソフトスキル）の獲得の両方を実現しようとしている（スカーダマ
リア，2013）。そこでは，予め決めてある学習目標や評価項目に基づいた教授
方法である「学習目標から後戻りする方法（working backward goals）」と「新
しいコンピテンシーの創発（emergence of new competencies）」を統合した
モデルによる教授法の必要性が説かれている。「前向きアプローチ（working
forward）」（スカーダマリア，2014）とも呼ばれるアプローチで学習者は，既に
確立されている知識を様々な方法で獲得する学習活動から，学習者自身が課
題を見出し，ゴールを設定し，いかに解決するかを自ら考える知識創造型の
学習活動を展開することになる（グリフィンほか，2012；2014）。知識創造型
の学習活動では，正解のない真正な課題に対し，自己のアイデアを持ち寄り，
他者のアイデアもリソースとして活用しながらコミュニティでアイデを吟味
していく協調的問題解決に取り組む。一人一人異なる課題設定やグループ間
でのアイデアの吟味や広がりによって，問題解決過程の多様性や到達する理
解も異なることから，従来のコンテンツ・ベースの学習活動で実施されてい
た「学習目標から後戻りする方法」では評価できないことになる。「前向きア
プローチ」による学習環境デザインと評価の方法は研究途上ではあるが，複
線状に展開される学習活動の評価や個別性の高い学習環境デザインの検討に

おいては、「芸術に基づく探究型学習活動」への示唆を与えていると考える。

　また、2021年3月の中央審議会答申「『令和の日本型学校教育』の構築を目指して〜全ての子供たちの可能性を引き出す、個別最適な学びと、協働的な学びの実現〜」では、「学習の個性化」として「子供の興味・関心等に応じ、一人一人に応じた学習活動や学習課題に取り組む機会を提供すること」（文部科学省、2021, p. 17）が目標として示されている。多様性を尊重し、それらが生きる社会の実現が目指されるなかで、人格形成に大きく関わる公教育の現場である学校教育もまた、画一的なカリキュラムや指導から、児童生徒一人一人の特性に応じた「主体的・対話的で深い学び」の実現に向けた授業の転換期を迎えている。「芸術に基づく探究型学習活動」の検討は、芸術固有の探究による学習理論の構築や独自性を見出すのみならず、他教科（領域）における「探求／探究」の性質の差違や共通項をさぐる視点の提案にも貢献が期待できる。

4. 学習科学的アプローチの特徴と芸術に基づく探究型学習活動への援用の視点

　先述した学習研究は、学習科学の射程に入る。三宅・白水（2002）は、学習科学を認知科学、教育心理学、計算機科学、文化人類学、社会学、情報科学、神経科学、教育学、授業研究、インストラクショナル・デザインなどの分野を含む学際的アプローチによる学問と説明する。また、これまでに認知科学が取り扱ってきた認知過程の研究に基づき、学校内外の「現場の学習」を研究し、実効性のある教育のシステムを教育実践の中で作り上げようとする研究動向としても説明している。「心理学、教育心理学、認知心理学だったものが認知科学になり、それから教育学、教育心理学、教育方法学、教授学、いろんな言い方をされてきたものが学習科学になっていく」（三宅、2014, p. 45）とされるように、各領域の知見を組み合わせて学校などの「現場」で起きる複雑な事象である「学習」の過程を明らかにしようとしている。それは、人間の行動や学習、教育、職場の訓練などの人的要因（factors）を研究対象に、人間の工学の習慣（engineering ethos）から導き出されたデザイン科学（design science）とされる（ネイサン＆ソーヤー、2018, p. 21）。大島（2014）は、学習科学の到達

点を認知プロセスの多様性を認めながら「学習の転移」を可能とする学習環境デザインを科学的に詰めていく作業であると説明する。

　デザイン科学を用いた教育実践研究の方法がデザイン・ベース研究（Design-based Research, 以下 DBR）である。DBR は，仮説の理論から実践の学習環境デザインを決定し，授業実践と評価を繰り返していくことで学習環境や授業デザイン，道具などを精緻化していき，最終的には「一般化」をめざすものである。学習者の共同体を構成するメンバー（例えば，クラス）のバックグラウンドにより学習の展開や質が変わることが前提とされていることから，一つひとつの実践をケーススタディとして積み重ねることも特徴である。実践を精緻化する中で，同時に理論も発展させていくとされる（Barab, 2009；2014）。従来の教育現場で適用されてきた教育心理学や学習心理学などの多くが分析科学であった一方，デザイン研究では授業実践の形成的評価を繰り返すことから漸進的な方法とされている（大島・千代西尾, 2009）。教室で行われる「教授」─「学習」の関係性を「デザイン」として捉えてプログラムを評価する仕組みは，いわゆる「良い授業」を「教師によるお家芸」に留めず，科学的に説明していく機会を創出する試みといえる。学習研究が，算数や理科教育の文脈で盛んに取り組まれてきたことを踏まえると，学習科学の知見をそのまま芸術領域の学びに当てはめることはできないが，学校教育における「目標・目的」に対する「教育」をデザインであると捉えると，授業デザイン，学習環境デザインという大枠は共有できると考える。

　一方で，ABR をアート的思考による探究を通してプレイヤー（学習者／実践者）自身の自己変容や経験の再構築を促すことを目的とした教育実践として位置づけ，学習環境デザインやデザイン原則を見出そうとするとき，当然ながら次のような疑問が生じる。

① 　そもそも個人の文脈に依拠する「探究（思考）モデル」を第三者である教師が設計してもよいのか。設計した時点でそれは「芸術に基づく探究」とは異なる質の活動，すなわち「導かれた発見（guided discovery）」による学習活動になってしまうのではないか。

② 　学習活動の展開，到達点が学習者によって異なる場合，方法の最適化

を図ることは「自由な」探求を阻害するのではないか。一方で，発達段階別や学習者の思考レベルに応じた「足場掛け（scaffolding）」のデザインも必要なのではないか。

本章の冒頭でも述べたが，実際の教室環境において検討が必要と感じた上記2点について，これまでの科学研究における探究学習に関する知見と照らし合わせながら，検討していくこととする。

5. 「芸術に基づく探究活動」の学習環境デザインの課題

⑴ 「導かれた発見（guided discovery）」を越える視点の必要性

「導かれた発見（guided discovery）」とは，ブラウンらが1990年代後半に提案した教室の学習環境に関する認識論である（Brown & Campion, 1994）。一方通行的な教授とは異なる構成主義（constructivism）の学習観に基づき，学習者が自らの知識を自主的に構築することを重視した考え方である。獲得すべき知識は既に社会的に「発見」され，確立されたものが対象とされるが，授業では「学習者があたかも自らの問いにもとづいて研究活動をおこない，その上で自分たちの理解を共有し，そして議論を高め合っているかのように設計しておく」ことになる（スカーダマリア&ベライター&大島, 2019, p. 199）。「導かれた発見」による学習活動は，スファード（1998）の参加メタファ[2]に位置づけられている。「教室空間」を文化的実践共同体に見立て，その文脈に埋め込まれた知識を獲得すること，すなわち「学習共同体」による「獲得すべき知識」への十全的な参加を促すための学習環境デザインがなされているということである。

「導かれた発見」による学習活動は広く学校現場で取り組まれている。むしろ，コンテンツ・ベースの学習指導要領ではスタンダードな授業展開として用いられてきたといっても過言ではない。一方で，コンピテンシー・ベースの21世紀型の学習観で「導かれた発見」の学習活動は，「そのレベルは現在確立されている知識体系を越える可能性はない」（スカーダマリア&ベライター&大島, 2010, p. 199）ことから学習構造上の限界が指摘されている。代わっ

てスカーダマリアらによって提案されているのが，教室を「知識構築共同体（knowledge building）」に見立てた「知識創造」の学習観である。学習者の主体的・創造的な関わりをもって成立する自発学習と漸進的問題解決（progressive problem solving）が特徴とされる[3]。

『小学校学習指導要領（平成29年告示）解説 図画工作編』では，「自らの感覚を通して」「自分なりの」など，学習者自らが対象や事象に働きかけることで得られる感覚や気づきの重要性を強調しており，発見的な学習の在り方が唱えられている。小松（2019）の「発見的な学び」とする「トピカ的理解」として身体による探求やその結果得られる知の在り方を図画工作科の特徴としてとらえてみる。絵の具の混色で様々な色をつくりだす活動では，例えば，はじめに教師が減法混色の理論を概説するのではなく，色材の三原色に近い色の絵の具を準備する，2色ずつ色をまぜてみるなどの環境を設定し，その中で子どもたちが具体的操作を重ねることを通して混色を「発見」できるように展開される。図画工作の場合は，混色でできた色の中から好きな色を選択する，選択した色に命名する，その理由を述べたりそこから広がる世界について語ったりする…などの学習者の感性とイメージによる学びが続いてく。さらには，感じたことを言語化したり，友だちの作品を見て気づいたりするなど個と集団によるリフレクションの中で新たな「発見」をしていく。この例からは，図画工作科の授業においては少なくとも「導かれた発見」の他に，「文脈依存的発見」や「創造的な発見」などの個人の主観から生み出される「発見」が階層的に存在すると考えられる。主観的な気づきから構築される「知」や，集団で得られる間主観的な「知」が芸術（アート）学習の固有性であるならば，そもそも現行の図画工作科で展開される学習活動は，教科の構造上スカーダマリアらが指摘する参加メタファによる学習活動の限界を「既に越えたもの」として理解できる。「導かれた発見（guided discovery）」を学習共同体への参加を通した知識獲得としてコンテンツ・ベースの教科教育の目標や到達点と位置づけたとき，「知識構築（knowledge building）」で目指される知識創造型の学習を学習指導要領でどのように位置づけるかはこれからの検討課題である。

　学習指導要領に基づく教科教育として成立するためには，教科における目

標の達成を目指す必要がある一方で，図画工作科を知識創造型の学習として
とらえることは，個別性が高く，多様な「探求」が想定される「芸術に基づく探
究型学習活動」の「導かれた発見」をどのように活動にデザインしていけるか
を十分に検討していく必要があるだろう。

(2) 「足場掛け（scaffolding）」の設定上の課題

　学習者の自主性を尊重しながらも教師が意図した知識や深い理解に到達で
きるように構造化された学習環境において「学習者が期待される知識を発見
的に学習できるような支援」として「足場掛け（scaffolding）」の必要性が説か
れている。足場掛けとは，「一人では成し遂げられない目標や実践への参加者
に対して，適切な援助を与えて課題達成を可能とすること，または，課題達成
を可能にする支援のありよう」と定義されている（河野, 2019, p. 160）。ヴィ
ゴツキーの「発達の最近説領域」の理論を手がかりにウッドらが幼児の発達研
究から見いだした概念とされている。学習科学においても，学習者の学習機
会の創出と達成に貢献するものとして位置づけられている。学習者に対して
は「現在の能力だけでは取り組むことが難しい複雑な課題に従事する機会を
得ることができる（…）認知的負荷を低減し，その学問領域の思考や行為の方
法を獲得することを助ける」と説明されている（河﨑, 2019, p. 124）。

　美術教育における「学習」をエングストロームに論拠を求めるならば，美術
教育の学習活動は「芸術家や科学者によって『もうひとつの世界』が探究され
る過程で見出された真理や美を追体験的に味わい，理解する活動としてとら
えること」と説明できる。この考え方に従えば，「学習」とは「真理・美を探究
する活動」として位置づけられる。したがって，理論上は「真理・美」を見出す
熟達者（エキスパート）である科学者や芸術家の思考パターンや探究の方法・
手法をラーニング・フレームワークとして抽出できれば，「学習」の活動を成
立させることができることになる。芸術に基づく探究活動に当てはめてみる
と，この場合の足場掛けとは，抽出されたラーニング・フレームワークの提
供そのものが学習者に対する第一の足場掛けになるだろう。「芸術に基づく
探究型学習活動」を成立させるためには，既存の学校教育の枠組み（後ろ向き

アプローチ）を前提とすると学習者のレベルに応じた方法の最適化を図ることは避け難い。したがって，学習者の探究学習／活動の熟達レベルに応じて，ラーニング・フレームワークをどの程度提示するのか，その調整による結果が第二の足場がけとなりそうである。具体的には，ラーニング・フレームワークに関する直接教授（解説），思考を促す問いの設定，ワークシートによる思考方法の紹介や思考を促す問いの設定，教師と子ども，子ども同士の対話による思考の深化などが考えられる。学習環境デザインは暗黙的なメッセージに溢れていることからも，対象者の実態の見極めがやはり鍵となる。

6. 「芸術に基づく探究活動」の教育実践化―探究プロセスの設計

(1) 科学的探究における「レベル」の概念と ABR

　知識構築（Knowledge building）として紹介される学習形態の１つに，探究学習（inquiry learning）がある。学問領域の内容だけではなく領域固有の認識論や実践の方略を学ぶ学習方法で，その起源は科学的探究の実践にある（Hmelo-Silver, Duncan, & Chinn, 2007）。探究学習では，①問いを立てる，②データを収集して分析する，③エビデンスに基づいた主張をつくることが重視されている（大島・千代西尾，2019, p. 123）。Heather & Bell（2008）は，米国の科学教育スタンダードの基準を踏まえて，小学校高学年の理科の授業を例に「探究の連続体（Inquiry continuum）」として探究のレベルを判断する枠組みを提案している（表 1）。学習者に与えられる情報の量（「問い」の設定，「手続き」の提示，「解」の提示）に応じて，探究のレベル分けがなされている。このフレームを用いて芸術に基づく探究の活動を考察してみると，ABR そのものが自立した探究者向けの難易度（レベル 4）であることが読み取れると同時に，認知的負荷が高い活動であることも理解できる。「アーティストは研究者であり同時に研究対象」（小松，2018, p. 88）とあるように，そのプロセスは表1の「4－オープンな探究」のように自らリサーチクエスチョンを立て，その問いをどのような方法で深めるのか，そのためにどのような素材を準備するのか，一連の探求／探究活動をセルフプロデュースすることなる。一方で，「芸術に基づく探究型学習活動」を構想するとき，全ての学習者が「4－オープン

な探究」を実行できるとは限らないことを想定しなければならない。学習者
によって異なる探究に対するレディネスは探究の発達段階として捉え，ラー
ニング・フレームワークを調整する必要がある。表2では，ABRを「芸術に基
づく探究型学習活動」として展開する場合に，それぞれのレベルで想定され
る足場掛けについて考案したものである。それぞれのレベルに応じた探究学
習のねらいの設定，領域固有の認識論や実践の方略を学ぶことにあることを
考えると，問いの創出やリサーチメソッドの考え方や探究を深めるための視
点や具体的な方法など，ABRの考え方や大まかな探究プロセスの枠組みを示
し，学習者がよりよいABRの探究を深められるようにすることも必要と考え
られる。

表1　科学的探究の4レベルと学習者に与えられる情報の違い
（Heather & Bell, 2008 より筆者訳出）

探求レベル	問い	手続き	解
1—確認としての探究 学習者は，手続きを通して原則を確かめる。	○	○	○
2—構造化された探究 学習者は，所定の手順を通じて教師に提示された 問いを調査する。	○	○	
3—導かれた探究 学習者は自ら設計／選択した方法で教師に提示さ れた問いを調査する。	○		
4—オープンな探究 学習者は，自ら設計/選択した手順を通して，自ら 立てた問いを調査する。			

表2　科学的探究の4レベルから構想できるABRの足場掛けのデザイン（案）

1-確認としての探究	事前に調査方法とリサーチクエスチョン，結果が提供される。
ABRで深めたいテーマを提示し，教員が問いも設定する。問いを設定した背景や理由を予め解説し，示されたリサーチの方法（例えば，ディスカッションなど）で探究をする。探究を通しての気づきや理解を，所定の様式または自らが選択した様式で表現し共有する。	
2-構造化された探究	事前に調査方法とリサーチクエスチョンが提供される。

ABRで深めたいテーマを提示し，教員が問いも設定する。提示されたリサーチの方法（例えば，Walking）で探究を進める。さらにそこから異なる方法を用いてリサーチを進めたりしながら，探究を通しての気づきや理解を所定の様式または自らが選択した様式で表現し共有する。	
3－導かれた探究	事前にリサーチクエスチョンのみが提供される。
教員が問いのみを設定する。その問いからどのようなテーマ（主題）を設定するのか，その主題をどのような方法でリサーチするのかを考え，実行する。最終的なアウトプットの様式も自ら選択し，共有する。	
4－オープンな探究	学習者は，科学者のようにリサーチクエスチョンを立て，調査方法を設計して実行する。結果も説明する。
教員はABRの機会のみを設定する。テーマ（主題），リサーチクエスチョン，リサーチの方法，アウトプットの様式は学習者自らが決めて実行する。一連の探究のプロセスを説明する。	

(2) 「芸術に基づく探究型学習活動」のフレームワーク（仮説）

　これまでの議論を踏まえ，芸術に基づく探究を「探究型学習」として授業設計する際のアウトラインを表3にまとめた。左列は「探究学習が科学的探究の実践に起源をもつ」（河﨑, 2019）ことを踏まえて，探究学習ほか，問題基盤学習（Problem-Based Learning）[4]，課題解決型学習（Project-based learning）[5]などの探究的な学習方法についても射程に入れながらその特徴をまとめた。科学的探究学習は，「問い」を解決するために客観的な分析を通して理論的妥当性を探りながら，複数の構成員が知識を集合し，吟味しながら協調的問題解決を図る特徴がある。それに対し，芸術的探究型学習では，個人の主観的な問いに対し，芸術による探究を通した本質的解釈の中で自己と世界（コミュニティ）の接続を見いだしたり再構築したりすることなどを通じて自己変容することが目的とされる。また，科学的探究学習の構造としては課題解決を目指す過程で領域固有な知識や実践の方略を学ぶことが目的とされるが，芸術的探究型学習では，課題から創出された「問い」の本質的理解を目指す過程で，自己を軸に外界へアクセスし新たな接続点や関係性の見直しなどを行うことを通した自己変容を目的とする。また，探究学習の到達点には，ハードスキルとしての領域固有の知識を活用して到達する理解や知識構築，ソフトスキルの獲得を位置づけた。芸術的探究型学習の場合，「知識」は文脈依存的で

主観的に構築されるもので，実践知も含まれるものとする。

表3　ABRの探究型学習活動のフレームワーク（仮説）

	科学的探究学習	芸術的探究型学習
探究学習の課題	真正（authentic）な問い	
探究学習の目的	学問領域の内容だけではなく領域固有の認識論や実践の方略を学ぶ	自己と世界の接続点を見つけて再構築することによる自己変容
探究学習の到達点	探究スキルの獲得，より深い真理の理解と知識構築	自己を再構築するスキル（問題発見力，問題提起力）の獲得，主観的知識・実践知の構築
探究学習の過程	計画的→課題解決をめざして段階的に進む	文脈依存的・即興的→行為の結果から次の一手を決める
問いを立てる	科学的な問い	個の感性を出発点とする問い
分析の対象とデータ	仮説を裏付けるための根拠（エビデンス）となる信頼できる客観的データ	素材の選定，吟味，表現様式を試す，観察するなどの表現・造形行為を繰り返してつくりだされる主観的データ
エビデンスに基づいた主張をつくる	問いに対して収集した信頼できるデータの分析・考察の結果	自らの働きかけのプロセスをふりかえったメタレベルでの説明
成果の開示／発信	問題解決したことの発表→主張，根拠，理由づけの提示	探究プロセスの開示→展覧会

(3)　「芸術に基づく探究活動」の学習環境デザイン原則の検討─「土の色プロジェクト（北海道教育大学旭川校附属小学校, 2019）」の実践事例をもとに

①　仮説の学習環境デザイン原則と授業デザイン

「土の色プロジェクト」は，旭川という土地が持つ文化的背景とその土地で生活する児童自身のつながりを再発見することを目的とした芸術に基づく探究型の学習活動である。「芸術に基づく探求／探究」が起きる仮説の学習環境デザインとして以下の２点を設定した。

・学習者と場とのつながりを起点とした主題の探究が起きるための自己省察や，他者へ語る活動の設定。

・色や形，イメージ，モノ（素材や道具）による思考を促す活動の設定。

本実践の一人は，彫刻家である。自身の制作プロセスである，1) 対象となる素材の特徴や活かし方を探ること，2) 自分自身と社会（他者）との関係性についてふりかえること，3) 1) と 2) を繰り返すことで制作のコンセプトを抽出すること，4) 制作・表現する中で新たな気づきが生まれ制作物に対して意味づけや価値づけをすることの，4 つのフェーズをラーニング・フレームワークとして抽出し，活動をデザインした。また，「真正な問い」については，児童を取り巻く文化的・社会的環境をリサーチしテーマを設定することとした。また，「2－構造化された探究」に最も近い探究レベルの活動として，仮説の学習環境デザイン原則を踏まえた 5 つのフェーズの活動を計画した。

フェーズ1	自分とつながりのある場所の土を採取してくる。採取した土について，採集した理由や気づいた土の特徴などをワークシートに記入をしておく。
フェーズ2	採取した土を並べて展示してグループで鑑賞する。
フェーズ3	採取した土が自分にとってどのような意味があるのかを考えながら，制作の主題を見つける。
フェーズ4	主題に基づき表現活動に取り組む。
フェーズ5	作品のプレゼンテーションを行う。

---

② 足場掛けのデザイン－「問い」と「手続き」について

　本実践では，児童たちにとって身近な「土」を素材として扱うことにした。「土」は自分たちが生活する場所だけではなく，地上のあらゆる場に存在する物質でもある。地理的条件によって，様々な色や粒状の土がつくられるが，今回は素材としての特徴に加えて，対象となる「土地」がもつ文化・歴史的な文脈に着目した。「土」という素材と児童自身がその「土地」で暮らした経験や思い出，児童と関わりのある家族や友人，知人などとの出来事やその時に感じた感情を紐付け，自分と自分が暮らす「土地」や人々のつ

ながりを再発見することをねらいとした。この活動の「問い」として，以下の2点を投げかけている。

・自分と「つながり」があるとはどのようなことか

・「つながり」のある土にはどのような意味があるか

この「問い」を深めるための足場掛けとして，ワークシートによる探究の思考プロセスの提示，授業内の直接的な説明，授業内での言葉がけなどを実施した。

一方で，「手続き」については表1「2－構造化された探究」では足場掛けの対象となっていたが，完全な手続きの提示ではなく部分的にとどめた。芸術に基づく探究の手続きとして①思考プロセスと，②素材の選択・活用の2つが想定されたため，これらを同時に（または階層的に）展開することを活動全体のデザインとした。①思考のプロセスについては，児童自身がそのことについて考えたりワークシートに記述したりすることが概ねできていた。また，②については，ABRの特色でもあるので表現方法の選択は学習者に委ねることが望ましいと判断したため「土で絵の具をつくる」ことのみを提示した。このほかには，土を直接画面に定着させて何かを表現する，粘土のようにして扱う，なども想定できたからである。しかしながら結果的には「土で絵の具をつくる」活動が児童にとって新鮮であったことからほとんどの児童が絵の具をつくり，描くという表現方法を選択することとなった。また，発達段階的に「思考すること」と「素材の可能性や活用方法を探る」ことをつなげることに困難さを感じる児童が多かったことも明らかとなった。

全体を通してみると，①と②の内容において抽象度をコントロールしたコンテンツを準備することが必要であるといえる。「問い」についても，抽象度の高い問い，具体性の高い問いなどを複数準備することや，つなぎ目への足場掛けとして①と②を連続して取り組むことで完了となるワークの設定などが考えられる。本実践からは，「芸術に基づく探究活動」においては，「抽象度」の高低の調整が，探究活動の質を決めることに影響を受けることが明らかとなった。

6. まとめ

　本章は,「芸術に基づく探究型学習活動」の学習環境デザインについて課題を整理することを目的とした。学習科学を視座に, 21世紀型スキルの育成に向けた学習が, 学びの個別性を保証した多様なラーニング・プロセスが許容された学習活動であることに着目し,「前向きアプローチ」に適した学習活動として想定されている「探究学習」から示唆を得ることとなった。一般的な探究学習が科学教育を基盤に得られた知見であることや, 協調的問題学習を前提とする学習方法であること, 探求／探究のレベルに応じた足場掛けの必要性を確認しながら, その比較を通して複線状に展開される「芸術に基づく探究型学習活動」のラーニング・フレームワーク構築を試みた。2019年に旭川で実施した実践をもとに検証を試みたところ,「芸術に基づく探究型学習」を構成する要素の説明として概ね満たすと判断できた。冒頭でも述べたが, 本章における論考は, 筆者が携わった旭川, 中野, 香川での実践の後にまとめたものである。仮説生成も侭ならない中, 実践先行で展開された活動では, 個人の感性を軸に個別生成される学びを学習活動として「デザイン」することの難しさを改めて感じたが, 同時に探究活動への好奇心や意欲も含めた学習者自身が自ら選択したり, 決めたりする主体的・自律的学習の重要性を改めて感じたところである。今後は, 学習指導要領の中への位置づけや評価項目の検討が課題となる。

注

1　本書冒頭の笠原の定義 (p. 12) に拠るものとする。

2　スファード (1998) は, これまでの学習研究を「獲得メタファ (acquisition metaphor), 参加メタファ (participation metaphor) の2つに分類した。獲得メタファでは学習を情報処理アプローチからとらえたもので, 学習とは新たな経験と通して自己内のスキーマ (自己に既にある知識の枠組み) を更新する事象ととらえる。獲得メタファでは学習を状況論的アプローチからとらえたもので, 学習とは「文化的実践」へ周辺的に参加しながら最終的には十全的参加ができるようになることとして捉える。両者は対立したものとして語られるのではなく相補的関係

性に位置づけられる。この理論をさらに発展させたのがパーヴォラ (2004) による「知識創造メタファ (Knowledge-creation metaphor)」である。

3 漸進的問題解決 (progressive problem solving)

スカーダマリア＆ベライター＆大島 (2010) は，知識構築共同体による学習を「新しい問題を発見し，その解決に従事しながらさらにその問題を捉え直して新たな問題を見つけ出す」過程を有する知識創造と定義し提案している。

4 問題基盤学習 (Problem-Based Learning：PBL)

問題基盤学習は，仮説演繹推論を重視する医学教育の研究を起源とする (河﨑, 2019)。『学習科学ハンドブック　第2巻』の「問題基盤学習」で以下のような説明がされている。「問題基盤学習 (PBL) は，学習者が協調しながら複雑かつ不良定義 (ill-structured) な問題を理解したり解決したりする学習への能動的なアプローチである (Barrows, 2000；Savery, 2006)。学習者は，自分たちが現在もっている知識を共有したり，複数の異なるアイデア同士の折り合いをつけたり，情報を探したり，提案された解決策を裏づけるための筋道の立った議論を構成したりする。」(ルー，ブリッジス，メーローシルバー，2014；2016)。

5 課題解決型学習 (Project-Based Learning)

Krajcik & Shin (2006, 2014；2016) は，『学習科学ハンドブック 第1巻』の中で課題解決型学習を次のように説明する。課題解決型学習では，科学者や数学者，作家，歴史家など「プロフェッショナル」が現実社会で取り組む問題に類似した有意味な (meaningful) 問題に取り組む。「生徒が現実世界の文脈においてアイデアを使って活動することによって能動的に理解を構成する時，題材についてより深く理解する」という構成主義的知見に基づく状況論的学習とされ，そのルーツはデューイの経験主義的学習にまで遡る。学習者は提示された「解決すべき問題」(駆動質問) をプロフェッショナルが用いる思考や研究パターンを追体験することとされる「科学的実践への参加」を通して探究を深め，より深い理解に到達することを目的とする。この学習方法では，活動全体の始まりは教師側からの「問い」から始まる。学習者の探究が破綻しないように教師が常に学習者へ問いかけ，プロジェクト全体を管理しながら進めて行く。学習科学研究においても，「もっとも効果的な学習は，学習が真正 (authentic) で現実世界の文脈に状況づけられた時に起こる」ことが通説となっている。

文献

大島純・大島律子 (2009)．「エビデンスに基づいた教育：認知科学・学習科学からの展望」『認知科学』16 (3)，390-414

大島純・益川弘如 (2016)．『教育工学選書Ⅱ 5 学びのデザイン：学習科学』ミネルヴァ書房

大島純・千代西尾祐司 (2019)．『学習科学ガイドブック』北大路書房

笠原広一 (2018)．「5th Conference on Arts-Based Research and Artistic Research にみる Arts-Based Research の国際的な研究動向」，『東京学芸大学紀要. 芸術・スポーツ科学系』70,45-64

笠原広一 (2019)．「Arts-Based Research による美術教育研究の可能性について：その成立の背景と歴史及び国内外の研究動向の概況から」，『美術教育学』美術科教育学会誌, 40, 113-128

河﨑美保 (2019)．「探究学習」大島純・千代西尾祐司編『学習科学ガイドブック』北大路書房

河野麻沙美 (2019)．「足場かけ」島純・千代西尾祐司編『学習科学ガイドブック』北大路書房

スカーダマリア, M., ベライター, C., 大島 純 (2010)．「知識創造実践のための『知識構築共同体』学習環境」『日本教育工学会論文誌』33 (3)，197-208

Griffin, P., & Care, E. (Eds.)．(2014)．*Assessment and teaching of 21st century skills: Methods and approach.* Springer; 三宅なほみ (監訳)・益川弘如・望月俊男 (翻訳)『21 世紀型スキル：学びと評価の新たなかたち』北大路書房

Sfard, A. (1998). On two metaphors for learning and the dangers of choosing just one. *Educational researcher, 27* (2)，4-13.

Sawyer, R. K. (Ed.)．(2014)．*The Cambridge Handbook of the Learning Sciences.* Cambridge University Press. (R.K ソーヤー編, 大島純・森敏昭・秋田喜代美・白水始監訳, 望月俊男・益川弘如編訳 (2017) 学習科学ハンドブック第 2 巻 北大路書房)

Sawyer, R. K. (Ed.)．(2014)．*The Cambridge Handbook of the Learning Sciences.* Cambridge University Press. (R.K ソーヤー編, 大島純・森敏昭・秋田喜代美・白水始監訳, 望月俊男・益川弘如編訳 (2017) 学習科学ハンドブック第 3 巻 北大路書房)

Banchi, H., & Bell, R. (2008). The many levels of inquiry. *Science and children*, 46 (2)，26-29

Brown, A. L., & Campione, J. C. (1994). Guided discovery in a community of learners. In K. McGilly (Ed.), *Classroom lessons: Integrating cognitive theory and classroom practice (pp. 229–270)*. The MIT Press.

Paavola, S., Lipponen, L., & Hakkarainen, K. (2004) . Models of innovative knowledge communities and three metaphors of learning. *Review of educational research, 74* (4) , 557-576.

三宅なほみ・三宅芳雄・白水始 (2002)「学習科学と認知科学」『認知科学』9 (3) ,328-337

三宅なほみ・大島純・益川弘如 (2014)「学習科学の起源と展開」『科学教育研究』38 (2) , 43-53

文部科学省 (2021)『「令和の日本型学校教育」の構築を目指して〜全ての子供たちの可能性を引き出す, 個別最適な学びと, 協働的な学びの実現〜 (答申) 』(中教審第228号)【令和3年4月22日更新】https://www.mext.go.jp/b_menu/shingi/chukyo/chukyo3/079/sonota/1412985_00002.htm (2022年2月4日アクセス)

Engeström, Y. (1987) . *Learning by expanding. Cambridge University Press.* (ユーリア・エンゲストローム著, 山住勝広・松下加代・百合草禎二・保坂裕子・庄井良信・手取義宏・高橋登訳 (2008) 拡張による学習　新曜社)

第2部

実践編
ABRの特色を活かした
学校園での展開

第5章

幼児の土を使った遊びと探究
Arts-Based Research の視点から実践を描き出す

吉川暢子・手塚千尋・森本　謙・笠原広一

1.　問題の背景

　本研究は Arts-Based Research（以下 ABR）に基づきアートの多様な表現方法を活用した幼児の探究活動の実践と理論の構築を目的とした取り組みである。幼児教育における遊びの中での探索は日々の生活や保育においても日常的に見られるものである。しかし，遊びがどのように展開し，それがどのように探究的な広がりや深まりを生み出すに至るのかは，その道筋が状況的で創発的であるため，それをわかりやすい実践知として示すことには難しさがある。また，そこに表現や素材との関わり合いがあるとき，それらは単に幼児の育ちを促す素材という視点だけではなく，別の見方ができる可能性もあるのではないだろうか。幼児の遊びの姿が示すものとはいったい何なのか。私たちにはまだ多くの研究の余地がある。

　そこで本研究では，幼児を対象に土を使った遊びの実践を行い，子どもの遊びや表現活動を，芸術による多様な表現の手段や様式を活用した探究活動である ABR の理論から見ていくことにする。また，その取り組みや姿を実践者や研究者らはどのようなものとして見とるのか，幼児の遊びとしての（通しての）表現と探究にいかなる可能性を見出していくことができるのかを明らかにしていく。

2. ABR が示す探究型学習の特徴

アイスナー（1997）は，情報表現の代替形式（alternative forms of data representation）における約束として，共感の育み，場所や個々の特殊性の強調，生産的な不確実性の取り組み，教育における問いの膨らみ，適性や長所にあった探究を ABR の研究方法の特徴として述べている。アイスナーから始まる ABR は，この五つの約束を背景にアートを研究の一環として取り組むことで創造的かつ表現豊かな研究の実践を生み出している。また，ABR の価値観を共有する美術教育の中では，表現力や創造性など，アート特有の視点から物事を体験し，感じ，考える探究の過程に焦点を置く実践が多くある。ABR の概念からアートを探究型学習方法の基盤とするならば，それはアイスナーが示す五つの約束と寄り添うような創造的な過程が必要となる。そのような学習方法は，現場の特性に着目し，生産的な不確実性を追求することを重要とする。これは芸術家の制作活動において完成作品がつくる工程の結果的なものであるように，アートを通す探究は，「する」「つくる」想いや行動そのものから循環すると考えられる。ただ，不確実であるとは，固定の指示や答えがないことを意味する。特に幼児教育の視点からすれば，不確実性が基盤になることを不必要に危険を招くような行為と認識することも可能である。しかし，不確実性による危険，あるいはリスクとは，教育が人間同士の相互的な関わり合いの間にある限り必ず生じるものなのである (Biesta, 2013)。そのような教育は「リスク」を「危険」ではなく「冒険」と理解し，あらゆるリスクを乗り越える力を共同的かつ発見的に見つけることを重要とする。教育者が適度に危険物を取り除くことで，子どもが生産的なリスクと向き合うことから冒険をする環境を造れるかが実にアート的であり，不確実性を含む探究方法の一つの課題なのではないだろうか。（森本）

3. 幼児の探究
(1) 幼児の探究の成立と保育者の関係性

幼児の探究についてはレッジョ・エミリア・アプローチの取り組みや，その思想的背景に参考となるところが多い。レッジョ・エミリア・アプローチは教

え主義への批判から構成主義（J. Piaget）・社会構成主義（V. S. Vygotuky）の学習観を基礎としている。レッジョ・エミリア・アプローチの活動の中心は「プロジェクト活動」である。プロジェクト活動とは子どもたちが 2 〜 4 人程度の少人数のグループに分かれ，一つのテーマを長期間に渡って探究する活動である。そこでは，子どもたちの中から生じてくるテーマを取り上げて，カリキュラム化していく方法が採用されている。レーラ・カンディーニ（2003）は，この方法をエマージェント・カリキュラム（創発的カリキュラム）と呼ぶ。子どもたちとの対話から生じた気づきや新たな問い，アイデアに耳を傾け，それらを即興的にプログラムに反映する方法で保育者は，子どもたちの探究に寄り添い，支える役割を果たしていると考えられる。そこでは教育プログラムとなっている教育課程としてのカリキュラムをこなしていくのではなく，保育者たちは大まかな目標を示し，活動や企画がどちらの方向へ進むのかを推測し，適切な準備をしている。つまり，子どもたちが自ら対象に働きかけることで生じた問いの探究が実現できるよう思考を整理したりどのように実現できるかを問い返したり，励ましたりすることが子どもの探究を支える伴走者として機能を果たしているのである。保育者による子どもの声を「聴く」という，子どもを尊重することで成立する徹底的な姿勢が子どもたちの新たな「問い」の生成に貢献し，遊びを通したさらなる探究活動を実現しているのである。レッジョ・エミリア・アプローチが示す創発的で探究を基盤としたプロジェクト活動からは，幼児は他者との対話や関わりを通して自己の探究を深めていく協働的な探究の姿を描き出すことができる。

(2)　遊びや造形活動における探究のありよう

　子どもの声を「聴く」ことによって進んでいく子どもの探究と学びの過程は，結果的に出来事の関係的で生成的な展開の持つ可能性を最大限に生かしており，保育の計画性や意図性といった部分と同様には，その変化の動態を理解することは難しい。

　その点で，近年，幼児の遊びや造形活動の中でどのような探究が行われているのか，そこでどんなことに気づき学んでいるのかを明らかにする研究が

進んでいる。例えば，村田（2016）は，一見すると「素朴に見える形で行われることが多い」，幼児期の「造形遊び」における表現活動の探究の具体的な姿を，松本（2009）の「出来事の生成としての学び」の考え方に基づき，「文化的世界」「社会的世界」「経験・活動的世界」の間の相互作用によって実践的に生成する活動の展開の姿として考察している。ジョイントクリップを用いた造形遊びを通してその遊びの連続性や発展性の違いを明らかにしており，こうした過程は絶えず「いま・ここ」において繰り広げられる気づきや理解の展開によって探究的に進展していくものである。こうした日々の遊びの中で拡がる探究が理解や発見を促し，プロジェクト・アプローチなどでの探究的な活動展開につながっていくことも最近多くの事例でその過程が明らかにされている（磯部・福田；2015，磯部，2020）。

　いずれの場合も子どもたちの日常の園生活で素朴に営まれる，遊びからの，遊びの中にある，気づきや試みによる探索的・探究的な展開の道筋を，村田（2016）であれば実践者・関与観察者の間主観的な感受とエピソード記述による考察として，磯部（2020）においては活動発生のプロセスをTEA（複線径路・等至性アプローチ）によって精緻に分析して構造化するなどし，こうしたアートによる遊びや活動の展開が何を生み出しているのかを，個人の創造的活動のみならず，共同性の中での文化創造の実践へと順次あるいは重層的に拡張・展開していく解釈の構造がとられている。

　こうした研究が，子どもたちの日々の遊びの様態と，それらが意味ある活動へと生成変化していく探究的な実践過程を描出し，その可能性の理解と支援の方略の検討に大きく貢献している。そこで幼児の遊びと探究の姿を考える際に，ABR，アートベースの探究という考え方を重ねていくことで，そこにいったいどのような新たな視点や発見が見出されるのかを考えていきたい。

4．ABR の視点に立つとは

　今回の研究は幼児の土を使った遊びについての研究であり，筆者らの念頭にはABRというアートベースの探究とはいかなるものか，それが幼児教育実

践にはどのような関連性を持ちうるのかという問いがある。とはいえ，幼児の土を使った遊びをいかにすればABRとして実践できるかを問うものでもなければ，幼児の活動や保育実践を「理解」することを目的にABRを解釈の枠組みとして直接的に適用しようとするものでもない。ABRのような芸術の表現形式の固有性を用いた探究や研究について考えるときには，こうした手探りそのものが問いを立ち上げ，見える地平を形づくり，解釈の可能性の網の目自体も耕していくとするならば，こうした不確定な試みを意図的に投げ込んでいくことを肯定的に招き入れていく必要がある。

　今回の場合そうした構造を設定するべきか，あるいはそれによって見えてくるものを問うべきなのかといえば，より試行的に「何を問うのか」という「問い」そのものの立ち現れ自体を招き入れるような研究と「なる」必要があると考える。そのためには，差し当たって観察者がこれまで行ってきた実践分析の手法による研究も含めながら，さらにそれとは別の方法を試験的に取り入れていくことで，どんな可能性が開かれるかも同時に試みていく進み方が必要と考える。この点については，もし実証主義に基づく研究であれば，研究がたどり着く先や，そこ（予期した結果）に至ったことを研究者は当然その設定した枠組の原理に基づいて知ることができる。しかし，そこで起こることが「なんなのか」を予め知り得ず，研究を通して徐々に解釈主義的に問いを深めつつ解釈を開きつつ拡げていかねばならないとすれば，問題解決のためには差し当たって「問いを取り囲むことが最善」(Sullivan, 2006)の方法となる。

　よって本研究では土を使った遊びの探究としての姿とは何なのかを，知る・考えていく・問う，ために，構造化された手法だけでなく，実践者であり長期間にわたる関与観察者(吉川)の観察データの分析と考察(III結果と考察)に加え，他の観察者(手塚，森本，笠原)の訪問調査での観察や解釈も発展的視座の生成として組み入れて議論を反響させていく。それによって土を使った遊びにおける探究についてABRの視点も交えながら，そこに何が見えてくるのかを重層的な響きの中で考察を試みていくことが可能になる。今後さらに継続していくであろう，土を使った遊びの今後の取り組みを考える上で中

間的な足場となる知見を得ていきたい。(笠原)

5. 研究の方法

(1) 実践に向けての打ち合わせ

　2019年12月18日の午前中に吉川・手塚・森本が保育を観察し，午後からは研究の趣旨説明(笠原)，香川大学と北海道教育大学で行った「土プロジェクト」の研究報告(手塚・吉川)，ABRの理論や実践についての説明(森本)を行った。その後，附属幼稚園の保育者と研究グループで実践の方向性について検討を行った。そこでは設定保育は行わないこと，土を使った遊びを見ていくことが決定し，実践を進めることとした。環境については子どもの姿を見ながら，保育者と相談しつつ臨機応変的につくっていくこととなった。記録については保育者がデジカメを用いて撮影し，エピソードを記録していく。

(2) 実施

　本研究の調査期間は2020年1月8日～3月5日である。香川大学附属幼稚園にて実践を行った。土を使った遊びでの探究活動を調査するために鹿沼土(大粒)144L，赤玉土(大粒28L，中粒28L，小粒28L)，花崗土30kg，黒土32L，砂(無塩砂)30kg，山砂30kg，除菌砂30kgを用意した。これらの土はホームセンター等で購入できる土や砂などである。散布した場所は，鹿沼土や赤玉土はさら砂工場(玄関横のスペース)，黒土などは藤棚の柱の下，砂は園庭の中央にある砂場に設置した。1月中旬より丸林製土所の黄土(60kg)，2月の中旬より丸林製土所の白土(30kg)，有機顔料DOLCHIを使用した。

(3) 分析方法

　子どもたちが土で遊んでいる様子を保育者や観察者がデジタルカメラで記録する。その写真から子どもの遊びの場面のエピソードを保育者から聴く。あわせて保育者が作成した「しんぶん」に記載された土や砂の遊びの写真や言葉などの記述等から読み取っていく。「しんぶん」とは附属幼稚園で行われている「子ども向けクラスだより」である。保育者によって，遊びにおける子ど

もの視点を読み取って作成された「しんぶん」について，松本ら（2018）は遊びに対する保育者のまなざしや子どもの声を可視化するもので，保育の質の高まりを支える保育アセスメントモデルとしての役割を担っているものであるとしている。また，「しんぶん」を参考に，土や砂での子どもの遊びを中心に記載した「土のしんぶん」を吉川が観察を行った日の記録や保育者からのエピソード等も含め作成し，そこからも子どもの遊びや姿を見ていく。（吉川）

6. 結果と考察

(1) 探究の流れ

表1は子どもの遊びの流れや環境構成について，「しんぶん」，「土のしんぶん」，保育者が撮影したデジタルカメラの写真から抽出したものである。

子どもたちはさら砂工場に以前は無かった鹿沼土があることに気が付いた。鹿沼土を初めて見てその土を踏んだり，跳ねたりしてその土のふわふわした感触を楽しんでいた。柔らかい鹿沼土を触っていると簡単に潰れ，粉状になった。鹿沼土を粉にするためにふるいにかけたり，石碑やおろし器で削っていた。その過程では土を削るために道具を探し，使い方を学び，試行錯誤しながら削って，その粉を集める姿が見られた。削った土の粉を「誰にも触られたくない」と来客用の靴箱に隠したり，持って帰ったりしていた。鹿沼土を削った土の粉を小麦粉に見立て，粉に水を入れてパン屋さんごっこをしたり，泥団子のさら砂として泥団子にふりかけて泥団子をつくっていた。そのさら砂がきな粉のようであったため，その泥団子を「きな粉ボール」と名づけ，楽しんでいた。しかし，いくら磨いても泥団子は光らなかった。子どもたちは「（泥団子を光らせるためには）これじゃない」と言い，違う土を探したりして再び泥団子をつくり始めていた。そこで，子どもたちの鹿沼土に対する反応から，保育者は鹿沼土ではなく，黄土をさら砂工場に出すことにした。黄土は粘土質に富み，色粉代わりに使用でき，土壁などの施工に使われているものである。黄土を出した時期と，「泥団子を光らせるためには瓶やペットボトルの蓋で磨くと良い」というテレビ番組から見た情報による発見の時期と重なり，泥団子の仕上げの土として利用する子どもが多くなり，つくった泥

表1 土での遊びの様子（一覧）

日時	環境構成	「しんぶん」・保育者の記録より	「土のしんぶん」より
1/8	鹿沼土・赤玉土・黒土・砂を散布	さら砂つくり（4歳）	さら砂つくり（4・3歳）
1/9	鹿沼土（16L）	パン屋さんごっこ（4歳）	さら砂つくり（5・4歳） 水に浮かす（4歳）
1/10	鹿沼土（112L）ふるい		さら砂つくり（5・4歳） 泥団子つくり（5歳）
1/14	ガラス瓶	さら砂つくり・泥団子つくり（4歳）	
1/15	トレイ		泥団子つくり（3歳）
1/17		泥団子つくり（4歳） スープカレーつくり（3歳）	
1/20	黄土（30kg）DOLCHI	泥団子つくり（4歳・3歳）	黄土集め（5歳） 鹿沼土でお絵かき（3歳）
1/21		泥団子つくり（4歳）	
1/22		砂場遊び（3歳）	
1/27		泥団子つくり（4歳） 土と花・葉での遊び（3歳）	
1/28		げっぷ温泉（3歳）	
1/29		土遊び・砂場遊び（3歳）	
1/30		土遊び（3歳）	
1/31		畑で土掘り（3歳）	
2/3		砂場遊び（3歳）	
2/6		砂場で温泉ごっこ（3歳）	
2/10		ミッキーつくり（4歳）	
2/13		化石掘り（3歳）	泥でお絵描き（3歳）・泥団子転がし（4歳）
2/14		化石掘り，砂場遊び（3歳）	
2/25	黄土（30kg），白土（3kg）	砂場のビー玉コース（4歳）	黄土・白土でお絵描き（4歳），ケーキつくり（3歳）
2/26	ペットボトルのキャップ	泥団子つくり（3歳）	
2/28		5歳児と土掘り（3歳）	
3/2	白土（30kg）	ミイラおこと探し（4歳）	土探し（5歳・4歳），さら砂集め，泥団子つくり（4歳）
3/3	土のしんぶん，DOLCHI説明，黒の泥団子	泥団子（4歳）	
3/4		泥団子つくり（4歳）	
3/5		泥遊び（3歳）	

106

団子が光る子どもが出始めていた。黄土は粒子が細かいため，さら砂に使用するだけでなく，黄土の上にものを置いて，その跡をつけたり，絵を描いたりする遊びも見られた。黄色から見立て遊びが広がり「カレーつくってるよ！」「いらっしゃいませ！」といったごっこ遊び（料理遊び）に取りいれられていた。

(2) 子どもの探究活動の事例
① N児の遊びの変容

　園庭に鹿沼土を出して2日目の1月9日の出来事である。子どもたちは鹿沼土をまず足で踏み，そのふわふわした感触を楽しみながら，触り，集めたり，削ったりしていた。N児はその土を砂場に持っていき，たらいの中に入れると「これ浮くな」と言って樋のコースに水を流し，鹿沼土を浮かし，流して楽しむ姿が見られた（図1）。

　次は2月13日の出来事である。この時期の子どもたちにとって泥団子を光らせるためには，優しく磨いたり，誰かに触られて壊れないように人目の付かない場所に隠したりして大切に扱う姿があった。そのため，ビビが割れたり，落として壊れてしまうと本気で悔しがったり，泣いてしまったりする姿が多くみられた。

　その日のN児は泥団子をつくったり，砂場で型抜きをして遊んでいた。その後，手に持っていた泥団子を坂の上から転がし始めた。そこで「誰が一番遠くへ転がるか競争だ」と言い，何度も坂の上から勢いよく転がしていた（図2）。

　ここではN児にとって泥団子が大切なものから遊ぶ道具として変わっていき泥団子の意味や価値が変わっていったといえよう。そこでは光らせるためにつくるのではなく，遠く転がるために強くするためにはどうしたら良いのか考え，泥団子をつくる姿があった。このN児の事例からは土の素材を自分なりに試し，発見していく姿が見られた。この土の活動は決して，泥団子をつくるだけのものではない。自ら素材と関わり，遊びをつくり出していく姿は，自分で問いを見つけ，楽しいことや面白いことを発見していた。

第5章　幼児の土を使った遊びと探究　107

図1　鹿沼土を浮かして遊ぶ姿　　　図2　泥団子を転がして遊ぶ姿

② Y児の泥団子を通した成長

　子どもたちが泥団子をつくる姿はこの実践が始まってから見られたものではなく，普段の遊びの一つとして，以前から活動の中で行われていた。

　2019年6月頃，Y児はA児が一生懸命につくっていた大事な泥団子をわざと壊してしまったことがあった。A児が一生懸命に泥団子をつくっていたことを知っていたR児は怒り，Y児に泥を投げるという出来事があった。その出来事を保育者はクラスの子どもたちに語った。普段は元気に自分の思いを口々にする子どもたちであるが，その時は，誰一人も口を開くこともなく保育者の語りに，耳を傾けていた。

　それから数ヶ月が経った10月頃，Y児が泥団子をつくっていた時の出来事である。Y児は丸くて大きな泥団子をつくり，二週間ほど寝かせ，さら砂工場で磨いていた時のことである。Y児が自分の泥団子を手から落とし壊してしまった。Y児は声も上げずに固まり，みるみると目には涙が溢れていた。

　数日後，またY児は泥団子をつくっていた。次こそは壊れない泥団子をつくれるようにと保育者に芯となる部分をつくってもらい，それを持って，さら砂工場へ行き，再びさら砂をかけ始めたが，大声で泣きだすY児の声が聞こえてきた。Y児の泥団子がまた壊れてしまったようである。その大声で泣いているY児に対して，抱きしめるM児，変顔をして笑わせようするA児，「どうしたの？」と声をかけるH児など，次々に「大丈夫だよ」，

「大丈夫, 大丈夫」と声をかける姿があった。

　ここでのＭ児, Ａ児, Ｈ児のＹ児に対する行為は, 今までに自分自身も泥団子が壊れ悔しかったり, 悲しかったりした過去の体験で感じた気持ちを思い出し, 目の前で泣いているＹ児の姿を自分に置き換え, Ｙ児への気持ちが自分のことのように感じられて出た言葉であったり, 姿なのではないか。

　Ｙ児の事例から自分が泥団子をつくっていく過程で, 他者の泥団子を見る目も変化し, 泥団子を通して心や行動が育っていく過程, そしてその周りの子どもたちとのかかわり合う姿がみられた。

(3) 省察としての「土のしんぶん」の役割

　土や砂での遊びを中心に記載した「土のしんぶん」(1月8・9・10・20日, 2月1・25日, 3月2日の7日分) は吉川が観察を行った日の記録や保育者からのエピソード等も含め作成している (図3)。「土のしんぶん」はラミネート加工し, さら砂工場の壁面に貼った (図4)。さら砂工場に来た子どもたちは壁に貼られた「土のしんぶん」を見て,「これ, 俺や」などと言いながら, 見て

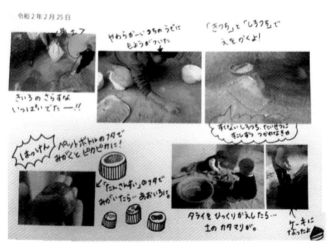

図3　2月25日「土のしんぶん」

第5章　幼児の土を使った遊びと探究　109

いる姿があった（図5）。

図4　「土のしんぶん」の設置

図5　「土のしんぶん」をみる様子

　この「土のしんぶん」を見ることによって，子どもたちは自分がしていた遊びを思い出して振り返り，再び泥団子をつくったりと，土で遊びはじめる姿が見られた。友だちと語り合う姿からは，この「土のしんぶん」によってそれを見ている子ども（鑑賞者）がお互いに知や経験を共有することで，再び思考を膨らませ，次の新しいものをつくる姿につながっていることがわかる。この子どもの語り合う姿は省察的であるといえるのではないだろうか。

(4)　保育者のアンケートより
　実践の終了後，保育者（5名）を対象にアンケートを行った。質問項目は土の素材について，土を使った子どもの遊びや場面で聴かれた子どもの言葉や出来事などを尋ねた。また，土を使った遊びをすることによる意味や意義（学び），遊びをする過程で子どもの育ちに合わせた援助や環境構成について配慮したことなどを記述式で回答してもらった。

　①　素材について
　・鹿沼土，赤玉土は出した時は面白い姿が見られた。まずつぶしてみようとこすってみたりつぶしてみたり，土の上でジャンプしてみたり。色々出してみた結果，泥団子を光らせるためのさら砂は，黄土・白土が良い

（気に入っていた）ように思う。(N)

・泥団子を作る人たちは，芯にするのに適した土を探すことにアンテナを
はっているので，鹿沼土でも泥団子の芯をつくろうとした。芯をつくる
際，土を水と混ぜるのだが，水に触れると色が変わること，塊のまま水に
つけたものは浮かぶこと，水に浮かばせて混ぜているうちに塊が崩れて
細かくなっていくこと，水の色が黄土色っぽくなることなど，これまで
触れてきた土の特性と違うことに気がついていった様子。(F)

② 土を使った子どもの遊び（探究活動）について

・光る団子，つるつるした泥団子をつくるだけでなく，土の特徴をとらえ
てパンを作ってお店にしたり，水を混ぜたり，土の色に喜んだり，ビンや
キャップでみがいたりする多様な姿があった。(K)

・「先生もおいで。さら粉作れるよ」・・・鹿沼土を自分で削ることで，粒
子の細かい土になることに面白さを感じた園児が言った言葉。削ること
や，それまでのさら粉つくりとは工程が違うことも面白かったのだろ
う。削ることに夢中で，無言で空間を共にしていたことが，泥団子づくり
に夢中になっている状態の子どもたちと似ていると思った(F)

・3歳児は，感触の違う土そのものを楽しんでいた。触って気に入った土
はカップやビニル袋に詰めて持ち帰ろうとした。(S)

③ 土を使った遊びに対しての保育者の援助について

・事例研究を通して，遊びと子どもの内面を職員間で話し合う機会がもて
た。子どもの姿や会話からの育ちについては日々，保育後に伝え合って
いる。保育後の環境の見直しや，朝の準備の時間などでも職員間で話し
ながら場を整えている。その日や前日の子どもの姿によって土を出す量
や種類や場所を話している。(N)

・新しい土を出すと，泥団子が始まるという日もあり，そこに違和感を感
じた。なぜかというと，以前は泥団子に向かうからこそ，園庭中を歩きな
がらちょうどよい土を探す姿があり，それを見て，土を足したり，違う

第5章 幼児の土を使った遊びと探究 111

場所にこっそり蒔いたり，また共に園庭中の土を触って仲間となったりして支えていた。しかし，袋に入った土が仮置き場に置いてあるのを見つけ，そこから手軽にとって使ったり，目新しい土を見つけて「泥団子しよっかな～」と始まったりする姿に「これで本当に育てたい思考力や学びに向かう心は育つのか…」と考えさせられた。(T)

　以上の保育者のアンケートから，保育者は子どもたちの遊びや言葉から生活の文脈の中にある体験を通した学びや気づきを丁寧にみとっていた。そのような姿に寄り添いながら保育者自身も悩み，考えながら様々な支援の手立てによって環境を設定し，保育を形作っていった。その中での子どもの素材に対する違和感，保育者が関わることでの援助や環境構成についての見極めの難しさなどを感じたようである。その違和感や見極めを今後，子どもの遊びや環境構成についてどのように生かしていくのか検討する必要がある。

⑸　実践の考察
　6⑵の事例では，泥団子に関するN児やY児の事例を記載したが，土を使った遊びの姿は泥団子をつくるだけではない。この土を使った遊びの実践では，子どもたちは，土と出会い，様々な種類の土や砂とかかわり，手や足で感触をたしかめたりする姿や色に気が付き，それを見立てたり，描いたり，ごっこ遊びが生まれていた。ここでは土や砂という素材と関わる過程で土や砂，道具を使用して，活用し，自分たちで発見しながら遊んでいく様子や「大切な泥団子」から「遊ぶ泥団子」へと意味や価値が変容していく様子がみられた。つくる過程においてそれぞれが自分や友だち，保育者といった他者，泥団子が相互に向き合い，つくり，つくりかえられていく過程こそ，省察的な表現の姿である。このような姿こそが探究活動であり，子どもたちが遊び込んでいる姿といえるのではないだろうか。素材や道具などの相互作用を通じてそれら「モノ」との関係性をむすび直してコト(意味や解釈)を見出すことは，新たな知を創出したり，自分自身を見つめたりして自己変容し，それぞれのアイデンティティの構築につながっていったのでないだろうか。(吉川)

⑹　参加・参観を通した考察

①　自分と土のつながりについて

　私は子どもたちの土や砂で遊ぶ姿を観察しながら，子どもたちと一緒に，土に触り，感じ，遊んでいた。子どもたちが泥団子をつくっているのを見て，自分自身も泥団子をつくってみたくなった。子どもたちが土を掘っている場所に行き，真似して芯となる黒土を掘り，丸めてみる。私が泥団子を丸めていると，「こうした方がいいよ」と自分のつくっている泥団子を見せながら，色々アドバイスをしてくれた。

　泥団子を丸めていると「さら砂をかけたらいいよ」と教えてくれた。さら砂をかけて丸めていると，ヒビが入ってしまった。それを見て「水を掛けるといい」などと教えてくれた。そうして，さら砂をかけると子どもたちと会話をすることもなく，共に黙々と取り組んだ。

　子どもたちはお弁当の時間になり，「お弁当を早く食べて，戻ってくるね」と言い，教室へ行った。私も大学へ戻ろうとさら砂をかけるのをやめて，片付けをしようと立ち上がった瞬間に，手から泥団子が滑り落ち割れてしまった。もう帰ろうと思っていた瞬間の出来事だったので，呆然となった。再び，土を取りに行き，泥団子を一からつくり始めた。そうしていると，お弁当を食べ終えた子どもたちがさら砂工場に戻ってきた。私を見つけて「おねーさん先生は，帰ったのにまだいるの？」「お弁当は食べたの？」と聞いてきた。「帰ろうと思ったら，割れちゃったの」と落として割れた泥団子を見せる。子どもたちは「そっか」と言い，共に黙々と泥団子を丸めた。その日は，子どもたちの降園時間まで一緒に泥団子をつくり帰宅した。

　次の観察日に泥団子を持って幼稚園へ行った。再び，さら砂をかけて磨き始めた。泥団子を光らせるために，ビニル袋などを使って磨く。「今日の僕のズボンめっちゃ光るよ」と私の泥団子をズボンで磨かせてくれた。そうすると泥団子はうっすら光り始めた。光り始めた泥団子を見て，「Ａさんに見せに行ったらいいよ」と言う。Ａさんとは幼稚園の事務員さんである。子どもたちの泥団子がピカピカに光り，Ａさんに認めてもらえるとＡさん

第５章　幼児の土を使った遊びと探究　113

手作りの座布団をもらうことが出来る。光った泥団子でしかもらえない座布団は子どもたちにとっての憧れであり，最高のステータスである。私もAさんの座布団を目指して何度もさら砂をかけて磨く。私の泥団子に子どもたちがさら砂をかけてくれようとしたり，磨いてくれようとすることを丁寧に断り，磨き続けた。そして，ついにピカピカに光った泥団子をAさんのところへ持っていき，私も座布団を獲得することができた。自分の泥団子を座布団の上に乗せ，子どもたちに「みて！みて！」と自慢げに泥団子を見せる。ここでは，子どもと観察者という立場ではなく，さら砂工場で共に泥団子を光らせるというミッションに立ち向かう仲間であり，ライバルであったように思う。(吉川)

図6　私の泥団子

② 水の中の泥団子

　私（笠原）が園を最初に訪問した時に，まず驚いたのが，土で遊んでいる子どもたちと一緒に，いや，子どもたち以上に，先生たちが土遊びを深く楽しんでいる姿である。保育者が子どもと共に遊ぶ姿は保育では当たり前の姿である。そうすることで子どもたちが行っていること，夢中になっていることを感じ取り，共感したり，一緒に考えたり，必要な支援をしたり，励ましたりしながら保育は営まれる。しかし，この驚きとは，そういった話とは少し異なるもののように感じられた。

　もちろん，子どもの様子やつぶやきを拾い，注意深く，そしてさりげなく

配慮された環境構成とその持続的変化，個の取り組みを媒介して集団の取り組みや広がりへとつなげる試みなど，保育者の細やかな配慮があちこちに配られている。そうしたあたたかい援助に囲まれた中で，安心していろいろなことに挑戦する子どもの姿が印象的であった。

　そんななか，ある男児が，小さな虫かごに水を浸し，つくった泥団子をその中にそっと落とし，泥団子の様子をじっと見つめていた。私も側に座って一緒に眺めていた。すると，泥団子の表面から小さな気泡が一つ，小さくプルプルと震えながら，すーっと水面に登っては消えていった。私は「あっ，出たね」というと，彼は小さくうなずき，二人で次の気泡が出るのを待った。しばらくすると，また泥団子のてっぺんあたりに，ぽっと小さな気泡が現れて，すーっと泥団子から離れては水面にたどり着いて消えた。近くの女児も寄ってきて座った。

　しばらく水に浸かっていると，次第に泥団子の外側の層が水の中で剥がれ落ち始める。スローモーションのようにゆっくりと変化するその泥団子の変化の光景をしばらく三人で眺めた。こうして三人で透明なケースの中の出来事を眺めていると，まるでここはショーケースの特等席で，私たちは泥団子が見せる変化を見せてもらいに集っているような気持ちになる。男児が行ったのは，できた泥団子を水の中に入れてみるとどうなるのかという興味からの行動だったかもしれないが，いったん彼の手を離れると泥団子は次第に水との間に起こる変化の姿を，あちら側（水の中）から私たちに時間をかけながら，じっくりと見せてくれるのだ。とても印象深い時間だった。

　遊びや探究というと，主体となる子どもの能動的な探索や行為の変化とそれが生み出す意味に目が向くことは自然である。しかし，そこで事象が見せてくれる姿や変容を共に見ていくことはやはり重要であると感じた。おそらく最初に感じた驚きとは，こうした土や泥との出会いを子どもと共に生きる保育者の入り込み方が，おそらく深いということなのだと思った。

　保育やその環境は，子どもの様々な姿や育てたい力，資質・能力との間に

生きた実践として構想され立ち現れる。それは保育の着実な意図的成果であり，同時に予期せぬ影響である場合もある。その点，意図的であれ潜在的であれ，私たちが見たいと考える（願う）ものが見えてくる。そして同時にそうとは考えなかったものも，それとの対比で見えてくる。何かが起こる，生成するとするならば，そのことがどう「なっていくのか」を，今回の水の中の泥団子のように，もう少し共に見たいと思った。それが何らかの意味あるものに「なっていく」，あるいはこちら側がそう思えてくる（気づく）には，こちら（子ども・保育者・観察者）の動きを見るだけでなく，場の中でゆっくりと生成変化するものを（も）見ていく必要がある。ここまで，何を見て，何は見ていなかったかを自分自身で振り返ってみる必要があるのかもしれない。それは人間的営みとされる保育，教育の持つ意味を，土や素材などの物質など，人間以外のもの（non-human）との関係の中でどのように更新できるのかという考察の試みでもあり，私たちが「この惑星の他の住居者たちと取り結ぶ関係」（ブライドッティ，2019. p. 11）の基本的な考え方の拡張というポストヒューマン的状況での保育実践の再考という視点も含んでいる。（笠原）

図7　水の中の泥団子

③　投げつけられた泥団子

　その男児は，今まで丸めていた泥団子を突然投げた。その子どもの掌と同じくらいの大きさの泥団子は，何層にも化粧土が重ねられた泥団子で，

しっとり滑らかな見た目になっていて磨きの段階を迎えようとしていた。その日私は，初めて泥団子づくりにチャレンジしていて，土の状態を見極めながら丸めていく作業に苦戦していた。「順調に」丸められた泥団子が園庭で砕け散る様子に，その男児は「爆弾だ」と小さく叫んだ。その瞬間，彼の手の内にあった「泥団子」は「爆弾」に変わった。

小さなひび割れに一喜一憂しながら根気強く丸めていると，自らの体温でほのかに泥団子に温かさを感じてくる。私自身は，抱卵する母鳥が自らの体温で生命を誕生させるように，わずかな時間ながらも温もりを分かち合うパートナーのように感じていたため，彼のアクションに衝撃を受けた。その一方で，「土」で「団子をつくる」という行為が持つ意味は主体者によって異なることにも気がついた。

泥団子を園庭に投げつける行為は衝動的にも見えたが，実は彼の中でははじめからそうするつもりだったのかもしれない。「コツコツと積み上げてきた何か」の先に見る景色は人それぞれで，彼の場合は「投げつけたらどうなるか」という好奇心や，丸める過程で紡がれたイメージの可視化なのかもしれない。

一瞬にして場の空気を変えた彼の行為は，さながら一回性の強いパフォーマンスアートのようで，「意図的なハプニング」のようでもあった。探究の形もまた主体者によって様々であることを改めて理解する機会となった。(手塚)

④　土と子どもと研究

従来の研究方法は事前に立てた仮説を外側から確かめることで情報的な知識の獲得を可能とする。しかし，客観的な観察を通して知る行為は，その知識の原点となる世界の中に立ち会うこと(being)を不可能にする(インゴルド，2017)。アートに基づく方法で，その場所や，いまここにいる個々の特殊性と共感を強調するならば，実践上の目的やねらいを持ち込み，分析考察結論を書くという通常の形式そのものを再考しなくてはならない。そして，思考を進める際も理論的に考えるだけではなく，実際に実践現場に

参加する必要がある。だからこそ，子どもたちが泥遊びをすることで土やお互いの関係について学ぶように，研究者も子どもや園の先生たちと混じり，自ら泥を手に取るのである。研究者が泥遊びをすることは，それは研究対象のニーズ分析だけではない。独自のねらいをひとまず考慮から除き，そこでいま起こっていることを前提として加わることでより深い，実体的知覚の展開につながるのである。

　土はどこにでもある日常的なものでありながら，原始的であるとも言える。子どもと土で遊ぶ行為は，目の前にいる子どもの世界と関わることであり，土と子どもと共に新しい可能性について探究することなのである。（森本）

7. まとめ

　本研究は幼児を対象に土を使った遊びの実践を行い，子どもの遊びで見られた探究的で省察的な表現活動を芸術による多様な表現の手段や様式を活用した探究活動であるABRを念頭に置き，こうした実践がもつ新たな可能性の再考と発見という視点から考察を進めてきた。ABRに基づく探究活動では，何がつくられていくのかではなく，その場で何が起こっているのかを捉えていくという意味や価値の創出が重要である。このことから幼児の探究活動においては，保育者が目標を示すことはなく，子どもたちも目標に向かうことが目的ではないといえる。

　また，不確実性の取り組みとして，探究することは決められたことをただ実行するのではなく，違和感やわからないことを見つけ，自分なりに世界とのつながりをつくり，つくりかえながらも，自分だけの「正解」を見つけ出すことである。子どもは自分の「正解」を見つけ出す過程でたくさんの言葉を生み出していた。その遊びの過程では，子どもは自分の中で省察し深めていくのではなく，友達，保育者，観察者とまなざしを共有し，言葉を介して共感し合う姿の中で，さらに省察を深め次の遊びに繋がっていた。そこには，幼児の姿や行為を見とる保育者の存在が必要である。それは，まさにレッジョ・エミリア・アプローチでの子どもと保育者の関係性と言えるだろう。子どもの表

出をどのように表現として受け止めるかによって，子どもの遊び，学ぶ姿が浮かび上がる。保育者や幼児同士の関わりや対話など，探究者である子どもへの共感が伴う働きかけが幼児期の探究活動を維持・発展させるために大きな役割を果たすのではないだろうか。

このように，幼児の探究活動をABRの視点で見ていくことは保育者にも活動への参与を通した出来事や事象の理解を生み出し，同時に，あらかじめ見ようと思っていたものとは別の物事の見え方や意味への気づきをひらいてくれる。アートベースの探究を学校教育の文脈で考えるならば，そのあり方も校種やその園や学校がどのような目的やねらいをもって活動に取り組んでいるのか，保育者や教師がいかなる前提でそこに関与しているのかによってもあり方は変わってくるだろう。

しかし，ABRの視点で幼児の探究を見ていくことは，子どもの活動の，そして素材や事象との関わりの中に潜在するさまざまな可能性の具体化の契機を捉えることをより豊かに支える視座を与えてくれる。ABRの概念からアートを探究型学習方法の基盤とするならば，幼児教育においてもそれは創造的な過程を生み出す条件を豊かにするものであり，意義ある不確実性の追求を可能にしてくれるものだと言えるのではないだろうか。

謝辞

本研究の実施に際して香川大学附属幼稚園の先生方には多くの協力をいただきました。ここに感謝の意を表します。

付記

この研究は科研費基盤研究 (B)「Arts-Based Research による芸術を基盤とした探究型学習理論の構築」(18H01010)，SSHRC (890-2017-0006) "Mapping A/r/tography: Transnational storytelling across historical and cultural route of significance"，の助成を受けたものです。

文献

Eisner, Elliot W. (1997). The promises and perils of alternative forms of data representation. *Educational Researcher* 26(6), 4-10.

Biesta, Gert J. (2013). *The Beautiful Risk of Education.* NY: Routledge.

レーラ・カンディーニ (2003)「レッジョ・エミリア・アプローチの基礎」J・ヘンドリック編『レッジョ・エミリア保育実践入門保育者はいま, 何を求めているのか』北大路書房, p. 15.

村田透 (2016)「「造形遊び」の題材における幼児の造形表現課程に関する研究」美術教育学, 美術科教育学会誌, 第37号, pp. 415-428.

松本健義 (2009)「子どもの造形的表現活動における学びの活動単位」大学美術教育学会誌, 41, p. 317.

磯部錦司・福田泰雅 (2015)『保育のなかのアート：プロジェクトアプローチの実践から』小学館.

磯部錦司 (2020)『「芸術の6層」による教育：〈自然／生命〉を軸とした知の構造』ななみ書房.

Sullivan, Graeme. (2006). Research Acts in Art Practice, *Studies in Art Education*, 48(1), pp.19-35. 201

松本博雄, 西宇宏美, 谷口美奈, 片岡元子, 松井剛太 (2018)「遊びの質を高める保育アセスメントモデルの検討：「子ども向けクラスだより」の取り組みから」, 保育学研究56(1), pp. 91-103.

ロージ・ブライドッティ (2019)『ポストヒューマン：新しい人文学に向けて』フィルムアート社.

ティム・インゴルド (2017)『メイキング　人類学・考古学・芸術・建築』左右社.

第6章

図画工作科における「土」を用いた実践の A/r/tography試行

岩永啓司・手塚千尋

1. はじめに——新学習指導要領における「探究」

　平成29年度に改訂された小学校学習指導要領（以下学習指導要領）では，予測困難な社会の担い手に必要とされる資質・能力の育成を主眼にカリキュラム・マネジメントの視点からカリキュラムの再構成がなされた。具体化された「生きる力」の育成には「主体的・対話的で深い学び」が不可欠であり，各教科でその実現に向けた題材開発や方法の検討が喫緊の課題とされる。この「主体的・対話的で深い学び」のうち，「深い学び」は「各教科の特質に応じた物事を捉える視点や考え方である「見方・考え方」を習得・活用・探究という学びの過程で働かせること」を通じて展開されることが求められる。すなわち，児童が暗黙的／明示的に獲得した知識を言語化したり，その知識を活用して他者と対話したりすることを通して学びを深化させるのである。それは，各教科や教科間で断片的に獲得された知識をつなぎあわせ，新たな意味や価値などを含む知識を児童個人やクラスコミュニティで創出する探究／探求的な営みを各教科で実装していくこととしても理解できる。

　ところで，「たんきゅう」には，探究：物事の本質を見極めようとすること，探求：あるものを得ようと探し求めることのように，2通りの性質がある。平成28年12月の中央教育審議会答申において示された，学習指導要領等改訂の基本的な方向性と各教科・科目等における具体的な改訂の方向性をもとに，平成29年告示小学校学習指導要領「総合的な学習の時間」及び平成30年告

示高等教育学習指導要領「総合的な探究の時間」では，「探究」が採用されている。その特徴は，教科・領域を横断した総合的なテーマから課題を設定または発見し，これまでに獲得した知識を活用することを通して課題解決する問題解決型の学習活動にある。設定された課題を解決することを通して自己の生き方を考えられるようにすること（総合的な学習の時間）から，自己と社会との関係性から課題を見出し，解決していくための資質・能力の育成（総合的な探究の時間）へと段階的にカリキュラムがデザインされている。また，理科における「探究」では「自然の事物・現象についての問題を科学的に解決するための資質・能力の育成」（文部科学省, 2018, p. 94）を目標に，「自ら問題を見いだし，それを追究していく活動を行うとともに，見いだした問題を追究し（筆者下線），解決していく中で新たな問題を見いだし，繰り返し自然の事象・現象にかかわっていくこと」（文部科学省, 2018, pp.12-13）ができる学習活動が展開される。「追究」は高等教育では「探究」と表記が変更されることから，「追究」の発展として「探究」が位置づけられていることが分かる。そこでは，「探究の過程」を重視した科学的な問題解決型の学習活動が想定される。また，算数科においては数の学習において『数学的な見方・考え方』を働かせながら，知識及び技能を習得したり，習得した知識及び技能を活用して課題を探究したりすることにより，生きて働く知識の習得が図られ，技術の習熟にもつながることが目指されている。その一方で，図画工作科の日常の一方で，図画工作科の学習指導要領並びに解説書では美術や芸術領域における「探究」とはいかなるものか，どのように展開されるものかについては明言されていない。

2. 図画工作科における「たんきゅう」の特徴

　図画工作科の教科特性を端的に表現すると「唯一の正解はない，こたえは自分自身にある。こたえに辿り着くための方法も自分で考える」となるだろう。子ども一人ひとりは，自分だけのラーニングプロセスを経験することになる。すなわち，図画工作科における「知識」は，学習者個人の感性や経験，他者との相互作用を通じて構築されたものになる。それは，算数科や理科のような学問体系を背景とした「知識」の獲得を活用することで実現される一般化

された知識や情報を総合的に判断して課題解決を図ることよりも，個々の感性や視点の変化によってもたらされる「気づき」による問題提起や問題発見が到達点となる学習活動であると特徴づけられる。したがって，図画工作科における「たんきゅう」とは，よりプロセスを重視した活動であることから探求：あるものを得ようと探し求めることとの親和性が高いと考えられる。このように，各教科および領域の特性から指向される「たんきゅう」の姿は異なることが仮定される。

（手塚）

3. 芸術を基盤とした探究活動

　現在，国内におけるABR研究では，社会学における研究（岡原, 2016）や教育学における研究（秋田, 2007・金田, 2014），さらに臨床心理学における展開の考察（伊藤, 2018）など，多領域に渡る。端緒となった美術教育分野では，芸術家養成の専門教育を対象にした哲学的研究（小松, 2018）や，大学生を対象としたABRに関する授業実践（笠原＆アーウィン, 2019）がある。これまで，専門教育や高等教育を対象としてきたABRによる「自己と世界との関係性に変容を促す」教育実践は，初等中等教育の図画工作科や美術科にも開かれた探究的な学習法としての機能が期待されている（小松, 2018）。一方で，①子どもたちの「芸術に基づく探究」をどのような姿として捉えることが可能なのか，②学習者の発達段階を踏まえた探究活動の学習活動デザインとはどのようなものか，③教科教育や学校教育全体における位置づけなどのカリキュラム・マネジメントをどのように考えていくのかといった，学校教育へ実装するための検討はなされていない現状にある。

　そこで本章では，上記①と②に対し，図画工作科における探求／探究による学習の題材開発及び実践を通して，図画工作科ならではの探求／探究の諸相を記述するとともに，学校教育への芸術を基盤とした探究型学習活動導入における課題を検討する。

（岩永・手塚）

4. A/r/tography による「実践研究」試行

　本稿では，A/r/tography による質的研究の手法で実践で進めていく。A/r/tography とは，a/r/t と graphy（記述）を組み合わせて探究する考え方，方法，理論，理論化する営みである（笠原・アーウィン, 2019）。エスノグラフィーやオート・エスノグラフィーなどの記述による質的研究でも対象化し難い感性や情動の問題を，実践者自身の感性で感受し，表現と省察を繰り返すことで探究を深め，創造的に問いを生成していく手法といえる。この造語の前半の a/r/t は，Artist（アーティスト），Researcher（研究者），Teacher（教師）を意味し，／（スラッシュ）で区切られながらも完全には切り分けられない実践者のアイデンティティを表している（笠原・アーウィン, 2019）。A/r/t に基づくと，本研究は彫刻家であり大学教員である岩永と，美術教育研究者であり大学教員である手塚という異なるバックグラウンドを持つ筆者らによる題材開発及び実践の評価は，a/r/t のそれぞれの「あいだ（in-between）」の視点を帯びると説明できる。このような複数の立場から，教育実践の計画，実践の分析と考察に取り組んでいく。

5. 土というメディア・素材について

　旭川市は地方中核都市でありながら，周辺環境として広大で豊かな自然を有しており，そうした土地の持つ性質と深く結びついた文化や産業を中心に据えて発展してきた街である。特に地名においては，先住民であるアイヌが呼んでいたものが多く，場所が持つ意味や地形的な特徴が表わされており，現在は漢字が当てられているが由来や語音はそのまま残されている。実践対象校は，以上のような都市部と豊な自然が接した地域に立地し，附属学校としての特性上，校区が広範囲に及ぶため学習者の生活背景も様々であることから，その多様性が引き出せるような探究型の題材並びに学習環境デザインについて検討していくこととした。そこで着目したのが「土」という素材や「土地の記憶」というキーワードである。以下，土に着目する理由を A/r/tography の視点より記述する。

⑴　表現の媒材/要素としての素材（a/rの視点）

　筆者（岩永）は，主に木を用いて彫刻制作に取り組んでいる。「主に」とした理由は，金属や陶，ガラス等の異素材を併用する場合が多いためである。また，木材についても，木彫では一般的に作り手が素材の硬さや粘りからくる「彫り心地」や外見的な木質の特徴等から特定の樹種が指定されやすい傾向があるが，自身の場合，加工・造形する行為を通して知覚される各素材固有の性質や木材自体の形によって，発想や構想が創発されていくことが多いため，敢えて素材やそれらの組み合わせを設定していない。その一方で，彫刻領域には形象化が上位で素材を副次的に捉える考え方があり，それは可塑材を用いた塑造的な造形アプローチに多くみられる。この表現技法では形象化された状態を固定化する目的で素材の置き換えが必要となるが，それまでの過程において素材はあくまでも形態の追求を支える，つまり，イメージを実体化するための媒体として位置付けられる。こうした彫塑用材としての素材が持つ意味について，神戸（1987）は，①形態優先の立場から，形象化のための単なる媒材的役割しか演じないものと，②各材質固有の特性と形態とは密接に関連するものとして，①の媒材的意味合いに加えて，題材や発想の動機をも含めた造形要素として位置付ける二通りの意味があることを指摘している。したがって，本実践における「土」に関しても，イメージした何かを表すためのメディアとして活用する側面と，思考を触発するきっかけとなる側面，さらに双方の側面を持った素材として捉えることができる（図1）。ABRにおける「素材」が探究の深化にどのように貢献できるのか，児童の取り組みを通して確認する必要がある。

（岩永）

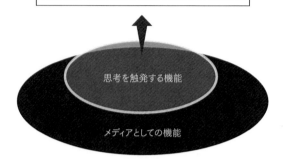

図1 彫刻家／研究者の視点による素材の機能

(2) 素材／主題／要素としての土（a/t）

ここでは芸術に基づく探究型題材における素材が持つ意味について，前項の2つの素材観を踏まえつつ，教育的な視座からの位置づけを試みる。

山﨑，金子（1987）が行なった，美術教育における素材の印象に関する研究調査では，土という素材に対して就学期の子どもたちの関心が全体を通して低いことが示されているが，この結果について考察する前に，背景となる美術教育における素材の位置づけを確認しておきたい。金子によれば，美術の表現媒体の物質的側面を表わす言葉として，先在する目的に規定される「材料」と，具体的な目的が先行しない「素材」の2つの捉え方があるとし，初等教育における木版画や水彩画の制作過程を例示しながら，下絵が本制作の構想として機能するには，作品となる素材が予め体験によって理解されており，イメージと結び付くために素材の再組織化が不可欠であるという（山崎・金子，1986，pp. 71-72）。さらに，日常の中で児童の素材体験の機会が失われつつある状況への対処として，美術教育では効果的な素材との出会いを意図した題材の体系化が指向された。その結果，わざ（技能）の習得を目的とするものと，素材が持つイメージの質やモチーフとして構成していく二通りの体系から素材体験を想定した単元計画が作成され，当時は前者が大勢であったという（山崎・金子，1986，p. 73）

これまでの内容を整理すると，美術教育における素材の位置付けでは，メディアとしての「材料」と主題に関わる「素材」は前項の媒材的機能と題材（主題）や発想の動機を含めた要素としての機能と対応する関係にある。さらに教育的価値としては技能習得を目的とした素材体験としての役割があり，これは表現者の立場において表現力の向上を意味し，自己の表現主題を深化させる上で不可欠となる（図2）。本項冒頭の調査は，児童・生徒が素材に対して抱くイメージの質（きれい，きれいでないを5段階評価）に照準を当てた質問に対する結果であったが，その根拠となる授業では系統性に基づく素材体験が前提にあり，問い自体も個人と素材との間の価値や意味を測るものではなかったと言える。本実践では，「土地の記憶」とつながりのある土を用いることで，児童と素材との関係の再組織化（主題の探究）の発生の有無も検証していきたい。

（岩永）

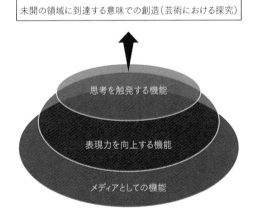

図2　彫刻家／教育者の視点による素材の機能

(3)　土地の文脈をもつ素材としての土（r/t）
　身近な素材である「土」は自然，文化や歴史，工芸・民芸や美術などの地域性をかたちづくる一要素として生活に深く結びつく素材である。また，「甲子

園の土」に代表されるように，その場所での記憶や思い出を「土」に託し，微量を採取して手元に持つなどメモリアルな行動を取ったりする。すなわち「土」は，動くことのない「土地」での出来事を語るためのポータブルで強力なメディアとして機能を有すると考える。自分が住む街の歴史的な出来事や文化的に意味深い場所，自分にとって思い入れがある場所などの自己との「つながり」を感じる場所の土を採取し，①造形素材として，②自分と他者，自分と社会とのつながりを探るためのメディアとしての側面を活用した探究活動が可能であると考察する。図画工作科では，2020年使用開始の日本文教出版の図画工作科教科書において土絵の具による描画実践が栗田宏一氏の作品とともに紹介されている。ここでは，「素材」としての土を探究する活動として設定されている。本実践では，メディウムとしての土に加えて，土の文脈性に着目することで個人のエピソードが喚起されることをねらいとした。

（手塚）

6. 授業デザインについて

　学習指導要領で説明される造形遊び的活動の「素材に働きかけることからはじめる造形的側面」（文科省）の特徴を生かして，素材に働きかけながら個々の経験を省察し，表現したいことを探すプロセスとしての探究活動となるようプログラムを検討した。造形あそびが学習者中心カリキュラムの考え方で説明できるように，プロセスをデザインできない芸術家の制作における探究のプロセスは個別性が高く，方法として用いられるメディア，進行はそれぞれである。そのため「授業」として実践するためにはそのプロセスをどこまで「設計」するか／できるのかというジレンマを常に内包しながら進めることになる。併せて，児童期の子どもたちの認知・思考の発達段階に対し，どのような足場掛けが必要となるのかを見極めながら授業デザインを検討した。その結果，探究が段階的に深まるように探究を3つのフェーズに分け，それぞれのプロセスでワークシートや言葉掛けなど探究活動の維持を補助する足場掛けを行うことにした。

表1　探究の過程

フェーズ	想定される探究の過程	仮説の名称
フェーズ1	児童が自己と結びつきのある場所の土との関わりについて，思い出や記憶から捉え直す	浅い省察
フェーズ2	土（素材）に直接働きかけることで五感や行為を通して観察を行う	土の探究
フェーズ3	その一連の行為の中で立ち上がってきた思いやテーマといったものを作ったり，表したりすることで探る	主題の探究

　さらに，今回の実践は，前半に土の具体的操作を通した探究活動，後半に展覧会を通したリフレクションと意味の捉え直しの活動の，大きく2つの活動を実施した。

（手塚）

7. 「土の色プロジェクト①　前半：造形による探究編」実施概要

　旭川という土地が持つ文化的背景と児童自身とのつながりを見いだすことを目的とした「土の色プロジェクト」を以下の内容で計画した。

授業実践の概要

　実　施　日：2019年9月11日・12日

　場　　　所：北海道教育大学附属旭川小学校図工室

　参　加　者：3年1組（35名），3年2組（34名）

　時　　　間：8時45分〜12時20分（215分）（休憩40分）

　授業計画：1時間目　採取した土の鑑賞・発表（1）

　　　　　　2時間目　土を使った表現（色に名前をつける）

　　　　　　3時間目　土を使った表現

　　　　　　4時間目　できた作品の鑑賞・発表（2）

　実践前の予備活動として，児童にとって思い入れのある場所の土を採取し，ワークシート（①採集した日，②採集場所，③同行した人，④選んだ理由，⑤場所の説明，⑥場所の思い出や出来事，⑦土を見て気づいたこと）への記入に取り組んでもらった（可能な場合，そこの様子や場所のスチール記録）。

　探究の各場面や児童の姿を見取るために，振り返りと発表の時間を設

定した。A/r/tography が「自己と出来事，自己と世界との「あいだ」に生成（becoming）する探求的な取り組み」であるならば，体験や行為を振り返り，外へ向かって発表する場面は他者との共有化であると同時に，自己の相対化，すなわち自己と土（思い出）の間にある経験や出来事を捉え直す（fold）活動として位置付けられ，そこから主題に基づく展開（unfold）につながるのではないかとの観測に基づき構成した（笠原・アーウィン, 2019）。

（岩永）

8. 授業実践の実際

(1) 1回目の活動［9月11日（3年2組）］

　材料・用具：ふるい（篩），乳鉢・乳棒，新聞紙，蓋付きビン，ボンド，工作のり，洗濯のり，画用紙，スポンジ，筆，ローラー

	活動の概要	分	活動の様子
宿題	①「自分と関わりのある土を持参しよう」（自分と場所の接続，動機付け）・土の採集とワークシートへの記入（日付・場所・人）。採集の様子・場所の写真等の記録も依頼。		土の採集
1校時	②採集した土をクリアケースに入れ，並べた状態をグループ（4－5人）で鑑賞。ワークシート左側記入。	15	
	③グループごとで写真等記録を使って土について話す（他者と共有）。	10	
	④土について知ろう（五感による素材の探求ii）	20	クリアケース（85×85×25mm）
2校時	⑤土からの気づきや発見と，ワークシートの左側を参考にウェッピングでまとめ（ワークシート右側），土に名前をつける	15	
	⑥○○（～な）土で「　　　」（つくったり，かいたり，やってみたり）何ができそう？・多摩湖の「元気土」のエピソードを紹介（授業者）・材料・用具の説明	15	
	⑦土でできることを探る活動	15	土の記憶と体験をウェッピング

3校時	⑦土でできることを探る活動（続き）	30	 土による主題の探究（ⅲ）
	⑧展開で作られた土を瓶に入れ，片付け	15	
4校時	⑨活動を振り返り，ワークシートへ記入。	15	
	⑩鑑賞・発表		
	アンケート記入	30	

① 児童の様子

1回目の実践では，活動の展開部分となる探究（フェーズ3）がおよそ1時間であったのに対し，土と関連する思い出や記憶の捉え直しの時間（フェーズ1）と，五感による土の探究活動（フェーズ2）の合計が2時間弱という時間配分であったこともあり，全体的に行為を重ねた深い探究までには至らずに終了した印象を受けた。児童は探究の各場面を通して素材との多様な関係を築き，深めていた様子がワークシートから読み取れるが，振り返りシートと作品を比較すると，場面ごとの探究が断片化しており，活動相互の関連があまり見られなかった。傾向としては土と関連する場の思い出や記憶を象徴する具体物として表わされたり，素材体験で見つけたことが展開されたりする様子が多く見られていた（図3, 4）。

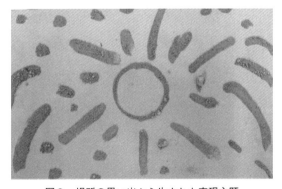

図3　場所の思い出から生まれた表現主題

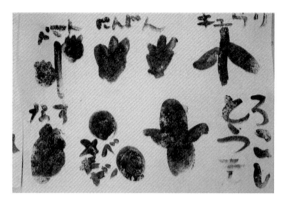

図4　素材体験で見つけたことから展開した活動

② 考察

　本実践でのピークは素材体験にあったと言える。準備した学習環境が「すり鉢で土をすりつぶす」という行為を誘発した(afford)と考えられる。事前の活動(土採集の説明)において，実践者からの伝達ミスで，「土で絵具を作る」という活動を方向付ける予告がされていたこと，その結果「(土絵の具で)何を描くか」が強く志向されたことから，「土」が表現するための材料として捉えられていた可能性が高い。また，活動①で採取した土を，活動②で土の色や粒子の大きさ，質感を観察できるようにすることを意図して準備したクリアケースに移し替えて並置したことが，素材の均質化(材料化)につながったとも考えられる。加えて，自分とつながりのあるはずの土が，持参した容器から全員が統一された器に移し替えらたことで，自己が匿名化されてしまい，個人の文脈を断ち切る状況を生み出してしまったことも推測される。その結果，自己を開示する契機となるはずの土が，「土絵の具で描く」という具体的目的が先行した材料としての価値付けに留まり，土に働きかけること(造形行為)と土で自己省察や主題を探究することが結びつきにくい展開を生じたと考えられる。また，活動⑤で想定したワークシートへの記入は，話し合いの言語活動から得た気づきを文字化することでトーンダウンする様子が見られた。以上のことから，土がもつ個人の

文脈を維持したまま，造形行為を重ねることで新たな意味づけや価値付けがなされ，さらに主題の創出に向けた自己探究が展開されるようにすること，ワークシートに記入する分量の調整が課題点として挙げられた。

(岩永・手塚)

(2) 2回目の活動 [9月12日 (3年1組)]

材料・用具：ふるい (篩)，乳鉢・乳棒，新聞紙，蓋付きビン，展色材 (工作のり + 洗濯のり + 水)，画用紙，スポンジ，筆，ローラ

	活動の概要	分	活動の様子
宿題	①「自分と関わりのある土を持参しよう」 （自分と場所の接続，動機付け） ・土の採集とワークシートへの記入（日付・場所・人）。 採集の様子・場所の写真等の記録も依頼。	5	
1校時	②採集してきた土についてグループで話す。ワークシートに記述されたこと（記憶や思いなど）からみんなに伝えたいことは？（グループ：4−5人）	10	土のエピソードを班で共有し，名前を付ける。
	③話したことや思い出から土に名前をつける（ワークシート右側） ・多摩湖の「元気土」のエピソードを紹介（授業者）	5	
	④紙上に土を出して見て感じてみる（匂い，感触，色など，五感を通して土の違いに気付く）	25	授業者による 土のエピソードの紹介
	⑤土を／で探求する。 ・土をとった場所での思い出やそこで感じた気持ちを見える「カタチ」にしてみよう。 「自分と〇〇土のエピソードをカタチにしよう」「どんな方法があるかな」 ・材料・用具の説明（展開範囲の設定）		ふるいにかけたり すりつぶしたり（土の探究）

2校時	⑥展開場面	45
3校時	⑥展開場面（続き）	20
	⑦展開で制作した土をクリアケースに入れ，片付け。	25
4校時	⑧振り返りシート・アンケート記入	10
	⑨土とワークシート，土からできた形を並べて鑑賞。	25
	⑩感想・まとめ	10

鑑賞の様子

③ 児童の様子

　1回目の実践の課題を踏まえ，探究へのアプローチとしては，「記憶や思い出を話す（振り返る）」「土を見る」「土に触れて感じる」など，具体的な行為に沿って進行させ，導入段階での記述する場面は，土への名前付けのみとした。また，学習環境に関しても土での探究に関与しない用具・材料の見直し（展色材を調合し各テーブルに配布）を行い，活動展開場面には2コマ分の時間を確保した。

　その結果，「土地の記憶」から生成された主題が表現行為の中で追求されたり，土でできたもの（土の絵具）によって試行が繰り返されたりした結果，作品へと昇華する様子などが見られるようになった（図5, 6）。

図5　主題の追求が表現によって展開された活動

図6　土の絵具による表現の探究が作品へと昇華した活動

④　考察

　1回目の実践では,「土地の記憶」と土からの気付きや発見したこととを関連させながら土の名前を考えることによって,土とのあいだで探究が発展していくことを企図していたが,土がはじめに保持していた場所の思い出や記憶は,活動の進行に伴い,実際の行為から受けた印象に上書きされていくようであった。そこで2回目は,「土に関する自己の記憶や思い出など」は,土に触れる前に名前付け(記号化)をすることによって対象化し,つくる活動や振り返りの各場面で,土とかかわる体験的な行為から見えてくるものとそれらが絡み合いやすくなることをねらった。結果的に素材の探究との明確な相関性についての確認はできていないが,振り返りシートの中では,初期の土のエピソードの捉え直しと思える記述が見られており,そうした思考が表現と結びつくための余裕が十分ではなかったと思われる。

（岩永）

9.　「土の色プロジェクト②　後半：展示による探究編」実施概要
(1)　知識創造型・探究型学習の「評価」の特徴

　本稿の前半では,児童の創造的探究活動の契機として,環境や素材を焦点化した題材と授業デザインに関する検証を行なった。これまでの考察からは,図工における探究学習では児童が児童同士,土,準備された道具など多面的で主体的な関わりを通して自己と対象との関係性が構築／再構築されるこ

とが過程の中で確認された。一方で，芸術を基盤とした探究型学習の学校教育への実装のためには，児童一人ひとりの探究を学びの姿としてどのように見取り，価値づけるかという課題がある。即ち芸術的探究による学習活動の評価の問題である。

　現行のコンピテンシー・ベースの教科教育カリキュラムでは，①児童がどのような知識を獲得したかを測定するだけではなく，各領域固有の知識を獲得する過程でどのようなスキルが発揮されたかを読み取ることや，②より深い学びを評価していくことが求められる（スカーダマリア，2013）。そこでは知識の獲得に到達するまでの学習プロセスを一律的にとらえるのではなく，個別性の高いものとして学習者一人ひとりに眼を向ける必要性が指摘されている。そして、学校教育における学習の目的は，脱学校の文脈でも機能する知識の獲得，すなわち「学習の転移」にあったが，21世紀型の学習では「知識創造」に貢献できるスキルの獲得に目が向けられるようになってきている。一方で，美術教育の学びに目を向けると，我々は常に標準化された評価と個別化された評価のジレンマの中で教育実践を展開してきているように思う。むしろ，学習者に個別のラーニング・ストーリーが存在することを前提とした美術教育の学習の「評価」に関する知見は，新しい評価の考え方に貢献できると考えられる。

　一般的に学習活動における「評価」は，アセスメント（Assessment）とエヴァリュエーション（Evaluation）に大別される。図画工作科を含む造形的表現の場合，後者は最終的な成果物である「作品」のみを評価対象とし，相対評価や絶対評価を実施するのに対し，前者は，①学びの質と内容，②学びの過程，③環境設定や方法の妥当性（活動前，活動中，活動後）を対象とする。つまり学習者らが「いかに学んだのか」を見取りながら，実践者自らの活動やカリキュラムの改善に生かすという考え方である。個別性の高い学習過程が形成される図画工作科の学びにおいて，「ねらい」に基づきデザインされた学習環境においてもそこで紡ぎ出される「学びの物語」（カー，2013）は多様であるという教科特性を踏まえると，芸術に基づく探究の活動の評価も「アセスメント」として捉えるのが妥当と考えられる。　　　　　　　　　　　　　　（手塚）

(2) 学習の可視化としての「展示」

　芸術的探究活動の成果発信として，その過程を「展示」という方法で第三者へ発信する試みは，世界的に有名な保育実践であるレッジョ・エミリアの「ドキュメンテーション展」でも知られている。展示物は，アトリエリスタ（芸術士）やペダゴジスタ（教育の専門家）が見出したこどもたちの探究プロセスや構築された知識の諸相をパネル化したもので，こどもたちの「言葉」を添えて展示している。もともとは，プロジェクトに取り組む幼児らの様子を記述やイラストによるメモ，動画や静止画，音声で記録し「その瞬間」の子どもたちの学びや探究を見取ると共に，自らの実践を省察・評価し，翌日の展開や新たな「問い」を考えたりするためのデータをとして即時的に活用するものである。記録者やその後の実践者らとの対話から見出され，意味づけられたり再解釈されたりした「学び」や「知識」は，「物語化」されて展示される。当事者である子どもたちは，物語化された自身の探究のプロセスを鑑賞することを通じて，自らの学びを自覚し，価値ある活動に取り組んでいた事に気づくのである。「物語化」された探究のプロセスである「学び」は，展覧会を通して保護者や地域住人と共有されることで新たな対話を生み出し，レッジョ・エミリア特有の地域ぐるみの実践を可能とする協働の継続・発展に寄与しているのである。

　このレッジョ・エミリアのドキュメンテーションによる「学習を可視化する(Learning Making Visible)」（リナルディ＆クレチェフスキー，2001）営みで注目すべきは，実践者らが記録を吟味することで見出した探究のプロセスや創造された知識を，展示を通して学習者（＝幼児）へ還元しようとしている点である。レッジョ・エミリアの取り組みからは，自らの探究が「可視化」された展示空間は「メタ」レベルで自らの学びをふり返る構造となっている。子どもたちは，パネルの展示を通して「自らの取り組みが価値あることである」ことに気づくとされるが，見方を変えるとそれは次の探究へ向かう新たな「問い」を生み出すきっかけとなっているのである。

　この取り組みをヒントに，本実践では「土の色プロジェクト」の学習過程がわかるワークシートや成果物の写真をレイアウトした「ドキュメンテーション・ウォール」を児童別に作成・展示することとした。それらの鑑賞を通し

て，児童自身で「学びを可視化する」活動に取り組み，次なる探究につながる視点を発見できるようにした。

（手塚）

(3) 授業デザインと実施概要

　2019年9月に北海道教育大学附属旭川小学校の3年生2クラスを対象に実施した「土の色プロジェクト」のデータを児童1名あたりA3サイズにまとめて全児童分レイアウトしたドキュメンテーション・ウォールを作成し，2020年2月14日—20日に同小学校で展示した。児童は担任教諭を中心に鑑賞と言語活動によるふりかえりを実施した後にワークシートを記入した。ワークシートは，芸術による探究活動の特徴を踏まえて，自らの造形行為の意味を捉え直すことや，「こと」や「もの」の再解釈を促すことを目的に，絵とことばによる表現による4コマンガの形式を用いることにした。併せて，本実践に継続的に関与している教務主任，担任教諭（2名），図画工作の専科教員に質問紙調査を実施した。

(4) ドキュメンテーション・ウォールとワークシートのデザイン

　土の活動を実施した日から約5ヶ月という間隔が空いたため，まずは当日の活動を思い出してもらい，さらにそこで何に気づき，自分がどのようなことをしようとしたのかを呼び起こす必要があった。そこでは，児童が作成した土の採取時の記録票や土の写真，土を用いて作られた成果物などの記録をまとめた児童一人ひとりのポスターを制作することにした。一人当たりA3サイズの枠に配置したポスターは，児童ひとりの活動を喚起するだけではなく，友だちの取り組みをみることを通して相互の活動や，本プロジェクトの全体を俯瞰できるようレイアウトを考えた。ポスターの背景色は，採取された土の色から抽出した色を置き，採取した場所やその理由を記したワークシートや，自己と土との関係性を象徴化した土の名前を中心に配した構成となった。各々のポスター6名分を1枚にした長尺印刷（1260 × 594）に配置し，2クラス合計で12枚の展示物を校内に陳列した。

図7　鑑賞用ワークシートとドキュメンテーション・ウォール

　今回の鑑賞活動では，9月の表現活動で探究された個別の内容のリフレクションに留まらずに，次の探究がはじまるような前向きな意味の捉えなおしや再解釈が生まれることを期待していた。更なる展開（unfold）につながる足場掛けとして，鑑賞用のワークシートは4コマ漫画によるビジュアルによる表現を取り入れることにした。3年生の趣向や言語的な能力も考慮し，活動をふり返るための最低限の質問を入れ，鑑賞の活動後に感じたことや思い出したこと，さらに考えたことなどを書き入れられるようにした。当日は，漫画による表現が難しい場合はセリフのみ，またはイラストのみでも構わないことと，起承転結はそこまで気にしなくても良いことを伝えた。

(5) 鑑賞活動の概要

実施日：2020年2月17日・18日・19日（展示期間2月14日—20日）
場　所：北海道教育大学附属旭川小学校
　　　　（展示：家庭科室前廊下，鑑賞の記録活動：各学級・家庭科室）
参加者：3年1組(35名)
　　　　3年2組(34名)
時間／授業：1時間目　13時35分〜14時20分＋休み時間(鑑賞)
　　　　　　2時間目　8時15分〜8時30分(ワークシート記入)

図8　ワークシート記入の様子と展示

(6) 考察

　本実践では２つの学級を対象に授業を行なってきたが，鑑賞活動の結果についても学級間で異なる傾向が見られた。その原因として２つの要因が考えられ，一つは活動の動機づけとなる導入の違いと，もう一つは１回目と２回目で活動の流れが変更された点である。これらを踏まえつつ，ワークシートの記述内容を考察しながら鑑賞場面における「探究」をいくつか紹介したい。

①　１回目の学級：ワークシートの記述内容の分析

　本学級では，ワークシートの記述は経験した活動を時系列で説明した内容が大半を占めた。次いで，五感による土の探究や土でできることを探る活動を通して見出された土の理解に関する記述が半数程度見られた。感想では，土で絵が描けたことに対する喜びや土から感じた意外性に関するものが多く，活動を通して気づいたことや発見についても少数だが確認できた。一方で，主題の探究など「探究」の経験に該当する記述はほとんど見られなかった。

　９月の実践においてこの学級では，事前に活動内容が予告されたことで「探究」の内容や方法が方向づけられ，さらに３つのフェーズによる探究活動（表１）を同等に配分することで学習者の思考（探究）の枠組みを規定していた。その結果，主体的な「探究」による学びというよりは，教員によって準備された問いを所定の手順でリサーチする「構造化された探究」に取り組むこととなった。そのため鑑賞活動においても，３つのフェーズごとにリフレクションを行うこととなり，各探究を循環していく中での気づきや理解，全体を俯瞰する発見は困難であったように考える。その結果，鑑賞ワークシートの４コマ漫画の内容は，当時の経験をなぞるような内容に留まった。したがって，児童一人ひとりの文脈を顕在化させながら，探究の糸口を仕掛けるという意図で構成した授業展開ではあったが，前記の経緯による鑑賞の活動では，授業の課題（＝土で絵を描くこと）を達成（＝解決）できたことを改めてふりかえる場になっていたと考えられる。

②　2回目の学級：ワークシートの記述内容の分析

　本学級では，土の素材体験（探究）に関する記述が全体の約4割と最も多く見られ，活動全体に触れて説明したものは全体の2割以下にとどまった。この他，活動中における印象的な場面，表す活動の展開を説明（省察）したもの，土の場所や思い出について，色に関する気づき，鑑賞活動（展開）を説明したもの，自身の作品またはそれと土との関係性の省察に言及したものなど，記述の内容は広範にわたっていた。この他，2回目の学級の大きな特徴としては，鑑賞による振り返りが4コマの漫画（描画）中心でまとめられた（文字による説明への記述は2箇所程度）ものが2割近くいたことと，4つ目のコマには自身が捉え直した土や体験について，気づきや発見という意味合いで書かれていたことが挙げられる（図9）。

　いずれにしろ，ワークシートの記述から土に対する率直な興味や関心に基づく，「試す／探る」活動が展開され，素材に関する多様な気づきや理解がもたらされていたことが分かる。それは，先の学級のように「絵の具づくり」が着地点となった素材の探究活動で得られた気づきや理解とは異なる「質」を帯びたものである。9月の活動では1回目の学級と比較して，自己の経験や行為，その結果と関係性を捉え直した（fold）状態から活動の展開（unfold）ができるよう，言語活動（発表）の時間を削減して時間の確保を試

図9　描くことを中心にされた鑑賞シートの回答

みたが，展開（unfold）する事態には至らなかった。今回のワークシートの記述内容からも，フェーズ2の「素材の探究」に関する捉え直しの記述は確認できたが，フェーズ1の「浅い省察」やフェーズ3の「主題の探究」に関するふりかえりや，フェーズ3の「主題の探究」で目指した「文脈と行為の統合／連動」をうかがわせる記述は確認できなかった。先述の通り，この学級でもそれぞれのフェーズが分断された状態で進行したことが分かったが，ワークシートの4コマ目に焦点を当てると，以下に挙げる事例のような次なる展開が期待できる「探究の萌芽」の事例が数件確認された。

③　鑑賞場面における「探究」
【児童A】
　児童Aは，9月の活動では，採取した土にまつわるエピソードや土の直接的な体験に基づいて，土でできることを模索しながら試行を繰り返していた。その後の本活動では，自身を表したと思われる女の子が全てのコマ

図10　児童Aのポスターとワークシート

第6章　図画工作科における「土」を用いた実践のA/r/tography試行　　143

に登場する4コマ漫画で，自問自答しながら自らの行為を振り返っている。土絵具で書かれた自身の名前の作品に対して，「なぜ自分の名前をかいたのか」という問いに対し，「自分の名前が好きだから」，「でもなんで自分の名前が好きなのか」と自己省察を深め，最後には「わからない」としながらも，「楽しくて次もやりたい！」という感想で締め括られていた。ここから，具体的な目的というより内的な想いや興味が基点となって行為が展開し，事後的に過程や動機を振り返るという創造的行為の展開パターンが確認できる。

【児童B】
　次の児童Bは，土に関するエピソードから活動の初期に表現主題を決定していたことが9月の振り返りシートに記録されていた。その一方で，土でできた絵具による表現をいくつも試めしていた様子も残されており，これらの行為と主題決定の前後関係は定かではないが，他所の記述から主題に対するこだわりが強かったことがわかる。さらに，鑑賞の時間では，そう

図11　児童Bのポスターとワークシート

した自身の行為と描かれた作品を対置させ，素材と表現の間に結ばれた関係性へと思索を巡らせ，事後において当初の想定したビジョンを異なる局面から捉え直した時の気持ちの変化が4コマから捉えられる。

　以上，鑑賞場面においてもそれぞれの児童が，自身が取り組んだ活動と体験した諸々の事象とを往還させながら，過去の行為とそこで起こったことを捉え直そうとする実態を捉えることができた。また，表現と鑑賞の2つの活動は長期の間，分断されていたが，過去の自己と行為を相対化し，それらの関係を捉え直すと同時に，別の意味や価値，または新たな問いを生み出す契機として空白の時間が作用していたと考えられる。このことは筆者（岩永）自身の制作活動の過程においても，素材の形や材質からくるイメージの誘発と同様に，空白時間が多分に作用しているという体験に依拠している。つまり，素材に限らず，作り手が制作途中の作品に対しても中断している間の時間経過に伴う自己の変容によって異なる見方や考えを持ち，表現したいイメージも変化していったと考えられる。その一方で，学習者である児童が自ら完結（成就）したとしない探究活動に関しては，時間の介在に関係なくその文脈が保持し続ける可能性も示唆された。

④　「展示」によるふりかえりの可能性について
　今回のドキュメンテーションの展示による着想は，レッジョ・エミリアの実践による。教授学的視点に基づく一般的な学習活動における「記録」は，「事後」に用いられる実践と成果の解釈的な役割を果たすのに対し，レッジョ・エミリアにおける「ドキュメンテーション」は「教授や学習の過程に介入して，それを意味づけ，方向づけるもの」であると定義される（リナルディ，2019）。そのため「何を」記録するのかを決める時点で，記録者の解釈（バイアス）を帯びたものとなり，記録者と記録を読む人の双方に省察の機会を与えると考えられる。そのため，レッジョ・エミリアにおけるドキュメンテーションは，「他者の視点」によって可視化された学びの成果を学習者が「自覚」し，ふり返るための仕組みといえる。
　今回の展示は児童自らが「学びを可視化する」ための活動に取り組み，次

なる探究につながる視点を発見するための起爆装置として機能させようとした。結果としては，9月の実践で経験したこと以上に展開（unfold）することは困難であったが，当日の「学びを可視化する」ことは実現できた。それは，見方を変えると9月に設定した学習環境デザインが，子どもたちにとってどのように理解され，取り組まれていたのか，それらの活動から何を学んだのかを知るための貴重なフィードバックを得る機会だったともいえる。たしかに9月に設定した学習活動であり，そこから5ヶ月ほど後に行ったふりかえりではあったが，自己の経験や行為との関係性を捉え直した（fold）状態から活動の展開（unfold）へのスムーズな移行を可能とする足場掛けが不足していたということなども、ここから知ることができた。

10. まとめ

本研究では，図画工作科における探究による学習の題材開発及び実践を通して，図画工作科ならではの探究の諸相を記述するとともに，学校教育への芸術を基盤とした探求／探究型学習活動の導入における課題を検討することを目的とした。A/r/tography による児童の探究の姿の観察・同定では，以下のように考察した。

活動前後のテキストと成果物の比較分析からは，①土にまつわる場所の記憶や思い出，②土とそれ以外の材料や用具を使った素材体験，③土の色や感触などの知覚体験が，探究行為を生起させることを確認した。確認できた割合としては，素材体験，記憶や思い出，知覚体験の順で，特に前2つの要素が多い印象であった。しかしながら，活動の実相としては，ほとんどの子どもたちが，3つの要素を複雑に関連づけて，探究を展開させていたことも読み取れる。そこからは，それぞれの要素を横断することで徐々に探究が深まるプロセスが推測される。

また，成果物からは，特定の主題のもと複数の平面作品が描かれたり，土絵具と定着液や水で色の幅を試したりする姿を確認できた。中には，土の特性から粘土をつくりだし立体物をつくったり，紙コップを組み合わせて砂時計をつくったりした児童もいたが，土が持つ文脈を生かした主題とは言えない

作品となっていた。活動前後のテキストの比較からは，主題が徐々に明瞭化されたり場面ごとに興味の対象が変容したりする過程が記録されていたが，児童が経験や行為，その結果との間に存在する関係を捉え直し (fold)，展開 (unfold) する段階にまでは至らなかった。したがって，前半の実践では「（当初の）自分自身」を「はみ出す」ことで到達しうる「創造」の手前で終了を迎えることとなった。それにはメタ認知に必要な時間的有余や土とさまざまな関わり方で試行錯誤する活動の広がりが足りなかったことは否めない。一方で，児童の芸術に基づく探究の姿を確認し，記述することができたことは今後の学校教育への導入を考える上で成果を得られたといえる。

　後半の展示では，約5ヶ月というブランクを経て鑑賞の活動を実施した。児童たちの多くは自分が取り組んだ活動を「正確に」思い出すことに注力している様子が散見された。学習への取り組みをメタ的に評価することをねらいとしていたが，当時自分が何を考え，実践しようとしたのかについて正確に思い出そうとするマインドは9月当時の「わたし」を越えることを阻むことになった。リナルディ（2019）は，ドキュメンテーションを「客観的で民主的なものであるかのごとく装いながら，ひたすら脱文脈的で誰が責任主体なのかも判然としない評価の方式を蔓延させている今日の学校体質への強烈な『抗体』であると見込んでいる」と定義づける（リナルディ，2019, p. 101）。子どもたちの多義的で個別性の強い「学び」を評価するには，既存の画一的に知識量を測るテストでは不十分であるという訴えである。児童の多様な気づきや学びをそのまま受容するシステムとして今回の展示とふりかえりワークシートの記述は機能していたと考える。一方で，展示を通した鑑賞活動だけでは経験の捉え直しは難しく，その捉え直しを可能とするためにもふりかえりの対象となる探究活動の構造化や，活動展開，児童への「問いかけ」を見直す必要があるといえる。

　最後に，鑑賞の場面も含めた題材としての土の色プロジェクトにおいて展開・発現した探究について触れておきたい。前半の活動の考察において，土の文脈と行為が共鳴しあって主題が立ち上がるまでには至らなかったと経過状況を述べたが，終局に至って児童は土という対象と，それと関わる方法（技

術）の組み合わせを模索していたように思われる。芸術家が素材と向き合う時，各材質固有の特性が創意の実行に対して制約として働きかけてくるように感じる場合がある。金子賢治は，鍛金造形家の橋本真之の言葉を引きながら，行為における素材からの制約を消極的な意味ではなく，各素材固有の「理路」であるとして，造形思考を方向付ける肯定的意味合いで捉えている。さらに，前者においては「素材を限定しない，全ての素材が一造形素材として相対化されている現代美術の素材観」が思考のベースにあるという（金子, 2001）。この言説は工芸と美術との境界の議論がベースとなっているが，今回行った題材において，図画工作科における芸術に基づく探究行為を同定していく上で，児童の活動する姿はもちろん，学習環境を構成するデザインの考え方や，児童の芸術に基づく探究行為を教育的に評価しようとする我々が，単に言葉の問題に留まらず，どの芸術／美術／アート／ art に立脚した視座を持っているのかという問題も議論に含めていくべきなのかもしれない[1]。

謝辞

　本研究での授業実践にあたり，その機会と環境をご提供いただき，準備から実施まで多大なご協力とご支援をいただきました北海道教育大学附属旭川小学校校長南部正人先生を始め，教務主任小野晴子先生，他全ての教職員の皆様，並びに授業にご協力いただきました全ての児童の皆様と保護者の皆様に，感謝の意を表します。

註

1　神野真吾 (2019)．「美術で何を学ぶのか？」『美術手帖・1074号 (2019年2月)』美術出版社, pp.108-115, 神野真吾 (2018)「美術教育と美術／アート」神林恒道, ふじえみつる編『美術教育ハンドブック』三元社, pp.166-175。神野は現在の美術教育で語られる「Art」「芸術」「美術」「アート」の各表記が示す範囲と内容の違い, またその断片化がもたらす問題について,「枠組み」としての規範を更新し判断する存在 (教育者・評論家) の意義に言及している。Christian Rittelmeyer (2010)．*Warum und wozu ästhetische BildungÜber Transferwirkungen künstlerischer Tätigkeiten.* (遠藤孝夫訳 (2015)『芸術体験の転移効果 – 最新の科学が明らかにした人間形成の真実』

東信堂, pp.5-6)。芸術教育の確立と復権をめぐる世界的規模の動向に関する報告として、調査対象地域において共通していたのは芸術教育の中心領域に、絵画、音楽、工芸が据えられ、対象の75％の国々では、さらに造形及び彫刻、ダンス、演劇も含まれる。

文献

秋田喜代美 (2007)．「教育・学習研究における質的研究」、能智正博、秋田喜代美、藤江康彦『はじめての質的研究法：教育・学習編』東京図書

伊藤留美 (2018)．「アートベース・リサーチの展開と可能性についての一考察」南山大学短期大学部『南山短期大学部紀要』終刊号, 203-213.

岡原正幸、高山真、澤田唯人、土屋大輔 (2016)．「アートベース・リサーチ：社会学としての位置づけ」三田社会学会『三田社会学』21, 65-79.

Carr, M. (2001). *Assessment in early childhood settings: Learning stories.* Sage. マーガレット・C, 大宮勇雄・鈴木佐喜子 (監訳) (2013).『保育の場で子どもの学びをアセスメントする：「学びの物語」アプローチの理論と実践』ひとなる書房

笠原広一 (2019)．「Arts-Based Research による美術教育研究の可能性について：その成立の背景と歴史及び国内外の研究動向の概況から」美術科教育学会『美術教育学第』40, 113-128.

笠原広一、アーウィン・L・リタ (2019).『アートグラフィ　芸術家／研究者／教育者として生きる探求の技法』ブックウェイ

金子賢治 (2001).『現代陶芸の造形思考』阿部出版社

Giudici, C., Rinaldi, C., & Krechevsky, M. (2001). *Making learning visible: Children as individual and group learners.* Cambridge, MA: Project Zero, Harvard Graduate School of Education.

金田卓也 (2014)．「教育に関する質的研究における Arts-Based Research の可能性」、日本ホリスティック教育協会『ホリスティック教育研究』17, 1-16.

神戸武志 (1976)．「木彫研究　彫塑素材としての木材の特殊性について」『埼玉大学紀要教育学部 (人文・社会科学)』25, 125-150.

小松佳代子 (2018)『美術教育の可能性　作品制作と芸術的省察』勁草書房

スカーダマリア, M., ブランスフォード, J., コズマ, H., クエルマルツ, E (2013.「知識構築のための新たな評価と学習環境」グリフィン, P., マクゴー, M., ケア., E 編

三宅なほみ監訳, 益川弘如・望月俊男編訳『21世紀型スキル』北大路書房

文部科学省 (2018).「第4節理科」『小学校学習指導要領 (平成29年告示)』東洋館出版社

山崎猛, 金子一夫, 安西仁人, 雨具義孝, 瀧ヶ崎正彦 (1986)「美術教育における素材について (2)」『茨城大学教育実践研究』5, 71-84

Rinaldi, C. (2005). *In Dialogue with Reggio Emilia: Listening, Researching and Learning, Routledge.* リナルディ・C, 里見実 (訳) (2019).『レッジョ・エミリアと対話しながら：知のつむぎ手たちの町と学校』ミネルヴァ書房

第7章

Arts-Based Research に基づく小学校での探究的ワークショップ実践の開発
小学校5・6年生を対象とした図画工作科の関連実践

笠原広一・森本　謙・加山総子

1.　はじめに

　本章は公立小学校の5年生3クラス，6年生3クラス，合計6クラスで実施した，Arts-based Research（以下ABR）の考え方に基づいたワークショップ実践を概説的に紹介する章であり，この後に続く第8章から第13章で各クラスの実践がどのような意図で実施され，どのような結果を生み出し，そこから何が見えてきたかを先取り的に論じている。本章の内容を踏まえ，追って詳しく各章での実践と考察を読んでいただきたい。

　学校教育では近年，高等学校では総合的な学習の時間が「総合的な探究の時間」になるなど，探究的な学習活動の取り組みが始まっている。こうした取り組みはこれまで大学などの高等教育ではその基盤的活動として学術研究やリサーチとして取り組まれてきたが，探究の過程を通して実際の生活や社会の文脈とつながり，そことの交渉の過程で生きた知識を獲得し，様々な角度から物事を考察し，理解の深化，問題解決，そして知の創出に向けた実際的で知的な探究活動の視点と取り組みが学校教育にも実装され始めている。とくにこうした探究とアートの関わりで言えば，レッジョ・エミリアの幼児教育実践やアートによるプロジェクト・アプローチに関連した取り組みなどで幼児の美術教育においては四半世紀ほどの議論の蓄積がある。小学校図画工作

科や中学校美術科（以下，図工・美術）においてもこうした探究的な取り組みの拡充と知見の蓄積が，幼児教育，高等学校，そして大学や大学院などの高等教育までのつながりの中で実装されようとしている。

　元来，図工・美術が探究的要素を持つことは確かであるが，学習としての探究の考え方をベースにして図工・美術のあり方を根底から検討するような理論的・実践的取り組みが十分になされてきたとは言えない。それゆえに，これまで自覚的に捉えられてこなかった以上，「もともとそうだった」と安易に語ってしまうことは，結局自分たちが何に気づいていなかったのか，何を思考し言葉にできていなかったのか，その反省を曖昧にしてしまうため避けた方がよい。アジアにおいては「Inquiry based」（Loy, Boon & San, 2016）の美術教育理論の構築や教科内での探究活動の導入が進んでいる国も出てきている。美術は何かを「表す」「形にする」方法であるだけでなく，その活動を通して固有の事象や出来事の感じ方や捉え方，新たな理解を生み出す知的創造の方法であるという側面が今日では大きくなっている。自然科学や社会科学だけでなく，それと形式やあり方は異なりながらも，芸術も固有な知を創出する方法だという理解がより一層広く共有されるようになってきている（Barone & Eisner, 2012）。こうした芸術活動の特質に基づいた探究は大学などの高等教育で近年，盛んに実践されているようになってきており，美術教育や芸術制作の領域だけでなく，他の社会科学研究からも注目されるようになってきている。（Leavy, 2015; 小松 , 2018; 笠原 , 2018, 2019; 岡原 , 2020）

　日本においては図工・美術は，自己表現や何かを形に表す活動というイメージで理解されることが多く，図工・美術などアートに由来する活動が何かしら探究的に物事の理解や認識を生み出していく方法であること，つまり知を創出する活動でもあるという考え方は広く共有されてはいない。まして自然科学や人文社会科学と並ぶ，新たな探究・リサーチのパラダイムであり方法であるという視点は知られていない（leavy, 2015; 2019）。図工・美術における探究がもつアート固有の可能性とは，単に何かを形に表す技術や方法という部分にのみあるのではない。芸術的な表現と制作の活動を通して行われる知の創出の考え方をベースに，ある事象について他の探究・リサーチの方

法とは異なる形式の知を具体化し，それらを統合したり，さらに発見的・創発的に知の生成を促進するところに，探究活動におけるアート固有の可能性がある。そうした考え方は，芸術を潜在する知の可能性を他の方法とは違った形で具体化する方法と捉える ABR の考え方と重なる。

　もちろん図工・美術の授業であれ探究活動であれ，それを ABR として行うことは可能であるが，まず大事なことは ABR の考え方や視点から美術教育を捉え直すことである。つまり ABR の考え方や視点が入ることで，これまで行ってきたような図工・美術の実践にいかなる新たな視点や可能性が生まれるのかを実際の活動を通して問うことである。それは活動を行う児童・生徒や学生のみならず，実践者や研究者自身が実際に新たなアートベースの探究へと自分自己を投企していく体験を生きる重要な機会となる。それによって ABR の考え方や視点から自身が考え取り組んでいる図工・美術を捉え直し，それが新たな実践の可能性を見出していくことへとつながっていくはずである。本実践研究はこうした美術教育における芸術固有の知の創出における探究的な活動を短時間ながらも小学校でのワークショップとして実践し，図工ならびに美術教育における探究的な実践と理論の形成につながる知見を見出そうとするものである。

　なお，「はじめに」でも書いたとおり、これらの実践は本研究プロジェクトが始まった初期の試行的な実践である。当初は並行して進めていく理論研究との往還のなかで、学校での実践を順次練り上げていく予定であった。しかし、この実践の直後から始まった新型コロナウィルスの感染拡大によって、プロジェクト期間中に学校での実践を行うことができなくなった。それゆえ、本実践は ABR の考え方や視点を学びながら、実践における試行に着手した初期のものであることを述べておく。

（笠原・森本）

2.　実施の背景と概要

　今回の取り組みは東京都中野区立みなみの小学校で 5・6 年生各 3 クラス，合計 6 クラスを対象に実施した。同校では文化的行事として展覧会と学芸会

を隔年で交互に実施しており，当該年度は図画工作科の展覧会を11月に体育館で実施することになっていた。展覧会期中の土曜日は学校公開日にあたり，保護者は展覧会鑑賞に加え，1・2校時の公開授業を自由に参観することになっていた。今年度の新しい試みとして，当日は全クラスの公開授業を図工とし，そこで「アート教室」を実施することが計画された。同校の図画工作科教諭を通して「アート教室」でのワークショップのゲストティーチャーの依頼を受けたことが本実践のきっかけである。

　同日の1校時と2校時を使って5・6年生6クラスが同時に活動を行うことになった。6年生は「こどもガイド」として保護者ら参観者に体育館の作品展でギャラリーツアーを行うことになっていたため，6年生だけは1校時の授業途中に30分ほど体育館へ移動してギャラリーツアーを行う時間が挟み込まれた。2校時続きではあるが，6年生のみ途中の移動があることなど，プログラムづくりで条件が少し複雑になることが予想されたため，6年生については主に東京学芸大学の教員，院生・学生が準備を進め，今回一緒に取り組む他大学の教員は活動中に移動が入らない5年生を担当した。1〜4年生では各クラスの担任による活動が進められた。特別支援学級では東京都現代美術館の教育普及事業である「アーティストの1日学校訪問」から派遣された，美術家・ホーメイ奏者の山川冬樹氏による出前授業が行われた。アート教室終了後の3・4校時は異学年数名からなる縦割り班に分かれ，各自の鑑賞カードを記入しながら校内中の展示を回る「グループ鑑賞」も実施された。ここでは5・6年生対象のワークショップについて概略的に紹介する。

3.　実践の計画と意図
　今回の活動では「教室などの学校の環境から発想を広げて表現する活動」を全6クラスの共通テーマとした。その上で以下を念頭に置いた。

　1）学校の場所性やその探索といった視点
　2）日常的なものの見方を変化させたり拡張したりする視点
　3）発達段階を踏まえたイメージや概念の抽象レベルの操作や展開を材料

等を媒介に行う

４）図工から中学校美術への接続を意識した視点を盛り込む

　場所性や日常的視点からの展開，イメージや概念の拡張を含むため，実践ではその「見えにくい」概念操作の段差を越えていけるような材料や活動の仕組みをどう準備するかが重要になる。そのため，用いる材料や技法はシンプルなものを選び，イメージと概念と具体的な行為や形との間の往還が起こりやすくなるように工夫した。6 クラスの実践の概要は以下の通りである。

　実施日：2019 年 11 月 9 日（土）1・2 校時

6−1	どんな明日を身につける？
	担当：和田賢征，池田晴介
6−2	紙風船を使って発見を生みだそう！
	担当：笠原広一，丁佳楠，岩永啓司
6−3	場所や物の思い出
	担当：小室明久，佐藤真帆
5−1	ワクの外に何が見える？ －日常のリ・フレーミングワークショップ－
	担当：手塚千尋（他・学生 2 名）
5−2	見えているようで見えていない色を見つける
	担当：生井亮司（他・学生 2 名）
5−3	学校の軌跡と自分たちの今を写し取る
	担当：栗山由加（他・学生 2 名）

　当日は表中のメンバーが各クラスでワークショップを実施した。その間，森本が全クラスを移動しながらワークショップの様子を記録した。事前の計画段階で学校を訪問し，計画のためのミーティングを行い，実施当日に振り返りをメンバーらが行なっている。ワークショップとしては短時間であること，途中に移動が入ること，内容的に挑戦的な要素も多いこともあるが，どのクラスの活動においても，まず活動そのものを児童が楽しんで取り組めることを重視した。

（笠原・加山）

4. 6クラスでの活動概要

　日々の学校生活が営まれるこの小学校の場所性と，今回の探究によって浮かび上がってくるであろう，この場所に折りたたまれている時間や歴史，そして児童と場所と環境との「あいだ」に見出され発揮される造形的な見方・考え方。アートによる探究はそれらの交差の上に一体何を具体化していくのだろうか。

(1) どんな明日を身につける？（6－1）

　クラフト紙を用いて「どのような明日」を自分たちは「身に着けるのか」という探究テーマを設定した。実際に素材に触れ，身に付けては何度も試行錯誤しつつ，そこからどんな変化が起きることで自分たちの行動が変わるのか，そして明日が変わるのかを，造形的な操作とイメージの拡張のプロセスを通して生み出していった（図1）。

(2) 紙風船を使って発見を生みだそう！（6－2）

　2色の紙風船を「置く」ことで日常空間の中で「発見を生み出す」ことを行なった。紙風船の形と色で何かを再現的に表すことを超えて，新たな視点や概念の発見，概念の連結と拡張が手繰り寄せられた。このプロセスが探究的であり創造的な「発見」を生み出していく過程となった（図2）。

(3) 場所や物の思い出（6－3）

　学校での思い出の場所や物を筆ペンで描き言葉を添える（詠む）というシンプルな活動の中で，筆ペンによる独特の表現が醸し出す「味」を生かすことで普段感じていても意識したり言葉にはしない思いを，その曖昧さや味わいも含めて「描/書く」活動を行なった（図3）。学校生活の中で児童が何に対してどんなことを感じ，そのこととの間に感情的にどんな影響を受けたりしながら日々を送っているのかが垣間見えた実践となった。

図1　6-1の実践から　　図2　6-2の実践から　　図3　6-3の実践から

(4) ワクの外に何が見える？－日常のリ・フレーミングワークショップ－（5-1）

　様々な場所や物に紙で作った枠をかざし，枠で切り取られ焦点化された視界に見える形やイメージから発想を広げる活動を行なった（図4）。いわば児童自身の美的価値観に基づいた視点を浮き彫りにしていく探究であり，何気ない環境の中に主題を見出していく取り組みとも言える。枠で切り取ることで本来の形の文脈や意味から切り離され，形や色のイメージから比喩的に発想が広がることも多く，予想もしなかったような発想の展開が見られた。

(5) 見えているようで見えていない色を見つける（5-2）

　偶然性を偶然のままに楽しむことがテーマ。ラベルのない絵の具を友達と二人で混ぜ合わせた偶然の色を手掛かりに，環境の中に同じ色を探して写真に撮るという活動（図5）。予め決まっていることがあまりなく，どんな色で，どれくらい混ぜるとどんな色ができ，それは環境の中の何に近いかなど，実際に制作の運動性や偶然性に巻き込まれていく中で何かが見えてくる活動である。正解や到達点が活動前に具体的にあるわけではなく，偶然との掛け合いの中で「生成していく（becoming）」ものに立ち会っていくという，主体の曖昧な立ち位置を生きることを楽しみながら行う「生きた実践」であった。活動としては純粋に色を探しにいくことの面白さもあり，思いもよらない，何が起こるかわからない，変化し続ける状況とともに探究を進めることを体験する内容となった。

第7章　Arts-Based Researchに基づく小学校での探究的ワークショップ実践の開発　　157

(6) 学校の軌跡と自分たちの今を写し取る（5－3）

　学校の空間の中に埋め込まれた様々な時間を可視化する活動で，その時間の捉え方や浮き彫りにする仕方に創造性が生まれていた。古い教室の備品や門のテクスチャーをフロッタージュすることはもちろん，創立から60年以上経った今，古い水道の蛇口をひねり，そこから出てくる水に，60年の歴史の味を想像して水を飲むなど，詩的で芸術的に活動が広がった。こうしたちょっとしたアイディアに創造的な着想の広がりが生まれていた。造形活動ではあるが，身体的な体感や行動も探究においては重要であることがわかる。「時間」をどう捉えたのかという投げかけは本来とても抽象度が高いものだが，子どもたちは様々な形の中からフロッタージュで時間を浮かび上がらせただけでなく，机の上にそれらをもう一段階，別の作品として再構成することで，時間にまつわる概念を再／創造しようとしていた（図6）。

図4　5-1の実践から　　図5　5-2の実践から　　図6　5-3の実践から

5. この試みが捉えたもの

　今回は，子どもたちは動き始める前に最初から「じゃあ，あれをつくろう」と表現対象を安易にイメージできる実践はほとんどなかった。

　6年生の3クラスでは，クラフト紙や紙風船や筆ペンという材料や道具の特性によって発想やイメージが変わってくるといった，素材や道具が探究と想像を規定し，支える条件の一つになっていた。それを日々の生活や環境の条件，場所での思い出などとの交渉過程を通して，自分なりの発見や発明を立ち上げていく活動となっていた。

　5年生の3クラスでは，それぞれに複数の段階をもった探究構造の中で，偶然や抽象的な概念や通常環境の意味から切り離された見え方で何かを捉え，

さらにそれを造形的な活動を通して，それが何なのか，そこから何が広がるのか，いわば問いや主題を立ち上げることを自分たちで行ったと言える。いずれも材料とそれで表しうるものの直線的な対応関係では行い難いものであり，活動の探究過程にアーティスティックな質的変換が含まれる。その質的変換が材料や技法や仕掛けとの関わりを通してどのように引き起こされ，それによって最終的に何が「生成していく（becoming）」のかは，やっていく中で徐々に立ち現れてくる展開構造となっていた。手繰り寄せたとも言えるだろう。それだけに，自分の直観的な思いつきや仲間の何気ない会話や行為からの着想，友達同士のコメントなどが重要な手掛かりとなり，鑑賞時間を十分にとりながら，互いに活動内容を共有し合うなかで少しずつ自分以外の仲間の思考や表現にも出会い，新たな問いの生成へとつながっていく展開が「生まれていった」と言える。

　いずれも「これをつくればよい」というゴールが予め，また早い段階でわかるものではなく，何度も試したりしながらその過程を通して「見出していく」ような，答えのわからないなかで問いを立ち上げていく創造的な力が育まれる構造になっていたのではないだろうか。それは身近な環境や場所の中にどのような特徴や質として，空間や時間や思いが存在しているのかを身体的・造形的な試行錯誤を通して見つけていく（理解していく）ことに加え，そこで見出した視点をさらに「拡張」させるとすれば何が可能かという，造形活動を通しながら概念（抽象）レベルでの操作・創造へと進んでいったアート活動となっていた。

6. モノと意味が一緒に生成変容する

　図工は「モノ」が介在するが，それを通した創造は単に新しい「モノ」を創造するにとどまらない。むしろ，それをさらに拡張する「未だ見ぬ考えや視点の具体化」がいかに実現されるのかがアートが生み出す「可能性」ではないだろうか。それは「造形表現」が「ものづくりのためのものづくり」を超える活動だとも言える。そこから先に生まれるものこそが，これからの時代を生きる子どもたちに必要となる新たな「創造性」だろう。学習指導要領が提起する造形

的な見方・考え方，探究的な活動が美術教育で実践化されるならば，他教科以上にこうした「創造的な跳躍」を手繰り寄せ，そこに自分たちが飛び込んでいくことが鍵となる。

　しかし，それは方法なき経験主義的な賭けではない。アートをベースにした探究的な探索によって適切に導かれるものである。確かにそれは予め明確な出口が準備されているわけではないが，活動を進める中で児童にとっての確かな現実世界の手応えが，つまり，物質や身体との相互作用が具体的な手応えや質感を与えてくれるからである。それがあるからこそ，イメージや概念レベルでの跳躍的な創造の可能性へと児童らを(教師も一緒に)投企していけるのである。その過程はモノとコトの重層的往還であり，決してモノレベルだけでも概念レベルだけにもとどまるものでもない。アートをベースにした探究的な探索の中で，環境や空間や記憶や思い出といったモノやコトが分割されずに相互に関連しあい，呼び起こし合い，その絡み合いの先に，モノとコト，物質と意味が一緒になって新たな可能性を拓いてく技法が開かれるのである (Barad, 2007)。

7.　さいごに

　今回は同時に6クラスで活動をさせていただく貴重な機会をいただいた。今後の美術教育の可能性という意味では多数の挑戦が盛り込まれた実践となった。それが実際に児童との活動で「どう具体化されたか」を概説的に見てきた。しかし，挑戦はもちろんだが最も基本としたことは，この時間を通して「どの児童も楽しんで取り組めること」，終わった後に「楽しかった，面白かった」と思ってもらえることである。その姿がなければ全ては机上の空論である。私たち自身も十分に準備ができていたかどうか，当日の実践がそのような体験を生み出す活動になっていたかといえば，決して十分とは言えない点もあったかと思う。ただ，私たち実践者のそうした懸念をよそに，児童が繰り広げた探究はまだ私たちがうまく説明できない様々な可能性を具体化するものとなった。そのことについては次章以降，6つの各実践について詳述されている。ぜひこれらの活動のより詳しい内容と，児童の姿，実践者の考察をご

覧いただきたい。

（笠原）

謝辞

　実践の機会をいただき準備から実施までご支援いただきました中野区立みなみの小学校の教職員の皆様に心より御礼申し上げます。ご協力いただいた明治学院大学，武蔵野大学，東京学芸大学の学生諸氏に感謝申し上げます。

助成

　本実践研究は科研費 18H01010, 18H00622, 18H01007, SSHRC（890-2017-0006）の研究の一環として取り組んだものです。

付記

　本実践は以下が初出である。

　笠原広一，森本 謙，手塚千尋，生井亮司，栗山由加，小室明久，丁佳楠，和田賢征，池田晴介，加山総子，佐藤真帆，岩永啓司（2020）「Arts-Based Research に基づく小学校での探究的ワークショップ実践の開発：小学校 5・6 年生を対象とした図画工作科の関連実践として」東京学芸大学紀要 芸術・スポーツ科学系 72, pp. 77-97.

文献

Baron, T. & Eisner, E. W. (2012) . *Arts-Based Research.* CA: Sage.

笠原広一（2018）「5th Conference on Arts-Based Research and Artistic Research にみる Arts-Based Research の国際的な研究動向」東京学芸大学紀要 芸術・スポーツ科学系 70, pp. 65-81.

笠原広一（2019）.「Arts-Based Research による美術教育研究の可能性について：その成立の背景と歴史及び国内外の研究動向の概況から」『美術教育学』40, 113-128.

小松佳代子（2018）.『美術教育の可能性：作品制作と芸術的省察』勁草書房.

Leavy, P. (2015) . *Method Meets Art: Arts-Based Research Practice.* NY: Guilford.

Leavy, P. (Ed.). (2019). *Handbook of Arts-Based Research.* NY: Guilford Press.

Loy, V., Boon ., L. K. & San. C. W. (2016) . *Serious Play: Perspectives on Art Education.*

Singapore Teacher's Academy for the aRts (STAR).

岡原正幸 (2020).『アート・ライフ・社会学―エンパワーするアートベース・リサーチ』晃洋書房.

第8章

身体と教室の関係性に着目したABRに基づくワークショップ実践

クラフト紙を身に着けることによる探究的活動

池田晴介・和田賢征

　本論文[1]は2019年に小学6年生を対象に行った図画工作科の授業実践の記録と考察を，活動のファシリテーター二人が振り返りながら記述したものである。また本論文は広義のABRに含まれるアートグラフィーの実践としても位置付ける。

1．実践の意図

　本実践は身体と教室との関係性に着目する「どんな明日を身に着ける？」と題したワークショップである。その際，児童には3つのワークを提案する。1. クラフト紙をくしゃくしゃにして遊ぶ。2. クラフト紙のかけらを身に着ける。3. クラフト紙で身体に着けるアイテムをつくる。これらは笠原がアートグラフィーについて述べた「自己と出来事，自己と世界との『あいだ』に生成（becoming）する探求的な取り組み」（笠原, 2019, p. 8）を引き出す仕掛けであり，児童たちが，身体と教室という生活環境との関係を捉え直すためである。クラフト紙を身に着けることで，身体のその箇所に普段とは異なる知覚が生まれ，感覚が集中し，ここに手があること，指先の形，姿勢のポジションといった自身の身体を再発見する。その再発見された身体によって新たに教室という生活環境との関係を結び直すこと，自身の身体と教室との関わり

を新たにつくり出すことをねらいとした。

　また，ワークショップタイトルである「どんな明日を身に着ける？」での「明日」とは，今回の活動がきっかけとなり児童たちが探求し，創造していくいま・ここではない地点を指している。そしてこの提案が出発点となり児童それぞれの生きた探求「Living Inquiry」（アーウィン・スプリンゲイ, 2008, p. xxix）へと続くような活動を目指した。

2. 実践の経緯

　本ワークショップについて述べる前に実践に至った経緯について触れておく。2019 年，和田は研究の一環で教育に関する文献を調べていたとき，教育と身体の関係に着目した本に出会った。奥井によると，伝統芸能の人形浄瑠璃のわざの稽古で師匠が弟子に指導するとき，何十年も同じ動作を演じてきた師匠が弟子のぎごちない動きにつられて自分の動きまで忘れることがあるという（奥井, 2015）。和田はその身体の現象に興味を惹かれた。そこでメルロ＝ポンティが提起した「身体図式」という概念に出会う。メルロ＝ポンティは「身体図式」について次のように述べる。「私は私の身体を，分割のきかぬ一つの所有のなかで保持し，私が私の手足の一つ一つの位置を知るのも，それらを全部包み込んでいる一つの身体図式（schémacorporel）によってである」（メルロ＝ポンティ, 1945, p. 114, 竹内・小木訳, 1976, p. 172）。つまり身体の動作は周囲の環境との関係を無視しては成り立たない。場所や気候，時間の流れ，あるいは近くにいる人との関係性が身体の動きの図式の中に組み込まれ，それらがまとまりを形成して初めて一つの動きが成立しているのである。池田と和田はその「身体図式」を体感するためにあるワークを行った。目の前にある物を 15 分間かけてゆっくりと手に取るというものである。このワークを通して私たちは，身体の動きをスローモーションで引き伸ばすという行為が自身の動きのぎこちなさを生み出してしまうことに気がついた。自分が普段どのようにして目の前にあるペンを掴むのか途端にわからなくなってしまうのである。この過程は「身体図式」の崩れであり，身体の不安定さ，不明瞭さに出会う出来事であったと言える。これらのことから私たちは身体に

関して興味を持ち始めた。そして 2019 年 10 月，私たちは中野区立みなみの小学校で 6 年生に向けたワークショップ企画の話を受け，身体と教室との関係をテーマに活動をすることにした。

3. 実践の概要

本実践は 2019 年 11 月 9 日（土）に東京都中野区立みなみ小学校にて 6 年生 1 クラス 26 名を対象に，同校の 1 校時と 2 校時で実施した。また児童は 1 校時の途中に 30 分ほど「こどもガイド」として体育館で保護者への図工の展覧会のギャラリーツアーをすることになっていたため，前半と後半の 2 段構成となった。

(1) 活動の前半

私たちが大きなクラフト紙を持って教室に入ると，児童は何やら珍しそうにこちらを伺っていた。普段と違うイベントに期待もあったのかもしれない。授業が始まるチャイムが鳴った後，自己紹介を程々に済ませて，黒板に「どんな明日を身につける？」と書いた。この抽象的な問いかけに児童は「明日を身につけるってどう言うこと？」と疑問の声を漏らしていた。

活動の始めに，クラフト紙（900 × 1200㎜）を児童一人につき 1 枚配った。児童からは自分の身長とさほど変わらないサイズの紙に，「こんな大きな紙初めて持った」といった声も上がっていた。そして私たちは，そのクラフト紙を小さく丸めてくしゃくしゃにするように提案した。これにはくしゃくしゃにする行為によって児童がクラフト紙との関わりを持つきっかけになることと，紙を柔らかくすることでそのあとの造形をしやすくするねらいがあった。何人かの児童からは驚きの声も上がった。なぜならせっかく手にした大きな新品の紙にシワを付けることをもったいなく感じたためである。しかし実際には私たちの掛け声と同時に児童は廊下まで響く大きな音を立てながら思い切りよくクラフト紙を小さく丸め始めた。先ほど戸惑いの声を上げていた児童もいつの間にか楽しそうにクラフト紙をくしゃくしゃにしていた。その教室の雰囲気に私たちも徐々に緊張が解けていった。

次に児童にはそのクラフト紙を再び広げて，手のひら程の大きさをちぎり取ってもらった。私たちはその「ちぎったクラフト紙を30秒の間に身体のどこかに身に着ける」ことを試みるように提案した。児童はこの短かな30秒という制約に戸惑っていた。しかし私たちは，児童が何かを形づくろうと考えすぎることなく，まずは身に着けてみることで，クラフト紙と身体の間になんらかの関係性や意味を生み出したいという意図があった。

　30秒後，3人の児童に「そこにクラフト紙があることで普段の生活はどのように変わりそうか」を想像して発表してもらった。ある児童は頭の上に，丸めたクラフト紙を乗せた。乗せてみて普段の生活はどのように変わると思うかを尋ねると「頭が動かしづらい」，「傾けることができない」と話した。頭の上に置いたクラフト紙を落ちないようにするために頭を動かさないことや首を傾けないといった，普段は感じないような身体のバランスに関する意識が現れていることが伺える。また別の児童は帯状に折り畳んだクラフト紙で目元を覆った。これによって普段の生活はどのように変わると思うかを尋ねると「これでは何も見えない」と答えた。当たり前のように周囲が見えていることがクラフト紙によって遮られ，普段意識されないような視覚への注意が注がれていると言える。このように30秒というわずかな時間だが児童がクラフト紙を身に着けることによって，普段とは異なる感覚が生じ，そこに意識が向けられていた。

　次のワークは，クラフト紙を顔程度の大きさにちぎり，「そのクラフト紙を普段の生活の様子が変わりそうな箇所に身につける」という提案を行った。先ほどとは異なり，今回はある程度ねらいをもってクラフト紙を使うことを児童に要求した。制限時間は1分である。1分後，それを身に着けたことで生活がどのように変わりそうかを想像し，発表してもらった。ある児童は右手にはめるドリルのような手袋をつくって装着した。どのように生活が変わると思うかを尋ねると，「これでは右手が使えない」と率直な感想を述べた。この段階では彼は右手が使えないという身体の状態に意識を向けており，右手がドリルであることがどのような生活の変化をもたらすかについては答えなかった。発表の後，児童は体育館へ移動し，保護者とギャラリーツアーを30

分ほど行った。

図1　教室の様子と，くしゃくしゃにしたクラフト紙

(2) 休憩中に

　児童はギャラリーツアーを終え，少しずつ教室に戻ってきた。全員が戻ってくるまで児童は休憩しており，それぞれリラックスして過ごしていた。そんな中，先ほどドリルのようなものをつくっていた児童は，教室の壁と本棚との隙間にドリルの先端を差し込み，「狭いスペースに落としてしまったも

図2　ドリルのような手袋

のを拾うことに役立つかもしれない」と友達と遊びながら話をしていた。一見ドリルになった右手は不便かもしれないが，彼はそこから教室との別の関わり方を見つけ出し，その形を活かした遊びを楽しんでいた。変化した身体感覚から教室との新しい関係が生まれていた。

(3) 活動の後半

最後の提案では，「どんな明日を身に着ける？」というこの企画のタイトルを再度児童に問いかけた。これは前半に行った活動を踏まえて，先程の活動よりも具体的なアイテムをクラフト紙でつくり身に着けることで，それぞれの教室との新しい関わりを発見してみようという提案である。時間は30分程度で，児童はクラフト紙を切ったり貼ったりしながら身に着けるものをつくっていった。アイデアが出ずに悩んでいる児童もいたが，実際に手を動かしたり，近くにいた友人と意見を交わしたりすることで，最終的にはそれぞれの発想を形に起こすことができていた。制作物ができた児童から順に作品解説のためのキャプションを配り，記入していった。項目は以下の3点である。1. どんなものを身につけましたか，2. なぜそこにアイテムを身につけようと考えましたか，3. それを身につけると明日からどのように生活が変わると考えますか。

ある児童は授業中ごみを捨てるときに毎回席を立って移動する必要があることを面倒に思うことがあったことから発想を広げ，腕に身に着けるゴミ箱を制作していた。別の児童は消しゴムを落とした時に席を立たずに拾えるようにする剣をつくっていた。これらの作品は，児童達の教室内での動作の捉え直しから生まれている。また，教室の外で普段使っているアイテムをクラフト紙で作った児童もいた。例えば日常的に感じていた「ねむさ」に着目し，休み時間に心地よく眠ることができるようにする枕やアイマスクをつくっている児童や，転んでケガをすることを防ぐ膝パッドを制作している児童がいた。彼らが作ったこれらのアイテムは，製品としてすでに存在するものだが，それらを教室に持ち込むことで新たな関わりを生み出していると言える。他にはクラスの友達とのやりとりに着目した作品もあった。友達が横腹をくす

ぐって来ても平気なようにする腹巻や,帽子のてっぺんにムンクの『叫び』の顔を描き,おじぎをすると相手にその顔を見せて笑いを仕掛ける工夫が施されているものなどがあった。これらの制作物は,他者との関わりの中で特性を発揮する。

キャプションを書き終えたあと,3名の児童に「どのようなものを身に着けたか」,「それを身に着けることで生活がどのように変化するか」を紹介してもらった。最後に児童はつくった作品と作品解説のキャプションを机の上に展示し,他の児童の作品を見て回った。

図3　腕に着けるゴミ箱

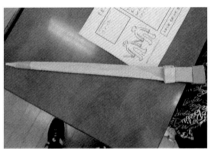

図4　消しゴムを拾う剣

図5　心地よく眠れるマクラ

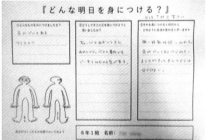

図6　アイマスクをつくった児童のキャプション

図7　くすぐられても平気になる腹巻

4. 活動を振り返って

　改めて児童たちの今回の活動を考察していく。『臨床教育学』において奥井はサーカス学校の生徒がわざを学ぶ様子を身体の変容という観点から,「身体をあえて変容させようとする試みは, 有機的に関係を取り結んでいる世界と身体との間に, 亀裂を入れる企てである」(奥井, 2017, p. 107) と説明する。これはアトキンソンの言う「出来事」と類似している。この「出来事」とは「真の学びを生み出す可能性を秘めた, 理解や行動の方法の乱れ, 断絶, 穴を開けること」(アトキンソン, 2012, p. 6) である。小松はこの「出来事」がABRの中でも重要な理論として位置付けられていると述べる (小松, 2017)。その上で小松は「出来事」によって引き起こされる学びのプロセスを「自明だとされている意味を揺るがし, 新たに『私のこと』として世界と関わるような学びのあり方」(小松, 2017, p. 152) と言い換える。

　また, アーウィンはアートグラフィーについて「モノと思考と構造のアッサンブラージュ」(アーウィン, 2013, p. 199; 笠原, 2019, p. 16) という表現を用いて説明している。本実践においては, 児童がくしゃくしゃにしたり, ちぎったりして遊んだクラフト紙が媒体となって, 児童の思考と教室空間という構造を織り交ぜていき, すでに作られていた身体と教室との関係性を刺激した。これは児童たちがこれまで獲得してきた身体図式をずらす企てであ

 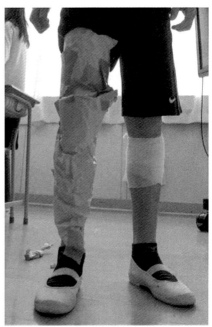

図8　笑いを仕掛ける帽子　　図9　怪我を防ぐ膝パッド

り，児童達の身に染み付いている教室との「あいだ」に亀裂を入れる行為であっただろう。そこに生じた亀裂から，児童は自身の生活環境を捉え直し，身に着けるアイテムをつくる中で，教室と新たに個人的な関係性を作り上げていった。そのプロセスは身体の変容の試みであり，「新たに『私のこと』として世界と関わるような学びのあり方」と言えるのではないだろうか。

5. 最後に

　今回の実践は私たちがゲストティーチャーとして行った単発のワークショップであり，児童たちがその後どのように自身の身体と教室との関係性を捉えていったかはわからない。しかしこの活動は児童と教室との新たな関係の生成のひとつの場面を担っていたと言えるだろう。そして本実践を通し私たち自身も児童に触発されて，身体と教室との関わりについて探求してい

くことができた。また論文にしていく過程でこの取り組みを改めて省察し，これまでの研究に示唆を得ながら私たちの思考もまた更新されていった。

　この論文は探究の一記録である。本実践を私たちが考察し価値づけていくことによって，新たな探究的な実践へと繋がっていく。そのような連なりが「生きた探求」になっていくのだと思う。

謝辞

　ワークショップ実施にご協力いただいた中野区立みなみの小学校の教職員の皆様及び活動に取り組んでくださった6年1組の児童の皆様に御礼申し上げます。

文献

Atkinson, D. (2012). Contemporary Art and Art in Education: The New, Emancipation and Truth. *The International Journal of Art & Design Education*, 31(6), 5-18.

Irwin, R. L., & Springgay, S. (2008). A/r/tography as Practice-Based Research. In S. Springgay, Irwin, R. L., C. Leggo, & P. Gouzouasis (Eds.). *Being with A/r/tography*. (pp. xix-xxxiii). Rotterdam, The Netherlands: Sense Publishers.

Irwin, Rita L. (2013). Becoming a/r/tography. *Studies in Art Education*, 54 (3), 198-215.

笠原広一 (2019).「訳語について」, 笠原広一, リタ・L・アーウィン『アートグラフィー 芸術家 / 教育者 / 研究者として生きる探求の技法』ブックウェイ

小松佳代子 (2017).「芸術体験と臨床教育学 − ABR（芸術的省察による研究）の可能性」, 矢野智司・西平直編著『臨床教育学』共同出版

Merleau-Ponty, M. (1945). Phénoménologie de la perception, Gallimard（メルロ＝ポンティ・M, 竹内芳郎・小木貞孝訳 (1967).『知覚の現象学1』みすず書房, 172.）

奥井遼 (2015).『〈わざ〉を生きる身体　人形遣いと稽古の臨床教育学』ミネルヴァ書房

奥井遼 (2017).「身体と臨床教育学 − 変容というドラマの舞台裏」, 矢野智司・西平直編著『臨床教育学』共同出版

註

1　本論文の内容は池田と和田が実践報告として一部執筆した以下の論文が初出であり，本稿はそれを加筆修正したものである。笠原広一, 森本謙, 手塚千尋, 生井亮

司，栗山由加，小室明久，丁佳楠，和田賢征，池田晴介，加山総子，佐藤真帆，岩永啓司，「Arts-Based Research に基づく小学校での探究的ワークショップ実践の開発—小学校5・6年生を対象とした図画工作科の関連実践として—」東京学芸大学紀要. 芸術・スポーツ科学系, 72, 77-97.

第9章

紙風船を使って発見を見出そう！
－紙風船で空間に潜在する概念を探究する

笠原広一・丁　佳楠・岩永啓司

1.　本実践の背景

　6年生のクラスで「風船を使って発見を生みだそう！」の実践を行なった。白と赤の折り紙で折った紙風船を教室内外の様々な場所に「置く」ことで，空間や環境の中に潜在している意味や関係性を，造形的な創造の契機の具体化として「発見」していく活動である。

（笠原）

　アートの世界は急速に変化しているが，美術教育は時代と歩調が合っていないところがある。現代アートの作品制作においてはコンセプトをつくり出すことが重視されている。現代アート的アプローチによる実践を構想する上で，コンセプトをつくり出すための感性と知性の両方を働かせることができる場が必要であると考えた。そこで，アーティストやキュレーターの「配置行為」に注目した。何かを「置く」行為には，美的価値判断とコンセプチュアルな思考が働く。この「置く」行為を取り入れた活動が児童のアーティスティックな発想を広げることにつながるのではないか。置くこと自体はどこでもいつでもできる行為だが，私たちはそのことにほとんど注意を払わないだろうが，この非常にシンプルで日常的な行為は，美的かつ概念的に行うことができるのではないかと考える。置くことはアートと日常生活の両方に密接的に関係しており，我々の日常においていろいろなモノとのつながりを見出すことであり，つくり出すことでもある。置く過程において対象物だけでなく空

間や環境も取り込みながら，児童が自らいろいろな関係性を発見し考えていくことになる。それによって彼らの日常がリフレッシュされ，自然にアートと距離が縮まり，美的かつ知的な資質と能力を育成することができるのではないだろうか。「置く」ことは視覚的認識から思考へ，創造へと立ち返っていく循環を形づくることでもある。

（丁）

　図画工作科では置く行為は造形遊びの材料の操作に基づく活動と関連がある。何をどこに置くのか予めイメージしてから行うのではなく，紙風船をつくり，それを様々な場所に置いてみることで，紙風船と置いた場所との間に様々な関係性や表象性が立ち現れることに気付くことができる。同時に，空間や環境の中にある顕在化していない関係性や意味を浮上させ，それを造形物やそれを用いた操作によって具体化していくのである。これによって造形遊びから始まりつつも空間や環境とのかかわりを通して主題，あるいは問いが立ち上がっていく美的な探究が生まれることが予想される。丁（2022）はモノ派と現代アートと造形遊びのつながりについて「置く」行為の可能性を軸に実践と研究を行う中で，「配置と放置」といった置く行為の可能性を考察している。それによると日常生活の文脈や芸術・学術などの様々な分野で「置く」行為，（主体としての意識的な）「配置」行為は実践され議論されてきたという。しかし「配置」という行為自体は（とりわけ意図を超えた「放置」などは），古来より人間が主体として意識を発揮して世界を捉えてきた捉え方とは一線を画した行為かつ方法であり，重要なのは置くことや配置によって存在（者）同士の関係性が浮かび上がることや，その関係によって生じる「力」や存在者が帯びる傾向性であり，そこに光を当てること（柳澤，2008）だという。置く行為や配置（disposition）は，モノ派や現代アートにおいては主体と存在のあり方を問い直す行為ともなり，それを通して意味を生成していく実践となる。このクラスの実践では，そうした置く行為を意図的に試したり，あえて意図せずに様々な場所に置いてみたり，置き方を変えてみたりすることを通して，そこに未だ気づかれることなかった関係や意味を「発見」していくことになる。

（笠原）

176

2. 活動の展開

　最初に白い折り紙でつくった紙風船を提示した。児童に 15 秒数えてもらう間にゲストティーチャーが教室内のどこかに紙風船を置き，そこに置くことで，その紙風船や置かれた場所にどのような意味や面白さが生まれるかを意見を出し合いながら鑑賞した。それによって紙風船を置くことでその場所や物の見え方や意味が変わること，さらにこうした紙風船を置く行為を通して新たな発見を生みだしていくことに取り組むことを伝えた。

　次に紙風船の折り方を示し，各自が 1 つ白い紙風船を折った。その後，導入のように短時間で一度どこかに紙風船を置いてもらい，例としていくつかの児童の紙風船を鑑賞し，要領がわかったところで今度は 10 分間で教室内と廊下で紙風船を置く活動を行った。それを全員で見た後，このクラスの児童は体育館へ移動して保護者とのギャラリーツアーを 30 分ほど行った。

　その後，児童が教室に戻ると，赤い折り紙を追加し，各自が白赤の紙風船を一個ずつ用意し，3 人で 1 グループとし，合計赤白 6 個を使ったグループ活動を行なった。キャプションカードを用意し，置くことで何を「発見」し，どんなことに気付き，考えたかを書き込んでもらった。最後にグループで作品とカードを紹介して鑑賞を行った。

3. 活動の結果

　表 2 に示したものが 28 人の児童が個人で，そして 9 グループで行った作品である。最初に例示した際に「どこに置いたらいいか」「何をすればどんな意味がつくれるか想像するのが難しい」といった声が出ることも想定していたが，ほとんどの子が様々な場所で置き方を工夫し，面白がりながら取り組んだ。時間も限られていたため，活動の各フェーズで個々の取り組みに対してもう少し具体的にコメントしたり，児童同士が互いに感想を交わし合いながらさらに発想を深められるようにできればよかったという反省や，間の移動もあることから，時間的にもう少し短い活動にしたほうがよかったといった反省もあった。

　しかし，抽象的な活動ではあったが，思った以上に，置くこと，置き方，紙

風船，色や形の特性を活かして発見を生み出していた姿が見られた。ほとんどの作品が何らかの見立ての要素を持つが，視覚的な類似性にとどまらず，その先にどのような発見を生み出し，概念や思考の展開が生まれていったかが重要である。以下に全作品を分類し，各カテゴリーの例を示す。

表1　全作品と児童のコメント

個人ワーク1/2	児童のコメント	個人ワーク2/2	児童のコメント	グループワーク	児童のコメント
	「句点」文字の終わりの句点を表現しました。		「白より細かく」紙風船よりも白い色で悪いため、紙風船の色を細かくするため。		「正反対の物で…」もえるともえない＝対の意味で、あと白も正反対の色だからついていると思ったから。
	「キューブにそっくり」キューブと紙風船が似ていたからった。		「白の仲間」白にたくさんの種類があるということ。		「6-2に入りたい」整列して中に入ろうとする様子を表しました。
	（コメント不明）		「落し物」紙風船が落し物の感じがあるから。		「運動会」組体操は赤白関係ないから、赤白どっちも協力している様子。
	「にげ出したい紙風船」概要からにげ出しておきため、紙風船をにげさせようとしている。しかし紙風船は白なので、じっしみんなはいてるかもしれない。		「光といえば」光のイメージは白だと思ったので、光がもっとあたる窓際においてみた。		「天日干し」白と白を交互に置いて、太陽の光があたるようにして天日干しをしました！
	「色温度計」白の色温度を数値にして決めた。-20～-25°中には雪国がつまっている。		「紙風船コンセント」できそうにおいてみたけど、遠くから見てみるとコンセントをさすところがつぶえたみたいにみえた。		「先住民の争い」白が引っこしてきたが、そこにはもと先住民がほんでいた…。
	「存在感」たくさん紙がはってある中で、紙がはってなくて、かべが見えている所があると、そこに紙風船をおくことで紙風船の存在を示す。		「友達できた」本棚の中に折り紙があったのでこの友達にしようと思った。日ごろから赤白しか見ていないので、（今）みえなくなってよかった。		「時間かくしの術！」最終日でかくしていたけど、やっぱり目立たせるための歩きに乗せた。
	「白色をきれいに」ちょっと白色がうすくなっていたので、白色がきれいになると思った。		「ゆれる紙風船」カーテンといっしょに風にゆれたら気持ちよさそうだった。		「かくれんぼ」紙風船がかくれんぼしている様子を思い浮かべて、かくれられそうな所に紙風船をおきました。
	「正方形の紙コンセント」正方形のコンセントは見たことがないから作ってはった。		「ボード風船」毎日タワイトボードを使っているから、たまにはおしゃれもしたいんじゃないかなと思ったから。白だし、あまり目立たないから。		「赤い心のふうせん」本には書いた人の心がこもっていると思って、赤色の風船をおいた。
	（コメント不明）		「光」まどに光が当たって気持ちよさそうだったから。		「ロッカーの裏にこっそり」ゴミ箱からの目線とロッカーの裏で存在感をうすくした。
	「♪仲間入り風船♪」絵を書くのが好きなので絵を書く（とき）に使う「ふで」に仲間入りさせてもらいました。		「黒と白」黒いテレビと白の紙風船がそれぞれで黒と白わかれていておもしろそうだから。		（コメント不明）
	「展覧会」今日は、展覧会なのでガイドをがんばりたい気持ちを紙風船で表現しました。		「そうじしてくれ」紙風船の近くにはこりがたまっていたから。		………………
	「白と色チョーク」いしろの黒板には胆と白が少ないので、白を一つ足してみようと思い置いてみました。		（コメント不明）		………………
	「近くにある」		「てるてるぼうず紙風船」まどにかざって、白い風船がてるてるぼうずみたいに見えたから。		（コメント不明）

類似物に見立てる（3件）

　紙風船の四角い形や色を直接類似するものに関連づけて見立てた作品があった。形が似ていることから，四角い電気ボックスやコンセントボックスに並べて置いたり，四角い風船が「てるてるぼうず」に見えたとし，窓に貼った例もあった。

擬人化して気持ちや印象や状況を表す（10件）

　紙風船を擬人化して気持ちや感覚，印象や状況を語らせるものがあった。教室の棚の上のトレーに並んだ絵の具の筆の中に紙風船を置き，絵を描くことが好きな自分の気持ちを代弁させる作品があった。本棚に一つある紙風船が寂しそうだといって傍に置き，「友達できた」と題名をつけたり，掲示物の陰に隠して「かくれんぼ」にしたり，ロッカーの裏に置いて「存在感を薄く」したなど，ある状況の一般的な印象を紙風船で表した作品もあれば，自分の気持ちと紙風船が置かれた状況が喚起する印象を具体化する作品など，バリエーションも多かった。教室の入り口のドアの上に赤白の紙風船を並べることで，児童の入室時の整列の状況を表したものもあった。

ユーモアといたずら心（5件）

　黒板に板書された文字の句点に紙風船を重ねて貼ったり，皆が気付かないような場所にこっそり置いたり，小さな埃に並べて置くことで埃に目を向けさせるなど，皆が思いもよらないモノを浮かび上がらせる作品もあった。

普段意識しない環境の特質等を顕在化（4件）

　黒板に書かれた文字や図が，意外にも白チョーク以外の色で描かれていることに気付いた児童は，白い紙風船を黒板に貼ることで，白チョークの存在と白の不在を喚起したり，普段意識しない電気配管の上に置いてみたり，掲示物の中で一箇所だけ掲示物がない場所があり，その「不在」が持つ「存在感」を，紙風船を置くことによって生まれる「存在感」で両義的に顕在化させる作品や（図10），白い紙風船を置くことで壁の白の汚れた色合いに注目させる試みもなされた。

第9章　紙風船を使って発見を見出そう！　　179

図10　一箇所だけ掲示物がない「不在」と「存在感」

置かれたモノの意味を取り込み拡張（2件）

　温度計に白い紙風船を貼って「色温度計」にし，白く温度が低い紙風船には「雪国」が詰まっているのだという（図11）

環境にあるモノや状況の特性を色と形の共通性や関連等で表す（4件）

　紙風船を窓辺に置いたり，天日干し（図12）のように紅白の紙風船を並べて，赤（＝熱）と白（＝明るさ）を象徴的に視覚化したり，何気なく置けば落し物に見える紙風船を落し物箱に並べたり，本立てなど周囲にある白い物と並べることで，気付かれず環境にあるものを紙風船の形と色の共通点で気付かせようとする試みなどがあった。

図11　色温度計と雪国が詰まった紙風船

図12　天日干し

色や形や特性による概念の対比（5件）

　白く固いヘルメットに白い紙風船を置くことで固く護るものと柔らかく

潰れるものを対比させたり,テレビ画面の黒に紙風船を載せて白黒の対比をつくりだしたり,「正反対のもので…」と題し,燃えるゴミ用と燃えないゴミ用のゴミ箱に赤白の紙風船を貼り,色と用途と対概念を表した作品もあった(図13)。「先住民との争い」では教室と廊下の境界付近に赤白の対比を生み出し,教室の内と外の人間関係を暗示的に視覚化した(図14)。

図13　赤と水色のゴミ箱

図14　先住民との争い

その他（3件）

　教室に展示された書道作品と壁の間に紙風船を挟み込み,壁と並行して浮かせて美しく展示するために「浮かせるための空間」が必要であることを視覚的に表現したり(図15),ドアとロッカーの隙間に紙風船を潰して挟み込んだ作品は,反対側がガラスのため挟まれて潰れている様子が見えている。それによって,隠しているにも関わらず見えるところが面白い(図16)。

図15　そっと浮かせる

図16　ガラス越しに見える

4. グループワークから

　グループワークの最後に，何処にどんな置き方をし，どんな発見が生まれたかを紹介してもらった。その中で印象的だったのは，すでに紙風船を使っていくつもの作品を生み出したあるグループが，自分たちが何を発見したと言えるのかについては「まだわからない」と述べたことだ。時間の都合もあり，メンバー全員が「これだ」と思える発見にまでは至ってはいないということだが，いくつかの思いもよらない形や試みがすでになされていたことは知っていた。しかし，彼らはその探究をもっと進めたいと思っていたようであり，現在生み出されている紙風船の作品から何を見いだしつつあるのか，それを明確にしたり言葉にするにはもう少し時間が必要だということだ。筆者らは彼らの発表での発言が単純に「分からない」と言っているのではなく，少しずつ見えつつある意味をもう少し具体化していきたいと考えていること，形あるものを通して形なき意味を言葉でも捉えようとしている難しさへの挑戦を試みていること，つまり，「わからなさ」と格闘しているのだということを他の児童たちにも紹介しながら伝えた。このグループの発表では「わからなさ」と向き合う姿と探究心の率直さが現れ出ていた。

5. 考察—赤白の紙風船の特性を生かした探究の姿

　このように，短時間ではあったものの，多彩な発見が生みだされた活動となった。いずれも白い紙風船の形や色，光を通して透けて見えたり，折り畳んだり，積み重ねるなど，白い紙風船の特徴をフルに生かして探究がなされた。後半には赤い紙風船が追加されることで2種類の色の対比が可能になり，異なる二つのものを概念的に発展させた探究の事例が多々見られた。また，こうした活動（探究）を通して，空間や環境に潜在するものに「気付く」ことだけでなく，その視点から作品化を試みたり，具体化する過程を通してさらに想像を膨らませて発展させることなども重要な活動の姿である。何かを理解して終わるのではなく，理解を生み出しつつもその先に「何か」を自分たちで手繰り寄せていくこと，紙風船を置くことへの主体的／非主体的な関与を通して，未だ見えていない教室の中に潜在する意味や関係性の可能性を具体化す

ることが、アートによる美的で創造的な探究の一つのあり方であろう。そうした探究の取り組みがたくさん生まれた活動となった。

6. 図工におけるアートによる探究の手がかりと教師の役割

今回は身近な折り紙の紙風船と、その形や色、透過性や折り畳みなどの変形など、その特性を生かした探究が多数生まれた。6年生ということもあり、「○○に見えた」「○○と同じだ」といった「見えた形や色」に基づく形態的・表象的な見立てにとどまらず、さらなる操作や試みの中で何らかの意味的な「発見」を生み出し、それを様々な形で具体化した姿が見られた。

特にこうした抽象的で概念的な操作や飛躍的発展（発想）を生み出す際には、具体的なモノと概念や意味との関係（の変化）を、言葉でも捉えながら理解し、それを自分たちで実際に試しながら、発展的に探究を進めていく必要がある。そこには児童同士の会話や意見のやりとりも重要となる。そして教師にとって重要なことは、児童が試したことにどんな意味や可能性があるのか、その意味や価値を具体的な紙風船や場所との関係をふまえつつ教師なりにキャッチしながら、しかし児童の行為や表現の意味を固定させるのではなく、発展や深化、そして自己主導的なさらなる探究が可能となるような助言（会話）やファシリテーションを行なっていくことであろう。一人ひとりの児童によって取り組みが異なるため、その都度、教師側の鑑識眼も問われることになる。その点では、こうした授業においては教師もまた共同の探究者となる。

児童は直観や偶然によって行ったこと、その結果について自分では上手く言語化しえない場合がある。アートや図工は言語による論理的理解に「落とし込め」ない「何か」を、曖昧なままに、複雑なままに、不可解なままに、触れたり捉えたり、考えたりすることができる不思議な方法である。今回のような活動では何を作れば良いかや、何を発見すべきかについて、予め答えがあるわけではないがゆえに、児童は自分が試みたことが何の意味を持つのかに自分で気付き考えていく（発見していく）ことになる。それをある程度自分で手繰り寄せる児童もいれば、他児との会話や協同によって何かを掴んでいく

第9章　紙風船を使って発見を見出そう！　　183

場合もあれば，教師のサポートによって成し得る場合もある。いずれにせよ，子どもたちが何を感受し，直観し，思考しながら，いかなる具体的な操作を試み，どのような質の省察を行なっているのかを看取しながら，それが個々に，そして教室全体で展開していくようなファシリテーションを教師が行なっていく必要がある。それは教師自身の感じ方や気付きを試されているとも言える。

　こうしたアートによる意味創出の探究活動においては，教師も協同で意味を創出する共創者（Co-Creator）として場に関与し，自らを創造的に投企することが求められるのである。

7.　さいごに

　今回取り組んだ実践において児童は自分たちが空間や環境と関わる主体として造形的な関与を試みる中で，普段は気づかない空間とモノ，環境の中で営まれる自分たちの暮らし，そこでの人と人，人とモノとの関係性について気づきを生み出し，それを紙風船で探るとともに具体化していく過程の中で，潜在する意味や関係性の理解を深めていく体験をしていた。この過程は探索的で，生成的で，発見的なものとなっていた。ここで本章の最初の議論に少し立ち返るならば，置くことや配置によって存在（者）同士の関係性が浮かび上がることや，その関係によって生じる「力」，それらの中で存在者が帯びる傾向性に光を当てること（柳澤，2008）を児童は二色の紙風船でもって行なったと言える。

　今回行なったことは「発見」を生み出すことであり，それが何に対する，いかなる発見であるかは事前に示されるものではなく，探究を通して見出していく活動となっていた。実際に私たちが何らかの探究を行う際には，そこに問題となる出来事が明確に存在し，問題自体を定義できる場合もあれば，それが明確ではなく，何らかの兆候や違和感を手掛かりにして探り始めていくような場合もある。しかしそれでも定義や解釈を急ぐのではなく，曖昧なものを曖昧なままに，複雑なものを複雑なままに，不可解さはその不可解さを保ったままに，触れたり，捉えたり，考えたりすることができる形式へと具体

化を試みていくことで，それが一体何なのかを知っていくことができる。そこにアートをベースにした探究の可能性がある。もちろん分析的に個々の原因を探り，構築的に足し合わせることもできるが，そうした方法だけでなく，直観と飛躍を排除せずに，アートとして綜合 (synthese) していくアプローチも重要である。一見似たような問題を扱うとしてもアプローチが異なれば，結果的に出来上がるものや生まれる理解も異なり，結果，私たちが立つことになる視座もまた変わってくることがある。とりわけアートは私たちの個人的で主観的な感覚や直観も捨象することなしに，それを含みながらも，他者へと間主観的に，そして社会的な文脈へと，私たちと探究をつなげていってくれるメディアであり方法にもなる。まさに ABR はそうした探究でありリサーチを可能にする考え方であり実践理論であり，そうしたアートと教育の新しい可能性を，私たちに投げかけているのである。

　今回は白と赤の折り紙という小さな表現のメディアを用いたが，それを置くことによって，教室の空間や環境，そこに潜在する意味や関係性を具体化する探究が可能となった。このシンプルな活動は，表現であり／リサーチであり／児童らの日々のクラスや学校との関係性を再興させるような実践でもあった。その点で，クラスの子どもたちはとても創造的な取り組みの姿を見せたと言えるだろう。短いながらもこうした探究を可能にさせた実践となったと思われる。

（笠原）

文献

柳澤田実編 (2008)『ディスポジション：配置としての世界─哲学，倫理，生体心理学からアート，建築まで，領域横断的に世界を捉える方法の創出に向けて』現代企画室.

丁佳楠 (2022)「「置く」行為の可能性についての芸術的探究」東京学芸大学大学院教育学研究科（修士論文）（未刊行）

第10章

学校の思い出を描く探究について

小室明久・佐藤真帆

1. 実践の意図

本実践では画用紙と筆ペンを用意し，ドローイングを行なった。描く対象は小学校生活を過ごした校舎の思い出として残っている場所やものである。実践を行なった6年生は卒業を控えており，この校舎の様々な場やものと関わってきた。本実践では一枚の画用紙を半分に折り，片面に描画し，もう一方の面に自身の描く際の気持ちを言葉にして書いた。ドローイングをする過程で思い出の場所やものを改めて観察し，思い出す中で今の成長した自分から振り返ることを目的としている。文自体は長文ではなく一言から短文など幅広い形式で書いた。

自分の生活環境の中から場所を探し描くという題材はこれまでも多く行われている実践である。小学校高学年の題材である「わたしのお気に入りの場所」は自分が気に入った場所を選び，観察をする過程でその場所の思いを描いて表す授業である（開隆堂, 2015）。また，「わたしの大切な風景」では生活を過ごす中で見つけた大切に思う風景を描く題材である（日本文教出版社, 2015）。両者の教科書に挙げられている題材では描く場所を探す過程を通して，自身の周囲にある大切なものや気に入った場所について振り返りながら描くことを重視している。また，児童自身が描くにあたって考えている場所やものへの見方が描画として表現されていることも重要な点として挙げられる。

自分にとって身近な場所やものを描く題材では水彩絵具やコンテ，パステルといった様々な道具を用いる。しかし，上記の題材では描画に焦点を当てているため，言語的な活動は鑑賞の際にのみ絞られている。もちろん，これらの題材を実施するにあたってワークシートや感想文を授業の導入や終了後に設けている実践もある。アイディアスケッチを行う場合もあるだろう。時間も90分を複数回行い，場所を探すことから丁寧に進めていくといった事例も考えられる。

　本実践では45分授業を2回の計90分で活動を終えるため，精細に描画を進めていくのではなく，単色で描くドローイングに着目した。さらに，描画を行いながら短い文章を作ることも題材に取り入れた。場所やものから過去の自分を振り返ることや自分にとっての新たな発見を描きながら省察していくと同時に，描画に対して記述を加えることによってこれまでの題材とは異なる点から改めて捉え直したい。

2. 実践の展開

　導入では活動の参考作品を児童に示し，校舎を振り返りながら描くことや短文を書くことを説明した。用いる画材は自身が所有している鉛筆以外に筆ペンで描くことを伝えた。今回は前述した授業の題材のように複数の画材を使って時間をかけて描くのではなく，ドローイングとして単色で線的な描画をすることを伝えた。その際に思い出を振り返りながら描くことを強調した。場所やものを振り返りながら，そこでどのような経験をしたのか，その場所やものがどのような対象として心に残っているのかなどを省察することが重要であることを話した。導入が終わり，制作を開始すると多くの児童が教室から出て校舎の様々な場へと移動した。また，本実践では時間の制約上，校舎の外へ出ることはせず，校舎内や教室内で行うことを事前に説明した。

3. 実践の結果

　制作時間に入ると，ある児童は図書室の前で描き始めた（図1，2）。図3では場所ではなく，自分が履いていた上履きを描いた（図3）。他にも自分が今

まで使ってきたランドセルを描いた児童もいた（図4）。完成した児童から教室に戻り、黒板に貼っていく（図5）。時間に余裕がある児童は2枚目、3枚目と制作を続けた。最後にクラスで共有するため、全員の作品を貼り終えた段階でクラスに集合した（図6）。制作終了後、クラス全体で振り返りを行い、それぞれの描いた場所やものについて共有を行った。

図1　図書室の前で描き始める

図2　図書室の入り口を描く様子

図3　上履きを描く

図4　ランドセルを描く

図1，2の児童は図書室の前で喧嘩をしている時に先生から怒られたことを思い出し，描いていた。作品には図書室の前で二人が立ち，喧嘩している様子を描いている。また，文章の部分では「4年になって初めて図書室でおこられた。」と書かれている。完成後の作品は図7である。

　図4の児童は「6年間　いつもしょってる　ランドセル」と文を書いたが，その他にランドセルを描いた児童は2人いた。それぞれ「六年間　お世話になった　ランドセル」，「6年間の思い出　ランドセル　いつも使った」と書かれている。図4の児童は1年生の頃，重かったランドセルを思い出しながら描いていたと話していた。

　授業では児童の作品を数点挙げ，紹介した。描いた理由とともに感想を書き，授業を終えた。

　作品を分類すると以下の結果になった。また，作品に関しては同一の児童が複数制作した作品も含まれている。

【出来事に関する思い出：8件】

【物や場に関する思い出：24件】

【物や場の描写：2件】

【その他：4件】

　出来事に関する思い出では友人と行ったことや遊んだ出来事に関して描いている。次に一番，多いのが校舎の様々な物や場に関する思い出である。使ってきた物や場所を自身のエピソードと共に描いている。エピソードがない物や場の描写は2件あり，それ以外の作品はその他に分類した。

4.　実践の考察

　本実践は描画と言葉を用いた活動であるが，小学校図画工作科及び中学校美術科や高等学校の美術科の授業では主に鑑賞の授業で言語活動の充実が図られている。言語化に関する実践研究も数多くあり，竹内らはアクティブ・ラーニングの視点を導入した鑑賞的体験において生徒の認識や感覚を言語化

図5　完成した作品から黒板に貼っていく

図6　全員の作品を黒板に貼った様子

図7　図1, 2の児童作品

第10章　学校の思い出を描く探究について　　191

するプロセスに着目し，美術の俯瞰的理解に関する効果を明らかにしている（竹内・橋本, 2017）。竹内らは生徒の自由記述をテキストマイニングによって可視化し，美術の俯瞰的理解について「自由記述の可視化を概観するとともに，それに基づいて抽出された具体的な記述を分析することによって，生徒が鑑賞的体験を通して何を俯瞰的に理解したのか，どのようにして理解したのかを読み取ることができた。」（竹内・橋本, 2017, p. 216）と記述による鑑賞体験がもたらした生徒の学びを具体的に抽出し，学習の深度を調査している。

　また，小学校の低学年を対象にした鑑賞の題材においても言語活動に着目した研究がある。森坂は図画工作科における鑑賞学習について言語活動を重視した実践を研究している（森坂, 2011）。森坂は児童自身が形や色などの造形的な要素に対する直感的な気付きを理解する上で言語活動を取り入れることが有効だと論じている。また，徳富は低学年の鑑賞の題材において言語活動を取り入れた実践を行っている（徳富, 2013）。このように美術は授業の特性上，制作に重きが置かれている中，鑑賞は言語活動と結びついて研究が行われている。また，これらの研究は言語活動や記述を取り入れることによって生徒の理解や学びの共有が可能となることを示している。

　鑑賞における言語活動の研究が多くある一方で，表現と言語活動を結びつけた研究もある。有田は表現主題を言語化することによって次の三点を実証的に明らかにした。「1. 生徒は自分の表現主題を明確に認識できる。2. それゆえ，制作が明確な方向性をもち安定する。3. 教師は生徒の主題が言語化されているので生徒の意図を正確に把握し，指導も的確になる。」（有田, 2010, p. 42）さらに，光山は有田の研究を踏まえ，中学生の発達段階に沿った題材を設定し，表現主題を生み出すために「制作カルテ」と名付けたワークシートを作成した（光山, 2012）。表現主題を言語化することによって，より制作の過程で生じる学びを深めていくという視点も見受けられる。鑑賞や制作過程において言語活動や記述を行うことは理解を深める役割を果たしているといえよう。本実践では上記のようにワークシートや文章を作品とは個別に分け，書いてはいない。また，短文での記述のため，厚い記述によって作品の理

解へと向かわせるものでもないだろう。

　作品制作と記述を組み合わせた実践において，ワークシートなどではない短文を用いた実践研究もある。髙橋は五七調で作品を述べることによって作品の感情像を的確に示せることについて述べている（髙橋, 2013）。フレーズでの表現主題や作品感受の記述が作品の味わいを共有する手立てにもなっている。本実践においても五七調のように短い文章を書くことによって振り返り，描くきっかけとして用いた。また，図8の作品は五七調で書かれている。授業内では五七調に関して伝えてはいないが，短い文章でありながらも意図的に語句を入れ替えて述べている。図9でも同様に五七調の文で書かれている。

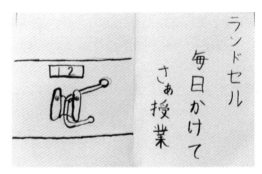

図8　五七調で書かれている作品

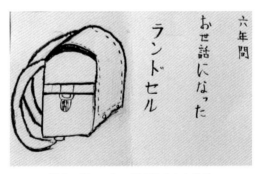

図9　短いフレーズで作られた作品

制作や鑑賞において言語活動は理解を深め，自身の省察を共有する手立てとして取り入れられてきた。言葉を用いた本実践では児童にどのような探求をもたらしたのだろうか。

　本実践での主題が「学校での思い出の場所やもの」だった点，描画活動を探求のきっかけとして活用した点は，多くの学校で容易に実践が可能であると言える。また，児童は筆ペンに興味を持って取り組むことができ，描き直しができないため，短い時間の制約の中で思いきって活動できていた。

　児童は場所やものの描画活動を通して，過去の体験を思い出し，現在の自分を反映させつつ新たな創造活動につなげていた。思い出を探求する活動であるが，過去のことではなく限りなく今の自分に向き合う活動になっていたと考えられる。アーウィン（2006）は，作品制作や詩を書くなど自己の教育学に関わるということは，私たちが誰であるかを創造するための再帰的活動であるということができる，と述べている。児童は経験したことの意味を継続してつくりかえているとも言える。彼らは学校で人やものの間を行き来し，それらと関わりながら，自分の場所を学校の中につくっているのではないだろうか。実践の最後にはそれぞれの経験としての作品が黒板に展示され，彼らの学校が立ち現れた。児童はどの様に感じたのだろうか。今回，私たち教師は視覚表現による子どもたちの探求に寄り添うことで，その豊かさに気付かされた。

文献

Irwin, R. L. (2006). Walking to Create an Aesthetic and Spiritual Currere. *Visual Arts Research*, 32(1), 75-82.

有田洋子 (2010).「表現主題の言語化をさせる美術指導」『美術教育学』31, 美術科教育学会, 29-42.

開隆堂 (2015).『図画工作5・6年下』, 10-11.

髙橋文子 (2013).「美術科学習における五七調フレーズの可能性：表現主題及び作品感受の言語化の手段として」『美術教育学』34, 美術科教育学会, 307-318.

竹内晋平, 橋本侑佳 (2017).「鑑賞的体験の言語化を通した美術の俯瞰的理解―中学校美術科学習におけるアクティブ・ラーニングの視点導入に基づく試み―」『美術教育学研究』49, 大学美術教育学会, 209-216.

德富大吾 (2013).「低学年における言語活動を中心とした鑑賞授業の工夫」『教育実践研究』23, 上越教育大学学校教育実践研究センター, 163-168.

日本文教出版社 (2015).『図画工作5・6下』, 14-15.

光山明 (2012).「表現主題を多様な視点から分析的に検討させる学習指導の試み：題材「ねがいをかなえるお守り」におけるワークシートの開発を通して」『美術教育学』33, 美術科教育学会, 201-214.

森坂実紀人 (2011).「低学年における鑑賞の授業の工夫：言語活動を重視した鑑賞学習の研究」『美術教育学』32, 美術科教育学会, 417-427.

第11章

ワクの外に何が見える？
日常のリ・フレーミングワークショップを実践して

手塚千尋

1. ワークショップデザインの意図

　本実践では，事前の検討会で挙がったABR・ABERの実践化のキーワード「世界に触れる，世界を開く方法に触れる・知る」をコンセプトに，①黒画用紙を丸と長方形に切り抜いたツールを用いて物理的に物の見え方を変更し，②新たに見えた景色に意味を付与し，③キャプションにまとめる活動をデザインした。視点を変えることで，日常的な風景の中に「ちがい」を見つけ，そこから思考や造形活動を展開する活動は図画工作科の教科書題材でも散見されるが，本実践では現代美術の特徴である新しい世界観を提示する・そのための表現技法も表現者自身が生み出すといった「発見」に続く「見立て（＝新たな意味の付与）」や「仕立て（＝作品化，コンセプト化）」といった創造的な探究プロセスをより構造化することをねらいとした。

　実践で児童は，3種類の紙枠を片手に校内を散策し，いつも見ている・身を置いている風景にかざしては，切り取るという行為を繰り返していく。その造形行為の意図は，視界の先につながっている／連なっているボーダレスな世界に自ら境界線を引くことでつくりだされた領域内に目を向ける「焦点化」にある。それは，切れ目のない世界＝日常に，直感的・意図的に与えた区切りによって現れた非日常に目を向けることが目的とされる。このようにして「発見」された領域に新たに意味を与え，コンセプト化する一連の活動を探究的に展開することを通して，世界に触れ，開く方法を経験できるようにする

ことを目的とした。また，これらの活動を支えるツールとして，紙枠3種類とワークシートを準備した（図1）。

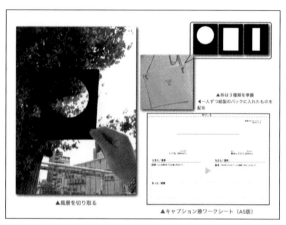

図1　準備したツール

2. 活動の展開

本実践は，以下のように展開した。

表1　タイムテーブル

時間	活動
1時間目	❶3種類の紙枠を持って校内へ出掛ける。 ❷紙枠を持って校内を散策し，いつもと違う見え方をする枠越しの風景を楽しみながら，気に入った風景をタブレット端末で撮影する。 撮影後は，教室に戻りプリントアウトする。複数枚撮影した中から1枚を選択する。 ❸ワークシートに記入する。
2時間目	❹場所を選んだ理由，紙枠越しにどのような景色が見えたのかなどをワークシートにまとめる。 ❺プリントアウトした写真を黒画用紙に貼る。
3時間目	❻展示＆鑑賞会

1グループに1名の学生またはクラス担任をファシリテータとして配置した。ファシリテータは，各グループに1台ずつ準備したタブレットで児童が撮影

する際に，児童自身がシャッターを切れるよう，紙枠を持つ役割を担った。併せて，写真のプリントアウトの作業もファシリテータが担当した。印刷は，タブレット端末からエアプリントで行なったが，複数のタブレットを使用したことでネットワークが混線し，想定よりも印刷に時間が掛かってしまった。そのため，最後のグループ内での発表会を実施しないまま，全校による鑑賞会に突入している。

3. 活動の様子

「いつもの景色から，いつもと『ちがう』景色を見つけよう」という授業者からの提案を受け，30名の児童はそれぞれ，校舎内の特徴的形や色がある場所

図2　枠をかざしながら歩く

図3　枠で部分に焦点化する

図4　(下段)写真の余白を切る

図5　展示した作品を他学年の児童が鑑賞する

第11章　ワクの外に何が見える？　　199

や，何気ない自然物に注目しているようだった。(図2, 図3)

　鑑賞の活動では，机の上にワークシート，作品を陳列して展示した。

4.　考察

(1)　作品とワークシートの分析

　作品とキャプションは表3の通りである。

　分析は，1) 対象となった事物である「物・場」からイメージを広げたり，見立てられた「モノ・コト・バ」を6つのカテゴリーに分類し，2) 児童が注目した造形的要素や採用した方法を5カテゴリに分類した。紙枠をのぞく前後の見え方についてワークシートに記述した内容が表2である。なお，各自の作品とその分析については「表3　児童の作品，ワークシートの記述一覧」に示す。

　以下に，各カテゴリの特徴を記述する。

「物」から「モノ」へ (11名)

　磯崎 (1990) によれば，「見立て」とは物の形態の特徴から見出した類似性に意味を与えて命名することとされる。本カテゴリは，物の形状や色の特

表2　見立ての構造と注目された要素から生成されたアイデアの特徴

物からモノ		物からコト		物からバ		場からコト	
						色・形→コンセプト	
		空間→コンセプト					
				色・形→具体物		色・形→具体物	
				場からモノ		●	★
				色・形→具体物	ツールで分析的にみる	ツールで分析的にみる	
		ツールで分析的にみる	場が持つ意味→コンセプト	場からバ		▲	■
色・形→具体物				色・形→具体物	ツールで分析的にみる	不明	
色・形→コンセプト		色・形→コンセプト					

表 3　児童の1作品、「ソーソート」の記述一覧 (1/4)

No	タイトル	いつも (Before)	説明	からのぞく (After)	説明	気づき・感想	見立ての構造	着目した特徴的な要素／創出されたアイデアの特性
1	みずてっぽう	スプリンクラー	サッカーゴール右後ろ。ぴったりはまったから。	円板	プリスビーに見えた。あそびどうぐ箱。	石川さんがスプリンクラーとかプリスビーとかいろいろ教えてくれたことが嬉しかった。	物からモノ	色・形→具体物
2	たくさんの死	校長室の前	いつも教室に行くときに通るところ。きれいな花だから。	たくさんの花	花のかたまり。ああ。でてきた花。	いつも学校を観察し泣けどこのアート教室で興味を持った。	物からモノ	色・形→具体物
3	蛇口の行列	蛇口	水を飲む、手を洗う。くつ洗って外に出た時、最初に見つけたから。	蛇口の行列	いつもより長く見える。行列して、水道工場へ行く。	いつもはふつうだけれど、わくにかざるときれいに見えると思いました。	物からコト	空間→コンセプト
4	スパイの試練書	一輪車	一輪車をおくところ。ならんである一輪車をのぞいていてうろがさなっておもしろかったから。	スパイの試練書	ぼうが赤いレーザーのようにで、スパイが試練するところに見えた。	ふだんのぞかない所も、わくにはめてみるといろいろ場所が発見できておもしろかった。	物からコト	色・形→コンセプト
5	動物の椅子	きりかぶ	木がある場所。きれいにあったから。	動物のイス	動物がすわるようなイスに見えた。	枠からのぞいて見るといつもと違う景色が見えました。次は星の形や三角の形などからのぞいてみたいです。	物からモノ	色・形→コンセプト
6	ぼってん	はしら	プレハブや図工室にいくみちのとちゅう。屋根をささえる。	通行禁止	ぼってんだおって。ちゃやだめに美しに見てた。	写真をとってんだからいろいろのなみだかとれるところにもとてもよく写真をとっていると思いました。	物からコト	空間→コンセプト
7	星空と半月	すな場	砂で遊ぶ場所、今は秋なのに、葉っぱが緑だったから。	星空と半月	葉っぱが半月に見えた。砂が星空に見えた。	いつもは、葉っぱはふつうに見えるけど、わくで見ると、葉っぱがほしに見えておもしろかった。	物からバ	色・形→具体物
8	ブタ	マンホールのフタ	ブタみたいだから	完ぺきなブタ	ブタが見えた。ブタみたいな場所に変わった。	わくを使うことによって、いろいろなものがちがうように見えたりして、おもしろかった。	物からモノ	色・形→具体物

表3 児童の作品、ワークシートの記述一覧（2/4）

	作品	タイトル	いつも(Before)	説明	からのぞく(After)	説明	気づき・感想	見立ての構造	着目した特徴的な要素/創出されたアイデアの特性
9		草	そこらへんの草	校庭のうさぎごやとのまど、光があたり、きれいだったから	光のあたる自然	きれいな自然ぽいぽいいけになった。	ふつうのはいけいでも、ちがうように見えた。いつもとはちがうはいけいが見えて楽しかった。	物からコト	ツールで分析的にみる
10		ちきゅう	タイル	うさぎ小屋の所	ちきゅう	水色の部(分)が海に見えて黄色の部分が島に見えてちきゅうだと思った。	この学習をして、ふつうの景色だったのが丸いやつで使ったら、またちがう景色に見えておもしろかったと思った。	物からバ	色・形→具体物
11		マックスのハチのおもちゃ	工事現場のさく	工事しているところしましまで何かの動物に見えると思ったから。	ハチ	ハチがみえた。黒と黄色で丸いからハチに見えた!	"なぜ選んだのか"や"何が見えたのか?"、"なぜどっちに思いついたこととを言葉にするのはむずかしかったです。	物からモノ	色・形→具体物
12		排水口のビスケット	排水口	水が流れるところ。おもしろい形だったから。	サイコロ	しかっけい(正方形)ビスケットに見えた。	日常でもある形をはめれば全然ちがう景色になると知った。	物からモノ	色・形→具体物
13		未記入	木の穴	雨がふると水がたまる。虫がいっぱい見ていつもみんなが見ていない所で何かが見えるかも	暗闇の世界	未記入	未記入	物からコト	空間→コンセプト
14		すさまじい顔	みぞのふた	校庭のすがらない、ふしぎにしている。	顔	ホラーっぽい顔。	ぼくは初めから顔のふたがホラーっぽい顔だと思いました。とってみたら顔ぽくしたがとわかることがとわかりました。	物からモノ	色・形→具体物
15		などのへこみ	かべ	かべのてっぱり(あな!)、ふしぎに思ったから。	マンホール(じゃっかん)	マンホールにじゃっかんまで下がいたときに地面のようなかんじ	いつもあたりまえのようにみているのも、わくわくするだけで全せいちがうようにみえておもしろかったです。	物からモノ	色・形→具体物
16		おくへつづく小人の森	草	いろんな草が生えてて小人の森みたい		おくへつづいているから。草が暗いから。	くらいわくをつかって写真をとると小人がすんでいるみたいでくらを使うだけでこんなに	●	ツールで分析的にみる

202

表3 児童の作品、ワークシートの記述一覧 (3/4)

	作品	タイトル	いつも(Before)	説明	からのぞく(After)	説明	気づき・感想	見立ての構造	着目した特徴的な要素／創出されたアイデアの特性
17		さけぶエジプト大王	くつのあしあと(あしあと)	校庭にあるくつのあしあとで顔に見えたから選んだ。	さけぶエジプト大王	さけんでいるように見えた。そのためただの校庭から、何かを気にして目を見開き、全く反対のものに見えたりするところに変わった。	私は今回のこの授業をして、ふだんはなにも気にしないでいるものも気にして見れば、いろいろなものに見えてくるんだなというのを見つけてみたいです。	場からコト	色・形→コンセプト
18		顔だけだしてるワンコ	校庭のすな	休み時間や、体育の時にあるすなだする名所	顔だけ出してるワンコ	すなについて足あとが大犬に見えたから。	わくだけを使ったら、顔がみえたり、見ることのない、ふしぎな画像みたいなものがみえておもしろかった。	場からモノ	色・形→具体物
19		落ちていた枝	枝	校庭に落ちていた。はじめて見たから選びました。	さいしょてらいています キ	先がギュッと、下がネちゃうく、おいしそうに見えました。	はじめて見た枝を発見です。それに、だんだん見ているものに発見があるかもしれないので、たくさん調べたいと思いました。	物からモノ	色・形→具体物
20		新しい世界	黒板	勉強するために字を書く場所だけど、新しくちがう世界が見えるのではないかと思うから。	小さい世界	ふつう大きい黒板が小さくなって、あたらしい世界がおわっている、こちらがう世界を見ているみたい。	ふつうの黒板がちがうように見え、びっくりしました。こんなにやらえた、またやるときは、もっとみじかみたいです。	■	ツールで分析的にみる
21		雲と光と太陽	雲と太陽	太陽はいつもみんなをてらしてくれて、雲はみんながつくなりすきないようにぶせいでくれる。	光	太陽がすごい光っていて、そこに雲でさえぎって、ここに光が生まれる。だからタイトルは光！	いつもなにも思わずに見ている太陽だけど、から通して見ると、光が強すぎてわからはみだしてしまうような光だから、すごいと思った！	物からコト	場が持つ意味→コンセプト
22		木	心霊しゃしん	心がおだやかになったから、ふだんは、行かないけどきまうみぶんになったから。	休む	木のぼりで休めるから。	未記入	★	直感？
23		道	水道	手をあらう所。いつも水はみないけど気になったから。	水の道	光みたいなものも水に落ちてる。道みたいに落ちていに、まっすぐ下にのびている。	いつも見えている場所でも枠からのぞくと、ちがうけしきに見えるですごかった。	場からコト	色・形→具体物

第11章　ワクの外に何が見える？　203

表 3 児童の作品、ワークシートの記述一覧（4/4）

作品	タイトル	いつも(Before)	説明	からのぞく(After)	説明	気づき・感想	見立ての構造	着目した特徴的な要素／創出されたアイデアの特性
24	平行四辺形	植物だな	直感的に選んだ	平行四辺形	今までに見たことがなかった	中心にある形が平行四辺形に見えた。	物からモノ	色・形→具体物
25	無限ループ	じゃ口	水を飲む、うがい手を洗うだけじゃなくて違う世界も見えるんじゃないかと思った。	無限ループ	排水口を通って水道へ行って海へ行って雨になって上へ水道へ行ってまた自分の口へ…これはえらくれしものだけが口へ入ってくるのだと思った。無限ループ	いつもと違う世界が見えて楽しくなりました。いつも今日は違うへ変化してみるのだからは一つに注目してみたいなとらんから思いました。	物からコト	場が持つ意味→コンセプト
26	荒地の向こうの草原	階段の下	めだたない、石がまってたくおくの葉がよくみえてきれいと思ったから。	荒地の向こうの草原	手前のコンクリートが思ったよりすごくめだったよ。コンクリートにさわれて荒地が入ってて荒地に見えた。	黒と白が変わるだけで写真のいんしょうが全然変わって面白い	物からバ	色・形→具体物
27	麦わら帽子	木	ふつうの木とは少し違っててモサモサしているプつうの木のとは違うのでこうどうかなと思った。	麦わら帽子	帽子のつばの部分が麦わら帽子のようにみえて…わら帽子に見えた。	ただの木なのに、麦わら帽子に見えてくるのがおどろいた。	物からモノ	色・形→具体物
28	葉と森	葉	いつもの帰り道やふだん見ている道に葉があるから、わくわくから見てみると「どんなふうに見えるのかなあ」と思った。	森	葉っぱの一まいまいがよう…な形がよくわかった。森みたいになりました。葉っぱが集合していてきれい。	ふだん見ている場所や物を、ちょっとしたことでいつもともっと見えることとして見えることとしてもおもしろかった！	物からコト	ツールで分析的にみる
29	記入なし	さく・てんらくぼうし	みるかくどをかえるときれいだから	さく・てんらくぼうし	ぼうらどうつえんのさくのぼう	かくどをかえてみるとけしきがかわることをしってそうなんだ	▲	ツールで分析的にみる
30	どこかの星	朝礼台のうら	朝会などで先生が立つ場所、うら側が気	どこかの星	星っぽく見えた。（生命がまだ無い星）黒い紙が宇	いつも何気なかったことが少し変えるだけで全く違うものになると思う	物からバ	色・形→具体物

徴に類似した何かを見立てた活動が展開されたと説明ができる。一方で，No. 5「動物のイス」のように切り株の形の特徴からイスを連想した上で「動物」が使うというイメージを加えた児童もいた。

「物」から「コト」へ（8名）

No. 4は，一輪車の車輪のスポークが入り組む様子を赤外線に見立てて「スパイの試練所」という想像上の異空間を構想している。このカテゴリでは，空間の造形的な特徴や，場が持つ意味を新たに解釈することで新たなコンセプトを生み出している。No. 9とNo. 29は，紙枠を虫眼鏡のように用いてみたい範囲をじっくりと観賞することで広がった世界観について語っている。

「物」から「バ」へ（3名）

対象物の色や形にフォーカスし，その中に何らかの世界観を見出していた。

「場」から「コト」へ（2名）

No. 17「さけぶエジプト大王」では校庭の砂地にできた足跡の見立てについて「(...)さけんでいる人が偉い人に見えた。そのためただの校庭からとてもごうかなところにかわった」と記述している。表象の見立てからその場に物語を生み出している。

「場」から「コト」へ（2名）

No. 17「さけぶエジプト大王」では校庭の砂地にできた足跡の見立てについて「(…)さけんでいる人が偉い人に見えた。そのためただの校庭からとてもごうかなところにかわった」と記述している。表象の見立てからその場に物語を生み出している。

「場」から「モノ」／「バ」へ（各1名）

　場の色や形の特徴から，イメージを生成している。

　分類不可のもの（4件，表中の●★▲■）

　見立ては起きず，自分自身が気になったり美しさを感じたりした場所を紙枠で切り取り，それに対して説明している。

(2)　活動の姿から

　今回設定した環境において児童らの多くは，具体的な物や場の雰囲気などからモノやコトへ「見立てる」活動を展開した。ワークショップデザインの意図である「視界の先につながっている／連なっているボーダレスな世界に自ら境界線を引くことでつくりだされた領域内に目を向ける「焦点化」，「切れ目のない世界＝日常に，直感的・意図的に与えた区切りによって現れた非日常に目を向けること」は概ね達成されていたが，その先に広がるイメージの世界をアウトプットできる仕組み（ワークシートの項目，ワークシート以外の方法など）を準備することが不足していたと考える。併せて，最終的にひとり1枚の写真を出力しているが，グループに1台準備したタブレット端末からは印刷されなかった複数の風景や，枠の中に入れる対象の大きさを変えたものなどが多数保存されていた。児童自身が，心惹かれる（気になる）情景にファインダーを向け，撮影された画像をタブレット上で吟味し，最終的に印刷する1枚を決めていたということである。もし，児童ひとりひとりに端末を渡すことが可能であった場合，それぞれの視点やその変化など，最終的に選択した1枚の写真に至るまでの探究のプロセスをビジュアル化することができた可能性が考えられる。

(3)　課題——児童の探究する姿と受容者の必要性

　本実践において，児童は紙枠を片手に構内を散策し，様々な風景や物に紙枠をかざし，切り取る対象や切り取り方を吟味する児童の様子からは，児童自身それぞれの美的価値観に基づきながら主題を探すための探究活動として

とらえることができた。多くの児童が，「類似の発見ないしは，類似の設定によって結びつけ，それによって主題となっているものに新たな《物の見方》を適用し，新しい意味を（または忘れられていた意味を）受け手に認識させる」(尼崎, 1988) という「見立て」の手法により活動を展開していた。一方で，①自分が何を感じたのか，考えたのかをふりかえることや，②①を整理しながら記述で表現することに困難さを感じている児童もいた。美的・創造的な探究活動が非言語領域で暗黙的・身体的に進められる活動であったとしても，学習者自身が学びを自覚するためには，やはり言語化の作業は避けられない。学生ファシリテータや教員，児童同士で対話することで児童自身のふり返りが促され，キャプションの記述に反映することができていたことからも，「芸術に基づく探究活動」において創造的な対話役が必要なのではないかと考える。

5. アートによる探究の実践化に向けて

　今回の実践で設計した学習環境では，クラスの約3分の1が「見立て」による方法で活動を進めていた。その一方で，対象から想起されたコンセプチュアルな領域でイメージを広げる児童の姿や，散策することなく「ピンときた」風景に対し直感的に写真撮影をする児童の姿も散見された。つまり，こちらが「ていねいに」準備し，想定していた思考や探究のプロセスを越えた活動を展開した児童がいたということである。この結果を踏まえた課題として，以下の2点を挙げたい。

⑴ ABRのプロセスとラーニング・フレームワークの採用バランスをどのように考えるか

　芸術に基づく探究活動は，学習者ごとに異なるプロセスを経ることになる。本実践でも，授業者の想定を越えたしていた活動よりも広がりのある探究活動が展開されていた。学習者の学びの個別性（多様性）を重視したラーニングの展開を想定したアート・ワークショップのようなオープンエンドな課題構造とABRは親和性が高いと考えられる。その場合，学

習者自身のふりかえり評価の対象とした教育実践を想定する場合は，芸術や探究，それに付随する知識の活用方法など，学習者のレディネスに左右されるため，探究の質や量を保証するためには，ラーニング・フレームワークを準備する必要性がある。高木ほか(2015)が認知科学的視点によるケーススタディから現代アーティストの創造プロセスを明示したように，ABRのおおまかな認知プロセスを形式化（一般化）し，その枠組みに基づいて教育実践活動を構造化することも検討する必要性があると考える。

(2) 芸術的探究を可能とする課題構造の検討

ABRの教育実践化やABERの実践では，「芸術的探究」の活動を通して子どもの発達や資質・能力の育成に向けて教育的目標やねらいを設定することになる。すなわち，芸術的探究でなければ達成できない課題構造を検討するということである。今回の実践を終えてみて，探究活動が持続性のあるサイクルで展開していくこと，活動のどのフェーズ，プロセスにおいても探究的性格をもつアクティビティが位置付けられていることが検討課題として挙げられた。今後は，本実践で児童たちが見つけたいつもの風景の中の「ちがい」を探究の主題とし，次の探究のサイクルをつくりだすためのさらに次のフェーズで深めていくための活動デザインを考えていきたい。

文献

磯崎新(1990)『見立ての手法』, 鹿島出版会

高木紀久子, 河瀬彰宏, 横地早知子, 岡田猛(2015)「現代美術家の作品コンセプト生成過程の解明―インタビューデータの計量的分析に基づいたケーススタディ―」, 認知科学22(2), 235-253

第**12**章

偶然を積極的に肯定する
見えているようで見えていない色を見つける

生井亮司

1. 実践の意図

　本実践は様々な偶然性に巻き込まれることをきっかけにこれまで気づかなかったことに気づいていくことを通して世界の見え方を複眼的にしていくことを目的としたアート活動である。一般的な発達の理論では「分からなかったものが分かるようになること」が目指される。一方，本実践の目指すところは「分かっていると思っていることが分からなくなる」ような活動である。言い換えるならば「分かる」とは何かを考えるようなものでもあるし，図工を通して「分かる」とは何かに気づいていくことでもある。また，そうした体験を通して世界の豊かさや，私たちが生きることや存在していることの「自由」を感じ取ることを目指している。

　ところで，私たちは世界の物事には意味があると思っている。そして，その全ての意味を理解することなどできないとしながらも，意味は確かに存在し，分析や経験を続けていけばその真理のようなものに辿りつけると思っている。

　例えば目の前に一つの「りんご」があるとする。私たちは「りんご」の意味を知っている，と思っている。それは「食べられるもの」であったり「赤い色をしている」「どこどこで獲ることができる」などといったように。しかし，よく考えてみると，私たちが知っているのは，りんごについての幾つかの意味，ということでしかない（あるいは私にとっての意味）。つまり有限化された意味で

あるにもかかわらず意味を知っていると思っているのである。もちろん有限化を否定しているわけではないし，有限化は生きることをスマートにする。しかし，同時に私たちはりんごの意味はどこまでも多義的で終わりなく析出されてしまうということも知っている。つまり，意味は無限に増殖していくということを。とはいえ，意味は無限に増殖していくが，私たちにはいつかその意味をすべて理解することができるとも思っているのである。とても不思議でもあるが，こうした意識のあり方は近代的な意識や科学的な知性を生み出してきたといえるだろう。それは，対象（物）を分解し，どこまでも細分化していくことでその意味を明らかにすることができるという態度であり，まだ意味になりえていない意味が絶えずクラインの壺のように現実界から生成してくるという近代の思考の構造である。こうした構造をコギトが支えているのである。

　ところが，その意味は本当に細分化することで明らかになるか。物質を素粒子やクォークといった最小の単位にまで分解したところで，そこにほんとうの意味が書かれているわけではない。むしろ，そこにあるのは底の抜けたvoid（空虚）である。そして，私たちはvoidの先に意味の外部，あるいは物自体を見出すことになるのであるのであろう。しかしながら，意味の外部や物自体は単に意味をどこまでも問い続けることで辿りつけるような地続きの世界ではない。そうではなくて，意味があるはずであるという意識自体を手放すという，ある種の跳躍によってしか辿りつけない世界なのである。そうした跳躍は図工によって可能になるのではないか。そのことへの期待が本実践の意図である。

2. 活動の展開

　はじめに「りんごは何色か」という簡単な問いをきっかけにしながら図工的な探究と科学的（理科的）な探究の違いについて簡単なレクチャーと対話を行い「何色」と一言では表せないほど無限に色が存在しているということや，「赤色」と言っても人によってイメージする色に違いがあることをクラス全体で共有した。

次に制作の展開をおおよそ説明し作業に進んだ。まず，はじめに二人組のペアーを作った。児童一人ずつには「中に何色が入っているか分からないように細工した絵の具セット（12色）を配布した。(図1)

図1　中の色が分からないようにした絵具セット　　　図2　制作の様子

　児童は配布された絵の具の中から直感的に2色を選びパレットに絵の具を出して混色する。混色をする際の配分については特別な指定は行わなかったが，ほとんどの児童はおよそ等量ずつをパレットに出し混色を行っていた（図2）。混色をする際に最も注意したことは，「決しておしゃべりをしてはいけない」ということである。それは混色する際の「心の動き」を大切にしたいからである。例えば，それまでに混色した経験のある色や，青色と黄色を混色すると緑色になるといったすでに知っていることではない色を混色する際に感じる「あ！」や「え！」あるいは「きれい」や「きたない」と感じる自分自身に気づいて欲しいからである。

　次に，時間的な制約の都合上，今回は事前にスタッフが用意した「全く意味のない形」の用紙から，「なんとなく色に合う形」を選び混色した色を彩色した。続けて，ペアーとなっている児童と最初に選んだ2色のうち1色を交換し，混色を行い，同様の手順で彩色を行った。

　次に出来た2枚の用紙を持って校舎の外に出て同じ色の場所やものを探した。当日，校舎内では図工の作品展が開催されており，校舎内は日常とは違い色彩が溢れていた。そのため，あえて一見すると色が少ないと思われる校舎外（グランドなど）での色探しを行った（図3）。色が見つけられたらスタッフ

第12章　偶然を積極的に肯定する　　211

によって写真撮影を行った。撮影が終わり教室に戻った児童からチェキプリンターによって写真を現像し，各自が作った色の名前を考えてみた。色の名前を考える際には，場所にこだわることなく自由に詩的な名前，面白い名前を考えても良いと伝えた。

最後に，車座になって各自が考えた「色の名前」とみつけた場所を共有するとともに，今回の活動のふりかえり，色について考えたことなどについての対話を行った

図3　色探しをし撮影している様子

3. 活動の結果

　偶然選んだ2色の混色によってできる色が自分の好みの色ではなかった場合に色探しに積極性が弱くなるのではないかと危惧したが，むしろ結果は逆であったように思われる。いわゆる「きれいな色」ではない色，「赤」「青」「黄」「ピンク」などといった原色ではなく，少しくすんだ色，（混色しているので当然だが色の彩度は落ちる）などの方が，実は探すという行為において面白みがあったということである。それは，なかなか見つけられないものを探そうとすることによって，児童自身も色によって現れてくる世界に巻き込まれていたということである。最初はなかなか見つけられず，「色がない」と発言していた児童たちも，時間が進むにつれて，次々に色を発見できるようになっていた姿からも見出すことができた。このような結果を見てみると，今回は2色を混色したが，混色の回数を増やすことや，作る色の数を増やしてみることで「色によって場所を見ること」の深度は進んでいくのではないかと思われた。

　それから，今回は色を探すことで時間的に限界であったが，意味のない形をもとに形を探す，ということも可能であったのはないかと思われるが，今後の展開としたい。

　最後に行った哲学対話の手法によるふりかえりでは，児童全員が色探しという探究の中で感じたことを言葉によって語ることができた。偶然に作られ

図4　哲学対話のあとの鑑賞

た色によって色探しをしていくことによって，色はどこかにあるのではなく，世界はすでに色に満たされている，ということを共有することができたのではないかと考えている。

4. 活動の考察と図工における探究の理論
―偶然性に巻き込まれることによる探究―

　今回の実践のキーワードは偶然性を偶然性のままに楽しむ活動であったということができる。偶然性を楽しむとは，言い換えるならば，それまで見たことのなかった世界の姿に出会い，その豊穣な世界の姿の中に身を委ねていくようなことである。しかし，そうした偶然性，いわばメイヤスー（2016）が述べるような「事物それ自体」を思考すること，相関主義の裂け目を抜け出すためには，制作者の主体性をできる限り弱めることが必要な条件となる。そのためにも本実践では制作者の意思や意図ができるだけ介在することのないように注意した。しかし，制作者の意思が全く介在しないのであれば，それは（個人の）表現ではなくなってしまう。だから，私たちがこの実践において試みたのは制作の初めの段階における制作者の意図を弱めることといった方が正しい。そして制作の運動性や偶然性に巻き込まれていく中で，新たに制作者の主体性が浮かびあがるようになることを目指したということである。これはD. アトキンソン（2018）が「生成（becoming）というむしろ不確定な世界においていかになりゆくかを学ぶことである」と述べたように，制作という運動性の只中に巻き込まれることで学ぶことと言える。つまり，その瞬間において何をつかみとっているかが重要な問題なのである。そうであるから，図工において，制作以前に，その活動の目的や正解を示すことは難しい。なぜなら，こうした制作はその過程を経ることによって，新たな自己が生成してくるような事態でもあるから個々によって何をつかみとるかは本来的には制作以前には把握できない。しかしながら，あえて目的を述べるならば，制作者それぞれの答えのようなものを，いや疑問を見つけることとなら言えるのかもしれない。

　世界は常に変化し続けている。その変化，あるいは動きに対応していく術

を学ぶこと，そうしたことを学ぶことが図工において探究し続ける姿なのかもしれない。またそのことは生きることの多様さと自由を実感する契機になるのではないかと考えている。

文献

千葉雅也 (2018).『意味がない無意味』河出書房新社

カンタン・メイヤスー（2016）.『有限性の後で　偶然性の必然性についての試論』人文書院

デニス・アトキンソン「芸術の力・不服従・学び 生を構築すること」小松佳代子訳／今井康雄編著 (2021)『モノの経験の教育学 アート制作から人間形成論へ』東京大学出版会

ティム・インゴルド (2018).『ライフ・オブ・ラインズ　線の生態人類学』フィルムアート社

第13章

学校の軌跡と自分たちの今を写し取る
「時間」を見つけるワークショップの実践

栗山由加

1. 実践の意図

　多くの美術作品は，どのように物事を捉えるかという作家の視点が投影されている。作品の造形からは直接的に見えないかたちであっても，作者の視点は内包されているものではないだろうか。

　本実践では「時間」という概念を，児童が生活の中で多くの時間を過ごす学校という場を通して考え，造形物として表現する活動を試みた。子どもたちは「時間」という目に見えないものを，日常にある風景の中に見つけにいく。どのような視点で「時間」を捉えたのかは，制作された作品に内包されている。目には見えない「時間」を見つけに，これまで見てきた日常とは異なる視点で世界を見てみる探究活動を通して，作品から他者の視点や捉え方の多様さを知ることを目指す。

　実践校であるみなみの小学校は，2017年より中野新明小学校と新山小学校が合併してできた学校である。現在の校舎は，64年前に新山小学校が設立された時につくられたもので，みなみの小学校としては2年目を迎えている。自分たちが生きてきた時間よりもはるかに長い時間を遡り，64年前の設立当時をイメージすることは決して簡単なことではない。今，自分たちが目にしている学校の風景を通して，見たこともない64年前を想像して景色を見つけようとする試みは，日常とは異なる視点で風景を見つめる体験になるのではないだろうか。

「時間」についての探究と造形活動をつなぐ活動として，フロッタージュによる記録という方法を選んだ。フロッタージュはシュルレアリスムの作家マックス・エルンストが始まりとされる技法で，モダンテクニックの一つとして小学校でもよく取り扱われる技法である。低学年でも行える比較的簡単な技法を用いることにより，探究活動の軸となる「場所を探す」ということに集中することができると考えた。

配布した紙は持ち運びや活動時間を考えて A3, A4 サイズとした。造形活動の際にはフロッタージュした紙を素材として取り扱い，「時間」についての探究をかたちにしていく。

フロッタージュは，凹凸の特徴を捉えるが，写し取った部分がそのもののごく一部であると何を写し取ったのかわかりにくいこともある。自分たちがフロッタージュしてきたものがどんなものか，表し方を工夫することは，図画工作の中で培う技能のひとつである。フロッタージュしてきた紙を素材として，どうすれば写し取ってきたものを表現できるかを思考し，創造していく。風景を見る活動の後，時間を超えた視点を造形物として表現する活動へと繋げていく。

2. 活動の展開

まず，実践校の成り立ちについて話し，ゲストティーチャーである筆者と一緒に「この学校の発見と表現をする時間」として活動してもらいたいという旨を伝えた。造形活動だけでなく，思考すること，発見することも図画工作では重要であるという意識を持って探究活動に入ってもらいたかったからである。

4人一組となり，40分間学校の敷地内を歩きながら「創設当時（64年前）からあったと思うものやこと」「自分たちが今を感じるものやこと」をフロッタージュで写し取る。

配布したものは，A3, A4 の紙，コンテ，鉛筆，クレヨン，ハサミ，セロハンテープ，ワークシート 2 種である。ワークシートは「64年前」「今」の 2 種類で，それぞれフロッタージュしたもの・場所・なぜそう思ったかを記録する。

次に教室に戻り，班ごとに4つの机を島にして展示台としてフロッタージュしたものを展示する。自分たちが何を見つけてきたのか，見る人に伝わるようワークシートとともに展示する。フロッタージュしたものは加工や工夫を行うよう声がけを行なった。

最後にグループごとに，どこでどのような「創設当時（64年前）」と「今」を見つけてきたのか，その理由について発表し，鑑賞する時間をとった。

3. 活動の結果

短い時間ながら校内を夢中で探索し，限られた素材で造形活動と展示を行い，もっと時間があればと思うような創造的発見や工夫を目にすることができた。活動の結果を「創設当時（64年前）からあるもの」と「今を感じるもの」に分けて子どもたちの活動の様子を振り返りながら考察する。

(1) 創設当時（64年前）からあったと思うもの

初めは，「創設当時からありそうなものを探す」＝「古そうなものを探す」というイメージを持って活動する児童が多く，「錆びている」「塗装が剥がれている」といった劣化しているものを見つけて写し取る姿が見られた。また，校舎が64年前に設立されたものであることから，建物自体を写し取る様子も多かった。

探究活動を進めていく中，徐々に古びているものを探す以外のアプローチをとる児童の姿が見られるようになってきた。例えば，創設当時の写真を元に当時と同じ場所に行き，ウサギ小屋が当時と同じままだと気付いた児童。探検家のように普段は入らないような倉庫の奥から古びた電球を発掘してきた児童。土に埋まっているものは昔からあるのではないかとマンホールを推理した児童などである（図1）。アプローチ方法に変化が出てきた様子を見て，児童の中で思考の深まりを感じた。

図1　64年前からあったと思うもの（マンホール）

(2) 今を感じるもの

　今を感じるものに対しては新しく購入されたものを選ぶ児童が多く見られた。例えば，クラスに導入されたばかりのPCや電気器具類である。また，学校敷地内の仮設プレハブ校舎の一部など，「買ったばかりだから」「まだ作られたばかりだから」という「新しいもの」だからという視点で選ぶ様子が見られた。児童の中には，「自分が今を感じるもの」として考える様子も見られた。また，自分が使っているロッカーを写し取っている児童もいた。設備としては決して新しいものではないロッカーであるが，これまで何人も使ってきたであろうその場所も，今は自分が使っているというところに「今を感じる」のは興味深い活動だった。

(3) 造形活動と展示の工夫

　フロッタージュしてきたものを素材として，自分たちが見つけてきた「創設当時からあるもの」と「自分たちの今を感じるもの」をどのように表現するか。紙コップやハサミやセロハンテープなど，身近な素材と道具を使った活動であったため，表現方法の試行錯誤に集中することができていた。

　図2は創設当時からあると思ったものとして写し取ってきた古い電球である。見つけた時の状態は倉庫に置かれていたものだったが，展示するにあた

り，上から吊るすことで電球らしさが表現できると考えて配置されており，伝えるための展示が考えられた例である。

図2　古びた電球の展示

図3　水道を写し取る

図4　紙コップで水道を表現

　図3の児童たちは，校庭の水飲み場は創設当時からあると考えてフロッタージュを行なってきたグループである。写し取った部分は紙よりもはるかに大きい上，凹凸だけでは水道であることは伝わりにくく思われたが，フロッタージュした紙に折り目をつけて立体的にしたり，紙コップと組み合わ

せることで水道を表現していた（図4）。細部にまでこだわっており，鑑賞時間には何を表現しているのか他のグループの児童にも伝わっているようであった。

　今を感じるものとして校門をフロッタージュした児童たちもまた，実物のごく一部だけをフロッタージュした。このグループは，フロッタージュする際に門のどの場所を選ぶと門らしさがあるかに注目して場所を選ぶ姿が見られた。そして，門のように立てて展示するにはどんな工夫ができるか，グループ内で意見し合う様子が見られた。

4. 活動の考察

　児童たちの「時間」に対する様々なアプローチの方向性と造形活動での表現方法の広がりを見て，活動時間がもう少し長く取ることができればさらに探究も深まるであろうと強く感じた。

(1) 表現方法の広がり

　実践を計画した当初，新たな視点を持つことに重点を置いていたため，造形活動に充てる時間は15分程度の計画であった。使用できる素材はフロッタージュしてきた紙のほか，紙コップやハサミ，セロハンテープという限られた素材を使っての造形活動とした。しかし，こちらの予想以上に児童たちは自分たちのイメージに近づけようと試行錯誤を行い，工夫をこらす様子が見られた。造形活動時間と材料の種類を増やすことができると，より学年の発達段階に応じた表現力を養う活動になり得ると感じた。

　また，活動中に交わされた児童の発言を拾っていくと，イメージの広がりを感じることができた。例えば同行していた講師によると，校庭の水飲み場で「時間」の探究をしていた児童たちは，創設当時から水飲み場はあったのではないかと話す中で，「60年前の水を飲む」と言って水を飲んだという。この様子を聞き，探究活動から表現活動へと繋げるにあたっては，造形活動だけでなく，身体を使った表現や言葉を使った表現への可能性もあるのだと感じた。

児童の取り組みや，やり取りを丁寧に追っていくことで，児童それぞれの表現方法の広がりに出会うことができ，活動を柔軟に展開していくことも可能となる。

(2) 鑑賞・活動の共有から新たな問いへ

　それぞれの作品を鑑賞し，どのような活動であったかを発表することは自分の見方や考え方を深める。本実践を通して，鑑賞時間の重要性と，そこから思考を深め，自己認識を再構築していくことに繋がる活動の共有について考えさせられた。本実践でいうと，造形作品に対する鑑賞だけでなく，どのような視点で「時間」を捉えたのかということが大きなポイントとなる。「創設当時」という時間を，児童達がどのように捉えたのか，いくつか例を挙げてみる。古びたもの，劣化したものを見つけようとする児童，創設当時の写真を元に当時と同じ場所に行く児童，探検家のように普段は入らないような倉庫の奥から古びた電球を発掘してきた児童，土に埋まっているものは昔からあるのではないかとマンホールを推理した児童もいた。

　同じように，「自分たちが感じる今」をどう捉えたかについても，様々なアプローチがあるはずであるが，活動中の児童の会話などを記録できなかったのが悔やまれる。

　自分たちなりに行った「時間」の探究は，鑑賞の時間を通して他者に共有され，他者の探究もまた自分たちの探求を見返す材料として共有される。児童たちは造形的な表現に対する関心と，何を写し取ったかに対する関心の両方を持って会話をしていた。「どこで見つけたのか」「こうやって作るのは面白いね」など，短い鑑賞時間ではあったが，興味惹かれたものについて会話をする様子が見られた。しかし，小松（2018）が指摘するように，作品制作に基づく省察がABRの大きな特徴であると考えると，それぞれがどのように「時間」を捉えたのか，その違いを浮き彫りにし，省察を深めるための鑑賞と対話をする十分な時間を設けたとは言えなかった。個々で「時間」の捉え方の違いに対する気づきを思わせる対話はあった。だが，どのように「時間」を捉えたのかという視点を持って鑑賞・対話を行うことをあらかじめ呼びかけていれば，

「時間」に対する多様なアプローチを意識して共有することができたであろうし，互いの視点の違いに気づくことができただろう。

　鑑賞・対話の時間を十分にとり，互いに活動内容を共有し合うことは，自分以外の思考や表現に出会うだけでなく，自らに新たな問いを生む機会と深い探究へと繋がるものである。他者の視点や考え方に触れ，表現や捉え方の多様さを知ることをねらいとした本実践では，鑑賞・対話の時間の重要性を強く感じた。造形的な側面から感じとることのほか，制作過程での探究活動にある思考や視点に対する対話を持つことによって，児童の思考や視点を広げ，創造的な力が育むことができるのではないだろうか。

文献
小松佳代子 (2018).『美術教育の可能性：作品制作と芸術的省察』勁草書房

第14章

図工のなかのABR
子どもの脱線における芸術的省察

櫻井あすみ

1. はじめに

　教育現場からの Arts-Based Reseach（ABR）への注目が高まりつつある。
ABRとはそもそも，従来の社会科学的な研究の方式では零れ落ちてしまうよ
うなものを掬い上げるために，芸術作品を制作する際に働く特有の思考様式
を研究の方法として用いるものであるとされる。そうした思考を小松佳代子
（2018）は「芸術的省察」と呼び，Arts-Based Research を「芸術的省察に基づく
研究」と訳している。

　本書でも紹介されている様々な実践が示しているように，教育現場へ ABR
を導入しようとする試みのなかで，具体的に図工・美術の授業へと「どのよう
に ABR を取り入れるか」が課題となっている。だが，図工・美術に「ABR を
取り入れる」とはいったいどういうことだろうか。芸術以外の教科へと ABR
を取り入れようとすることならばむしろ理解しやすい。しかしそもそも芸術
の教科である図工・美術へ「芸術的省察」による探究を「取り入れ」ようと身
構えるのは，いささかねじれた状況であるように思われてならない。果たし
て図工・美術の授業において ABR をするためには，これまでの授業とは違う
何か「新しい」ことをしなければならないのだろうか。

　私はアーティストとして主に絵画を制作・発表する傍ら，私立星野学園小
学校の非常勤講師として図工の現場にも携わっている。その中で，子どもた
ちの行動や発想の中に，自分自身が制作中に考えていることと非常に近い

ものを感じ取ることがある。仮に美術制作そのものがすでに ABR の要素を持つならば，図工・美術の中での子どもたちによる制作のなかにも，それらはすでに存在している（隠されている）のではないか。もしそうであるならば，まずはそれらを丁寧に拾い上げ，その探究の質について考える必要があるはずだ。そして，もしこれまでの図工・美術の授業においてすでに ABR と呼びうるような探究が生じていたにもかかわらず，それらが教師に見過ごされてきたとするならば，それは何故なのかを考えることこそが重要であるだろう。新しい授業を描く必要があるとすれば，それはその先に浮かび上がってくるものなのではないだろうか。

　本論文では，私が小学校での授業のなかで子どもたちのどのような姿にアーティストの思考に近いものの痕跡を見たのか事例を提示し，ABR における探究がどのようなものであるかを考えながら，そうした探究の時間として図工・美術の授業を捉え直していきたい。取り上げる授業は 2019 年に小学 2 年生 2 クラスを対象に行った「ひみつのグアナコ」である。これは私が独自に作成した題材ではなく，図工の教科書（日本造形教育研究会, 2015）に掲載されているものである。

2.　題材からの脱線

「ひみつのグアナコ」は「グアナコ」という実際には存在しない生き物を想像し粘土で造形する題材である。耳慣れない音をしたグアナコという名前は，架空の生き物への子どもたちの関心を高め，その音に合った造形について想像を広げるきっかけとして設定されている。実際に，導入で「グアナコは何に似ていると思いますか」と発問すると，子どもたちはトカゲやヘビ，犬，人間など様々な答を挙げて盛り上がり，その流れで多くの子どもたちが意欲的に制作に入ることができていた。

　題材設定がイメージをふくらませる手助けをする一方で，子どもたちは実際に粘土に触れるなかで，最初に想定していたグアナコのイメージから離れたものを形成していくことがしばしばである。中にはグアナコという設定自体から大きくそれて，好きなものを作り始めているように見える生徒も出て

くる。あまりにも題材に向き合っていないように見える作品は，現行の評価
規準では肯定的に評価することが難しい。しかしそれが本当にただ好きなも
のを作っただけなのか，実はグアナコと思って作ったのか，その境目は非常
に曖昧である[1]。また，グアナコについて明確に意識しながら造形している生
徒であっても，様々な理由で他の生徒には勧めづらい方法による工夫に夢中
になってしまう場合もある。そうした工夫もまた評価が困難となる。これら
は一言でいえば，題材のめあてから離れた「脱線」であると判断されることが
多い。

　しかし作る過程で，素材の感触や特性，思いがけず変化していく形に出会
いながら，イメージや技術が事後的に生成していくという体験は，美術制作
において非常に根源的なものである。そうした出来事は図工の授業の場合，
しばしば題材が想定する範囲をとび超えて生成する。それは「子どもたちを
公平な規準によって評価しなければならない」教師としての立場に立つ限り
では，悩ましいことかもしれないが，教師が自分自身を一人のアーティスト
と捉え，その視点から眺めるならば，むしろ非常に喜ばしいことと感じられ
るのではないだろうか。私が子どもたちと共に驚き，共感を覚えた脱線の例
をいくつか見ていきたい。

Aさんの例：実際に書けるペン

　Aさんの作った作品（図1）は先がとがった太い棒状の形をしている。先端
には真っ赤な色が塗られており，ペンか色鉛筆のようなものを造形している
ように見える。赤い色は，紙粘土が乾燥したあとにクレヨンで塗られたもの
である[2]。彼女は紙粘土に塗ったクレヨンの色が紙に写ることを発見し，実際
に書けるペンを作ったのだ。白い台紙の上に引かれた赤い線は，彼女の驚き
と喜びの痕跡である。彼女の作品は技能を評価するにはシンプルすぎる造形
で，「グアナコ」にどこまで結び付けて発想したのかもわからない。しかし不
思議な迫力がある作品で，他の子どもたちからの人気も高かった。

図1　Aさんの作品

Bくんの例：粘土の染みが作り出した化石

　グアナコは2週にわたって制作し，その間，作品が誰のものかわかるように名前を書いた白い紙の上に置いて乾燥・保管した。その際に粘土の水分によって紙に染みがついてしまった。それは授業計画上想定していなかったもので，通常であれば作品に不必要な「汚れ」として処理されてしまうようなも

図2　Bくんの作品

のである。しかしBくんはその染みが作り出した模様と，ボコボコとした皺の様子に強く興味を惹かれていた。もし汚れた台紙が気になるならば，新しい紙に取り替えてもよいとしていたが，Bくんは紙を替えることなく，模様のまわりを鉛筆でなぞって作品の一部とした（図2）。線を引かれることでその骨のような不思議な形がより強調され，おもしろい作品になっている。さらに粘土作品が映し鏡のように置かれることで，まるで今はもういないグアナコの化石の上に，かつてグアナコが生きていたときの姿が浮かび上がっているようにも見える。

Cさんの例：ボンドの雪を食べるグアナコ

　グアナコの親子が集まっているにぎやかな作品の上に，何か白いものがかかっている（図3）。この白いものの正体は，乾いた紙粘土の接着用に用意していた木工用ボンドである。これは接着剤としてのボンドの用途からは外れた使い方であり，限られた共有材を一人で大量に消費してしまう行為でもある。しかしボンドを白い絵具として「発見」したときの子どもの驚きと感動は素晴らしいものだっただろう。ドロリと垂れて艶やかな光沢があり，乾くと半透明の物体になる点も含めて，ボンドは確かに魅力的な素材でもある。この白いものは彼女にとって「雪」であり，グアナコはそれを食べるのだそう

図3　Cさんの作品

第14章　図工のなかのABR　　229

だ。もともとボンドをかける予定で作ったのではなかったはずのグアナコたちは, まるで始めから雪を待ちわびていたかのように, 嬉しそうに口を開けている。

3. 子どもとアーティストの探究

　これまでの児童作品に見られる脱線は, 彼らが題材によって想定された枠組の外での様々な出来事の生成可能性を排除せずに, 制作に取り組んだということの表れでもある。そして「表現のそれぞれの形式は……それ自身の制約を課し, それ自身のアフォーダンスを提供する。そしてアーティストはそれでなければ「語られ」えなかったものを「語る」媒体の表現的な潜在可能性を開拓する人々である」とバロンとアイスナー (2012, p. 166) が述べるように, この3人の子どもたちはアーティスト的な態度によって, 一つひとつの表現の選択が生む制約とアフォーダンスによって生じた出来事に向き合い, それでなければ「語られ」えないものを作品として生成したのである。グアナコという生き物を作るという設定に囚われていては, 実際に書けるペンの生成に立ち会うことはできない。また, 与えられた粘土だけを素材として見ていては, 紙の染みには気づけないし, ボンドを接着のための道具としてしか考えられなければ, それを白い絵具のようには使えないのである。

　とはいえ, 学校での授業という限られた時間と場においては, 題材や目標の設定が意味を持つのも確かであり, それを否定するわけではない。題材を限定することによって, 特定の素材や技法が持つ固有の制約へと子どもたちの注意を促すことができるし, それでしか生成しえない出来事を教室の中で共有することもできる。しかし題材の設定は, 出来事の生成をその定められた枠の中へと閉じ込めるほどの力を持つべきではないし, もし仮に教師が強固にその力を行使しようとしたとしても, 保持しきれないものではないだろうか。教室の中で出来事は連鎖しながら題材の外へと広がっていき, やがて題材という枠そのものを揺るがしてその内と外を曖昧にしてしまう。それが時に「脱線」として教師の前に現れることになる。そしてそれは教師にとっては「脱線」であるかもしれないが, 実際に制作に取り組む子どもたちに「脱線」

と「本線」の区別などほとんどないように見える。子どもたちはただ目の前で生成していく出来事に等しく向き合い，選択を積み重ねているだけなのである。

　美術制作の過程において，主体は連鎖していく出来事に巻き込まれながら何かを選択し，その選択が新たな出来事の可能性をまた開いていく。出来事との出会いは主体の予定調和的な思考を揺るがし，世界の複雑性をつきつける。世界は見知らぬ世界となり，主体へと問いを投げかけ続ける。主体はそのなかで次の一手を思考することを余儀なくされる。そうしてなされた選択が，また新たな可能性を開いていく。そうした判断の積み重ねのなかに，「芸術的省察」が働いているといえるのではないか。そうして生み出された作品には，その過程で生じた出来事の痕跡が積層している。そのなかには選ばれたものだけでなく，選ばれなかった無数の選択の可能性もまた折り畳まれているのである。それはアーティストの制作でも，子どもの制作でも同じであろう。子どもたちの制作に立ち会っていると，芸術的省察は必ずしも一部のアーティストだけに限られた能力ではなく，子どもにも備わっているものであるように見える。

　では，子どもとアーティストはまったく同じであるといえるのだろうか。もしもABRに必要な判断力が子どもに始めから備わっているのであれば，それを教育の俎上に載せる必要はないであろう。両者の差異について，現時点で私が考えていることを挙げるとするならば，子どもの制作における探究はその場そのときの出来事に応じて散発的に生じるのに対して，アーティストはそれぞれ継続的な問いを抱えており，より能動的な探究意志のもとに制作へと向かっているということがいえるのではないか。そして，子どもたちは必ずしも「脱線」しているという意識を明確に持たずに作るが，アーティストは意図的に内から外へと視点をずらし，「脱線」の状態を作り出すことができるともいえるだろう。アーティストは予測的な視点を揺るがすような出来事を積極的に受け入れ，新しい発見を積み重ねながら，イメージを修正，あるいは覆しつつ最終的な作品を決定していく。そこにより高度な判断に基づく芸術的省察が働くことになる。図工・美術の授業はそうしたより意識的で

複雑な探究を自ら立ち上げ，継続していくためのレッスンといえるのではないか。

4. おわりに——ABR による教室の危機と可能性

　教師が一定の枠組の中で目標に沿った成果を求めて授業を運営しようとする限り，「脱線」の広がりは予定調和な進行を妨げる「危機」として映る。私自身，まだ少ない教師経験のなかで，そのような「危機」に何度も立ち合い，アーティストとしての喜びと教師としての困惑という相反する感情を抱え，戸惑いながら授業を行ってきた。それらの脱線すべてにうまく対処できたとはてもいえない。しかし，ABR の目的は「最終的な意味を提供するというよりも，重大な問いを引き起こし対話を生成すること」(Barone & Eisner, 2012, p, 166) であるとされる。子どもたちの脱線は彼ら自身にとってだけでなく，教師にとっても予想外の出来事として生じ，教室に対話を生成し，子どもと教師の双方に世界の新たな一面を見せ，現行の評価方法と授業の在り方にまで問いを投げかける。ABR の場として授業を捉えるなら，教師が戸惑うような脱線が連鎖的に生成していくことは，むしろその成功を示しているといえるのではないか。子どもたちは素材と戯れ，予測不能な出来事に巻き込まれながら作る体験を重ねていくなかで，アーティストに近い探究をしており，芸術的省察を働かせている。そのような探究の経験が可能な場と時間，きっかけを子どもに提供し続けることこそが，学校教育における図工・美術の重要な役割の一つといえるのかもしれない。そしてそのように考えた場合，必ずしも ABR をするために新しい題材を取り入れようとしなくてもよいだろう。従来の授業での制作においても，いたるところにそれは潜んでいる。

　ABR の教師は子どもたちとともに探究するアーティストとして，そこで生成する脱線を含んだ出来事を掬い上げる眼差しを持たなくてはならないだろう。さらに重要なのは，そのとき「教師でありアーティストである者」として，どのようにふるまうかではないだろうか。もしそうしたふるまいを困難にするような何かが図工・美術の現場にあるとするならば，その方が授業の題材よりもまず先に考える必要のある，大きな課題であるように思われる。そし

てそれはおそらく，計画された未来に到達するよりも予想外の出会いと問いの生成を求めるABRと，現行の学校教育における目標主義や計量的な評価方法とがうまくなじまないことに原因の一つがあるのだろう。

　ABRは「測定不可能な意味を捕まえ」，「社会的事象の意味を追求し解釈する慣習的な，常識的な，典型的な方法について問いを生成する」（Barone & Eisner, p. 167）ものであるがゆえに，現行の評価システムを含む学校教育の根本的な枠組みそのものを問いの俎上に載せていくことは必然である。しかしそれは現状の学校教育を全否定することではけっしてない。ABRが従来的な知性や科学的研究を否定するものではなく，それらが取りこぼしてきたものを掬い取るものであるように，図工・美術が育もうとする芸術的な知性は科学的な知性の教育と両軸で進められるべきものであるだろう。言葉で記すのは簡単であるが，実際に教育の現場に立っているといかにそれが難しいことであるかを痛感する日々である。一人のアーティストとして，そして教師として，自分自身の課題としてこのことを考え続けていきたい。

謝辞

　今回の研究にご協力いただいた星野学園小学校の星野誠校長先生，図工科主任の佐藤友三先生（当時），日頃からお世話になっている教員の皆様，そしてともに学び歩ませてくれた生徒たちに心より感謝申し上げます。

文献

Barone, T., & Eisner, E. W. (2012). *Arts Based Research*. CA: Sage.
小松佳代子編著 (2018).『美術教育の可能性：作品制作と芸術的省察』勁草書房
日本造形教育研究会 (2015).『みんなおいでよ：ずがこうさく 1・2 下』開隆堂出版

註

1　例えばソフトクリームやキャンディなどの形を作った生徒は，それらは食べものの形をしたグアナコで，お菓子屋さんに住んでおり，買いに来た人にいたずらをするのだと説明してくれた。

2 教科書では土粘土が使われていたが，授業では褐色の紙粘土を使って造形し，乾いた後にクレヨンで着色してもよいようにした。

第 15 章

ABR 黎明期にある我が国の受け止めと学校教育実践に向けた展望
執筆者による座談会

日時　：2021年11月11日（木）20：00〜22：30
方法　：ZOOMオンライン
参加者：次の通り

上段左から：池田吏志（広島大学），笠原広一（東京学芸大学），手塚千尋（明治学院大学），
　　　　　　櫻井あすみ（川口短期大学・星野学園小学校）
中段左から：小室明久（中部学院大学短期大学部），岩永啓司（北海道教育大学），
　　　　　　吉川暢子（香川大学），栗山由加（東京家政大学・東京成徳大学・玉川大学）
下段左から：和久井智洋（小学校教諭・東京学芸大学教職大学院），
　　　　　　森本　謙（ブリティッシュコロンビア大学博士課程），生井亮司（武蔵野大学）

※（　）内は，2021年時点の所属・勤務先

座談会の主旨

池田：今回は，笠原科研のABR書籍第2巻座談会ということで，執筆者の皆さんに，お集まりいただきました。今日の座談会ではぜひ，書籍に書かれていないことを中心に，実践を通してご自身が大事だと思われたことをお話いただきたいと思います。

　それからもう一つ。1990年代初めにアイスナーがABRを提唱してから約30年がたって，特に2000年代半ば以降は，爆発的にABRの研究や論文が増えています。それが日本に入ってきて，今回は笠原先生を中心に研究・実践を進めていただいてるんですけれども，日本の教育分野では，ABRの研究はこれからという段階かと思います。その中で，いわゆる私たち（まだ若手とか中堅とかといわれる世代の人達ですけども）が，新しく入ってきた理論やムーブメントに対して，それをどのように受け止め，どのように展開しようとしたかという黎明期の雰囲気のようなものが読んでくださる方に伝わればいいかなと思っています。

1. ABRとの出会い

池田：自己紹介を兼ねて，ご所属，研究テーマ，それからABRとの出会いについてお話ください。まず笠原先生から。出会ったきっかけやこれまでの経緯を少し詳しくお話ください。

"理解"を超えるために

笠原：東京学芸大学の**笠原広一**です。ABRとの出会いですが，馴れ初めということですね。一つは，自身の博士論文の研究で，アートのワークショップの体験をエピソード記述で考察するという質的研究の方法を使ったんですけれども，その時は，アートの体験のプロセスを理解したいと思って研究をしていました。その理解は，子ども理解でもあるし実践理解でもある

んですけど，あくまでも“理解”なんですね。でも，そこにアートが関
わることは，単にそこで起こってることを私が理解するだけでは足り
ないんじゃないかという気がすごくしていました。広い意味で美術教
育の実践の研究なんだけれど，そこにアートがないという。活動自体
は造形の表現活動なんだけど，研究とアートがどこか繋がっていない
なと思っていたんです。その時に，たまたま質的研究の書籍の中で，ア
イスナー，バロンのアートベース・リサーチというのがあるというの
を読んで，それは何だろうって調べ始めたのが始まりです。

それと同時に，2008 年の InSEA（International Society for Education
Through Art）大阪大会のときに知り合った海外の先生方がここ 10
年ほど Arts-based approaches ということで，多感覚的な表現を通し
て，例えば，自然であるとか，美術，音楽，エコロジーの活動をホリス
ティックに実践していくアプローチに取り組んでいたんです。そのと
きに，アートが今までとは違う別の方法論だったり，活用のされ方を
しているのを，実際に入って見せてもらいました。その際，どう捉え
ていいか分からないものに関わっていくときに，実は，アートによる
表現形式というのは，すごく意味があるのかなと思ったということも
きっかけの一つです。

学会でのリタ先生への質問から国際共同研究へ

笠原：それで，2014 年に，またメルボルンにお邪魔したときに，ちょうど
　　　InSEA のメルボルン大会があって，そこで手塚先生や池田先生とも出
　　　会ったんですけれども，そのときに ABR の発表を聞いたんですね。当
　　　時，前任の大学の幼児教育講座で Arts-based approach を調べたり，見
　　　よう見まねで授業でやってたんですけど，大学の中でどうやっていけ
　　　ばいいのか考えていたので，学会で大学での実践を発表された方に質
　　　問したんですね。すると，大学での ABR の実践はまだ手探りなんだと
　　　いう話を聞いて，その時，たまたまその方が，会場にリタ先生がいらっ
　　　しゃるからリタ先生に一緒に質問しに行こうって言われて，そこがリ

タ先生との出会いです。そしたら，学ぶんだったら一緒にやって，やることを通して学んでいくのがいいんじゃないかとご提案いただきました。確かに，日本で読めるABRの本，アートグラフィーも含め当時は無かったということもありましたし，一緒に学びながら，これを日本でも発信しながら進めていくのはいいんじゃないかという話をそこでしました。これが，後の国際共同研究に繋がっています。

その後，リタ先生に日本に来ていただいたり，また，森本さんにも日本に来ていただいたり，また科研の先生方とも一緒に考えていったり，いろんな機会を少しずつ持ちながら，いわゆる自己表現という意味での美術だけじゃない，実はアートの特性に根差した可能性っていうのは，個人と社会をつなぐといいますか，ABRというのはそこと重なるなと考えていました。折しも探究的な学習や教科横断といったことも言われ始めていて，その中でアートを軸にして何か提起できるような考え方や方法を提示できたらと思いました。

四半世紀のギャップ：共に考え可能性をひらく

笠原：それからもう一つ，ABRを知ったときに衝撃だったのが，私も海外に目を向けなかったことが原因ですけども，それこそ二十数年，四半世紀そういった議論が続けられてきてたことを知らなかったわけですね。リタ先生や他の方もそうですけど，美術教育の可能性，アートと人と社会の可能性というのを自由に生み出すことを，リサーチとして取り組んでいることがすごく新鮮で，さらにそれを一緒に模索しながらやっている世界の研究者の動きに感銘を受け，刺激を受けました。

ですから，単にABRを学んで日本に取り入れて紹介して応用しようということではなくて，今回，森本さんも含めリタ先生たちにいろいろ声掛けいただいたこともそうですが，世界の人達と一緒に考えながらつくっていくことに自分たちも参画していくことが，これからの時代，非常に大事なのかなと思っています。

ABRに我々が取り組むということは，学術的な議論や実践のアプロー

チを学んだり考えたりすることではあるんですけど，美術教育に限らず，教育と研究を通して何か世界に新しい可能性を広げていくという非常に重要な取り組みの一つだと感じています。

これがABRとの出会いと，出会いを通して今考えていることです。

参加者の自己紹介とABRとの出会い

池田：ありがとうございました。ここからは順番で，吉川先生お願いします。

吉川：香川大学の**吉川暢子**です。私は，専門は幼児造形で，親子のワークショップ等の研究をしています。ABRとの出会いは，日本色彩研究所の『色彩ワークショップ』という本の一つで，地域の色をテーマにした探求型学習をやってみようということで，私のいる香川と岩永先生がいらっしゃる北海道の土を集めて，それぞれの土の色から絵を描いたり，地域を知るという活動をしました。そこがABRとの出会いというか，香川の実践で土を使って遊んでみようという題材に結び付いたきっかけになっています。

手塚：明治学院大学の**手塚千尋**です。研究のテーマは学習環境デザインで，Design-based researchによる実践研究など学習科学という分野から美術教育の学びを捉える研究をしています。ABRとの出会いは，2016年にヘルシンキで行われた第5回のABRの国際カンファレンス (5th Conference on Arts-Based Research and Artistic Research) に参加したのがきっかけです。当時、学習論寄りの発想に凝り固まっていた美術教育を捉える視点を広げようと思って。そこで、たまたま同じトラムに乗車していたのが笠原先生でした。その前に空港でお会いしていた小松先生とも会場でお会いしました。そのときは、まだ全然ABRを知らなかったので、小松先生と笠原先生に

横で解説をしていただいたりもしました。たくさんの多様な発表を聞くことを通して、感覚的にABRを理解するということから始まりました。

岩永：北海道教育大学の旭川校の**岩永啓司**です。彫刻を担当しています。ABRという言葉を耳にしたのは，手塚先生が勤務されてる明治学院大学で笠原先生とお会いして，初めての実践を北海道でやってみませんかっていうお話をいただいたときです。最初は「ABRってなんですか？」，「これから一緒に考えましょう！」という所から始まりました。私はちょうど研究職に就いた時期で，主に実技の制作や実践研究が中心だったんですけど，理論的なものを研究者と共有できるというところに，すごくわくわくしたというのが当時の心境です。

小室：岐阜県にある中部学院大学短期大学部の幼児教育学科で助教をしています，**小室明久**です。研究テーマは幼児造形で，子どもたちと一緒に活動しながら研究に取り組んでいます。ABRとの出会いは，大学院生の時に笠原研究室に所属していたことがきっかけです。在学中にはバルセロナ大学のヘルナンデス先生やブリティッシュコロンビア大学のリタ先生の講演を聴いたり，ワークショップを受けたりする機会があり，ABRに触れました。また，笠原先生とご一緒させていただく中で，先生方と一緒に実践できたりABRについて学べたりしています。

生井：武蔵野大学の**生井亮司**と申します。私は，美術制作をしながら，制作者だけが気付いているような過程の中にある何かが，美術教育にとっては非常に重要な意味を持つのではないかと考え，それを哲学的な言説を基に読み解いていく研究をしてきました。また，大学では幼児の制作プロセスにおける制作者自身の変容や物の見方の変容がどのように起こるのかを考えてきました。

ABRとの出会いは，確たるものは特になくて，小松先生と科研を続けてきてたんですけども，あるときからABRという言葉が出始めて，学芸大にヘルナンデス先生が来るから行きましょうということになり，気付いたらABRという研究の中に巻き込まれていたという感じです。そういう中で自分が考えていた美術制作プロセスの研究と，アートをベースにしたリサーチやアート的に探究するということが，どこかで重なっていくんじゃないかというところに非常に期待を持って関わってきました。

ただ，いわゆる普通の制作とABRの制作は，どこがどう違っていて，また重なるのかは，いまだにうまく言葉にできない状態です。これから少しずつ明らかにされていくとABRが，より意味を持つと感じています。

栗山：東京家政大学と東京成徳大学と玉川大学で非常勤をしていて，本年度は，東京学芸大学の個人研究員をしています**栗山由加**です。私は絵画制作をしながら教育実践を行っています。専門は，幼児の造形活動における場づくりや相互関係の研究をしていて，中でも幼児の探究活動で見られる表現に関心を持っています。

ABRとの出会いは，生井先生と同じく大学院でお世話になった小松先生の研究会です。いつからかABRというワードが出るようになって，すごく気になっていたんですけど，全くどういうことかがつかめない

状態が続きました。ただ，つかめないながらも，自分の中にアートや，探究，リサーチという言葉がキーワードとしてあったので，それらを繋げるものとして，ABR が何か新しい可能性があるんじゃないかというのを感じています。

櫻井：埼玉県の星野学園小学校で図工の講師をしております。また今年から川口短期大学のこども学科で，幼稚園の先生や保育士志望の学生にも図工を教えております，**櫻井あすみ**と申します。美術家としての専門は，日本画の画材を使った絵画制作です。研究者としては，制作者としての制作実感や，図工の現場での子どもたちとの触れ合いを基にして，アーティストの制作や ABR の探究において働く思考や知性が持つ性質について考えています。

ABR との出会いは，東京芸術大学の大学院生時代に美術教育研究室に小松佳代子先生がいらっしゃって，小松先生がちょうど ABR と出会ってすぐの頃に，研究室で紹介してくださいました。まだ小松先生も ABR のことがよく分からず，学生たちも一緒になって，それを考えていったという感じです。そういったことを踏まえて書いた修士論文を基に，小松先生が出版した『美術教育の可能性』[1]という ABR に関する本にも共著者の一人として執筆させていただいて，ずっと ABR について考え続けています。

森本：ブリティッシュコロンビア大学の博士課程の**森本謙**です。春から東京学芸大学の個人研究員としてお世話になってます。先日，リサーチ・クエスチョンのない博論を書くことの了承が出たので，僕もよく分からないんですが，リサーチ・クエスチョンのない博論を書こうって頑張ってるところです。

ABR との出会いは，国際基督教大学で修士号の研究を

してるときに，たまたまテーマが美術教育になって，そこから小松先生と以前からご縁があったんで，学会に行ったときにABRっていうものがあるんですよという紹介を受けて，そこで，びっくりしたんです。考察や分析以外に，そのままアートをすることで美術教育の研究が成り立つんだなという発見があって，自分とはあまり関係ないものなんだろうなと思っていたら，そこから笠原先生と出会い，そしてリタと出会い，今に至って，よく分からないリサーチ・クエスチョンのない博論を書いてるという，そのような経緯です。

和久井：東京都の小学校で図工専科をしています，**和久井智洋**と申します。本年度，東京学芸大学の教職大学院に派遣されて，笠原先生のゼミで芸術表現の評価やカリキュラムとABRとのつながりを研究しています。ABRとの出会いは，『美術教育の可能性』という小松先生の本を読んで面白いなと思っていたときに，ちょうど大学院のゼミの先生をどなたにしようかという時期で，そこから，笠原先生ということになり，今年ずっとお世話になっております。

池田：では，最後に。本日司会をさせていただきます，広島大学の**池田吏志**です。障害とアートの交点を研究分野にしています。ABRとの出会いは，2017年のInSEA大邱大会でABRの集中的なセッションを聞いたことが始まりです。その翌年に笠原先生が，アートグラフィーの国際共同研究[2]で「歩く」ことをテーマにしているから，日本チームは熊野古道を歩きに行こうということを言われて，面白そうだし行ってみようということで足を踏み入れて今に至っています。ABRは，いつまで経っても分からなくて，でも，分からないことがこれだけ長く続くことに出会えたことに喜びを感じています。

2. 実践を行った 2019 年時点を振り返って

池田：一つ目のトピックに入ります。

今回は，ABR を学校で実践したことが，この書籍のユニークな点だと思います。皆さんが実践された時期（2019年）は，ABR について日本語で書かれたものがほとんど無い時期で，理論的なことがほとんど紹介されていない中で，実際に小学校でワークショップ（授業）を実践されました。

その実践から，約2年が経っていますが，当時のことを振り返ってみていかがでしょうか。当時，ABR についてどのように思われながら実践をされていたのか，また実際に実践をされてどのように感じられたか，率直にお話ください。

不明瞭さを持ち込む

生井：2019年の11月ぐらいだったんですかね。突然，中野の小学校に行くぞみたいな話になって，中野駅近くの喫茶店（カフェベローチェ中野駅南口店）でABRの実践を学校でするという打ち合わせをしたことを思い出します。そのときに，そもそも ABR ってなんですか？とか，ABR って何やればいいの？みたいなところから学校での実践をつくっていきました。

そのときの話で印象的だったのが，通常，学校教育の中で実践する場合は目的が必ずあると。つまり未来が先に立っていて，そこに向かって内容や方法が決まっていくと。しかし，ABR っていうのは，そこが立たないわけですよね。その目的が何か分からない。その，不明瞭さを学校の中に持ち込んで，学校に全く違う価値ですよね，目的が立たないという面白さが伝わるといいなと，当時は考えていました。

池田：生井先生の実践は，絵具の色名を全部隠して，子どもが適当にそれを選んで混色をして，そこで偶然できた色を画用紙に塗って，できた色と同じ色のものを校内に探しに行くという実践でした。本文にも書か

れていましたが，"分かってると思ってたことが分からなくなる"という投げ掛けをされた意図を教えてもらえますか。

生井 例えば，リンゴについて知っていますかっていうと，いくつかのことは知ってるんですよね。赤いものでしょとか，果物でこんな味がするものでしょとか，いくつかのことは知っています。でも，それは実は限定されたいくつかのことでしかなくて，実は，その外側に知ってると思ってることの外側かあるいは別のところに，全然，知らない世界が広がってる。
学校の中にある色も，いくつかのことは知っている。それで知った気になっているけど，本当は知らない世界のほうが多いということがアートを通して気づけると面白いと思ってます。

池田：生井先生の実践は，制作の主導権が自分以外の所に移されてしまうところがスタートになっていて面白いなと思いました。では次，岩永先生お願いします。

岩永：最初に，実践の順番を聞いてみたかったんですけど，旭川は9月でしたが，そこが始まりでしょうか。

笠原：大学の授業としては，僕は2014年ぐらいから前任校の福岡教育大学でやってました。学校での実践は，旭川が最初ですよね。

学校への説明の難しさ
岩永：ありがとうございます。実践先として，附属学校と交渉するときに，言葉でどう伝え，どうやって内容を理解していただくかがすごく難しかったです。
ちなみに，旭川は中原悌二郎に縁がある彫刻の町なんですが，日本の彫刻の黎明期，今から150年前って美術とか彫刻とは何かって当時の

美術家たちは考えたと思うんですね。彫刻は，"像ヲ作ル術"と日本語に翻訳されるんですけど，他は"美術"とか"陶芸"とか訳されていく中で，彫刻だけ熟語になってないんです[3]。ABRもそれに近いと感じていて，日本語で訳すことが難しい概念だと思います。

学校で協力のお願いをしたのは，教務主任の理科の先生，主幹教諭の国語の先生，副校長の音楽の先生で，ABRとはこういった探求の考え方であり方法なんです，という説明をすると，他の科学的な探究とどう違うのかという鋭い突っ込みが入ったことが印象に残っています。

幼稚園で土を置いて待つ："リスク"と書いて"冒険"と読む

池田：次は，吉川先生の幼稚園の実践をお話しください。

吉川：香川の実践は，香川大学附属幼稚園（坂出）に行かせてもらいました。子どもたちが元気で，自らいろんな遊びを発見しているような園です。幼児教育の遊びには既に探究的な部分があるので，どう違うのかがよく分からないままスタートした部分もありました。

色彩ワークショップで土を扱いましたので，土で活動することになりました。そこで，森本さんに附属幼稚園に来ていただいて，一緒に遊んでみるところから始めました。午後から附属の先生たちにABRってどういうものかという話を森本さんに説明していただいたんですけれども，そこで森本さんが，ABRは自分だけにしかない正解を見つける方法です。そのプロセスの中にはリスクも伴われると思います。そのリスクに対して，「リスクと書いて冒険と読めばいいんですよ」っていう話を附属の幼稚園の先生にしていただいたら，先生たちが，「私たちのやりたかったことはそういうことなの！」みたいな感じで，一気に森本さんのファンになったみたいな感じになりました（笑）。ABRはこういう研究ですと言うと難しく考えがちなんですけど，ありのまま一緒にやればいいんだというところで，香川の研究は，土を生活環境の中に入れてみることで，どんな姿が見られるかということで始めてい

きました。

私も何日も附属に通って，子どもたちと一緒に土を触って泥団子づくりをして，活動を通して子どもたちと一緒に遊んだ日々となりました。

池田：ありがとうございます。香川の実践は，特別な活動を設定するのではなくて，園に土を置いておくところから始まっていますが，もしかしたら，子ども達が土に気づかないということもあり得ますよね。

吉川：はい。気付くかなって思いながら，どきどきしてました。いろんな種類の土を用意して，園庭の藤棚のポールの下に入れてみたりしました。本当に気付かれない可能性も十分ありました。

池田：今回のように漠然とした投げ掛けであればあるほど，先生の側が子どもたちを見る視点が，すごく重要になってくるかと思います。何が起こるか分からない中で一緒に活動していく時の先生の役割や立場に何か変化はありましたか。

吉川：もともと子どもたちの主体性を大切にしている園だったので，先生たちは大きな戸惑いはなかったと思います。先生たちも子どもたちと一緒になって泥団子に夢中になっていました。その時に，ちょうどNHKで泥団子を特集した報道番組があったようで，それを見た子どもたちが，光らせるわざを教えてくれたり，道具を持ってきたりして，その様子を見た先生も一緒に調べるなど，一緒に土と触れ合って学んでいく環境ができていたと思います。

教科書に含まれるABR：脱線が生み出す魅力

池田：続きまして，櫻井先生お願いします。

櫻井：第14章の実践は，私がちょうど図工教員として現場に立つようになった時期の実践です。ですので，授業にABRを取り入れるといった新しいことをやる余裕はあまりありませんでした。私は以前から，図工美術において特有の知性が働いているのであれば，授業の中でそれをどう見取ればよいのかということにとても関心がありました。そこで，新しい授業づくりをするよりもまず，教科書に載っている魅力的な題材をきちんと使って，子どもたちがどのように思考を働かせているのかを見たいと思いました。

私は，そもそもABRが美術制作の本質にあるのだとしたら，従来の図工美術の授業であっても，そうした探究が生成されるんじゃないかと感じていたんですけれども，実際教壇に立ってみて，やはりそうだなと感じるところは多かったです。その考えは今もあまり変わってなくて，教科書題材を積極的に使いながら，どうしたら子どもの探究を誘発できる投げかけや環境設定ができるかを考え続けています。

本書では子どもの脱線について，例えば，接着用に用意したボンドを絵の具みたいに粘土にかけてしまうといった脱線が，すごく魅力的だと思い紹介しました。今，小学校で教えるようになって3年目になるんですが，授業運営に慣れていく中で，授業の本題から大きくそれないように準備ができるようになってしまって，ボンドの例のような脱線は，大きくは起きにくくなってしまっています。題材の枠組みの中で出会ってほしい出来事に向かわせるために，大きな脱線がないというのは必要なことなので，それは仕方ないと思いますが，そういう脱線の排除というか，大きな脱線を取り除きつつも，小さな脱線の余地を授業の中にいっぱい残しておくということの難しさとか意義というのを日々感じています。

先ほどの吉川先生たちの実践で，幼稚園の先生たちがABRについての説明を聞いて「私たちのやりたかったことはそれ（ABR）です」とおっしゃった話がありましたように，ABRの授業づくりを考えるということも重要だとは思う一方で，それがすでに図工美術の中にも含まれて

いるよね，とか，幼稚園の遊びの中にもあるよねといったことを確認
しあっていくということも，すごく重要じゃないかと思ってます。

図画工作で扱う材料や用具は子どもにとっては未知との出会い

池田：櫻井先生が書かれてたのは「ひみつのグアナコ」⁴という未知の生物を
　　　子どもたちが粘土で作ってみるという題材で，だいたいヘビとか恐竜
　　　とかといった生き物が製作されることが多いのに，クレヨンみたいな
　　　形の生き物がつくられるなど，大きく逸脱したような作品が生まれて
　　　くるという内容でした。

　　　そこで質問ですが，本文の中で「探究の質」について考える必要があ
　　　るのではないかと書かれていました。「探究の質」というのを櫻井先生
　　　が，どのように考えておられるのか，もう少し詳しく教えてもらえま
　　　すか。

櫻井：題材の中で起きる出来事や，素材との関わりの中で，自分が予期して
　　　いたものだけじゃなくて，想定外のことに出会ったり，知らない世界
　　　を見つけたりする中で，枠組みの外にはみ出していくこともあると思
　　　うんですよね。そういう可能性の一つ一つに向き合いながら新たなも
　　　のを作っていく中で，いろいろな思考をしていくことが重要なのかな
　　　と思っています。

　　　ABRの授業を設定することでも，いろんな可能性は出てくるとは思う
　　　んですけど，日頃の授業でも子どもたちの作品って本当に一つ一つ全
　　　く違うものが生まれてきます。素材との出会いも，私たちが思ってい
　　　る以上に子どもたちにとっては初めての経験で，未知のことがたくさ
　　　ん起きているんですよね。そういった自分が知らないものとの出会い
　　　とか抵抗とかの中で，自分とは違う何か新しい可能性を見付けながら
　　　作品が作られていくんだと思います。そこで起きている探究の質が，
　　　美術に特有なものじゃないかと思ってます。

池田：私たちは，もう知ってるつもりになってるけど，子どもたちにとっては初めてということが多々あるっていうことですね。もう1つ質問してもいいですか。とはいいつつも，櫻井先生は，3年間小学校で先生をされていて，いわゆる教科書題材が持っている限界について何か感じられてることはありますか。

櫻井：今のところ，現行の教科書題材には，あまり限界は感じてなくて，結構，「これ，ABR的だな」って思う造形遊びや作品制作もあるんですよね。それは，むしろよく考えられているなと思います。私は，現行の教科書に関しては，むしろやってみたほうがいいと思います。実は，自由度が高くて脱線が起きやすいので難しいんですよ，授業を運営するのが。それが面倒でやらない先生も多いのかなと思いますが，むしろその面倒さをやってみたほうがいいなと私は思います。

視覚的に時間を捉える表現で起こること

池田：小室先生と栗山先生のお二人にお伺いします。小室先生の実践は，筆ペンを使って，強く思い出に残っている場所を絵と短文で表現するという取り組みでした。それから，栗山先生の実践は，校舎が持つ時間をテーマにされていて，歴史ある学校の中で，64年前と今を感じられる2カ所をフロッタージュで捉えて，それを作品化していくという取り組みでした。

お二人に共通してるのは，時間をテーマにしていて，時間を表す手段として視覚的な方法を用いているという点でした。思い出とか時間を視覚的に表すということで，何か考えられたことはありますか。

というのも，作文で思い出を書いてみましょうという時と，絵やフロッタージュで思い出や時間を捉えてみましょう，というのでは子ども達は違う捉え方をしていると思うので，その辺りで何か感じたり考えたりしたことがあれば教えてください。

視覚的な共有がもたらすこと

小室：思い出を作文で書く場合と少し違うのかなと思ったことがあります。それは鑑賞の場面ですが，最後に発表の時間を設けたんですね。すると，ある子どもが図書室で怒られたエピソードを話してくれました。そのときに，自分は初めて先生に図書室で思い切り怒られた。自分が友達とけんかしているところを止められて大変だったというのを絵と一緒に話してくれたんです。そしたら周りの友達やクラスのみんなが，その情景や絵と共に，たくさん笑いながら話をして，とても盛り上がったんですね。こういうのって，作文でもあるかもしれませんが，視覚的な方法を用いたからこそ，子ども達それぞれが場所と思い出を結びつけて考えることができたのだと思います。

ただ，今回，中野の小学校でABRの実践をするときに，これまで行われてきた図画工作とは異なるものを示さなければいけないのかなと考えていたんです。自分の実践は，これまでの教科書題材にも類似する題材があるのですが，今回，そのような既存の題材とABRとの差異をどうやって示せばいいんだろう，探究という場合に，今までの図画工作との違いを問われたらどう回答すればいいんだろうという悩みはすごくあって，難しかったです。

実践をしてみると，子どもたちが絵を見ながら学校の思い出を話したことで，クラス全体が盛り上がって楽しんでくれたという個人的な実感はあるんですが，そこから子どもたちが新しい問いに向かえたのかとか，探究という言葉が，どこまで子どもたち自身が意識できていたのかということは，当時を振り返ると少し心許ない思いはあります。

見えないものを視覚化する活動で何を見取ればよいのか

栗山：私がフロッタージュを使ったのは，一つは，時間を探究するときに，上手下手が出にくい技術的に簡単な方法を造形表現として取り入れることで，考えることとか探すことに重点を置いてほしかったということがあります。写し取る作業によって，見えない時間を物質化するとい

うか，1枚の紙に素材として物質化して，それを造形素材として，立体を制作するという活動を計画しました。また，ワークシートも配って，何を写し取ったのか，なぜその場所を選んだのかということも書いてもらいました。

ただ，ABR的な意味での，子ども達が時間と対峙したときの思考や考えというのは，実は活動中の子ども同士の会話の中にあったりして，ワークシートに必ずしも表れないんだろうなということは，終わったときに感じました。今回は，校内を自由に散策する活動だったので難しいところはあるんですが，多分，会話や，場所の選択までの経緯を追っていけるような工夫を，あらかじめもう少し考えておくべきだったなという反省点はあります。

ABRにおける児童生徒の評価とは

池田：栗山先生から，子どもをどのように見取るかというお話がありました。近年は，ABRのレビュー論文が学術誌でも掲載されていますが，その中で評価の難しさが指摘されています。

　　　和久井先生は，現在，大学院でABRにおける評価について研究をされていますが，現行の評価の観点や評価規準を用いた評価と，ABRを行う場合の評価について，何かお考えのことがあれば教えてください。

和久井：現行の指導では，事前に目標や身に付けさせたい力があって，そのレールに子どもたちを乗せながら結果として作品ができて，それが子どもたちの成長につながるというような授業の仕組みだと思います。その一方で，図工の授業では，子どもたちが，どんなことをしたいのかという希望があって，最初に設定した目標から外れていくこともあり得ます。また，可能性としては，そもそも目標というものを設定せず，子どもたちと対話をしながら即興的に目標を生成していくっていうような授業もあり得て，そうすると，子どもたちと一緒に授業を生成しながら評価の在り方や，授業の構成の枠組みを決めていくこともでき

るんじゃないかと考えています。

構造化された学びと探究型の学び

池田：一人一人に対応することを徹底すると，目標も変えざるを得なくなります。みんなに共通する目標が成り立たなくなるわけですね。この点は，手塚先生が悩まれているところと関連すると思います。授業を作り込んでいけば，計画の段階で子ども達に探究の力をつける授業構成は可能かもしれないけども，どうしても先生主導になってしまう。そのジレンマについて手塚先生，お話ししていただけますか。

手塚：探究型の学習とか，学習科学でいわれている探究型の学習って，一般的に科学的な探究の事例がほとんどなんですけれども，そのときにいわれていることは，探究の深さにレベルがあるということです。学習科学では，教師主導で行われる探究には，確認としての探究，構造化された探究，導かれた探究，オープンな探究というのがあって，「学習の認知的負荷」の度合いで段階がわかれています（バンチ＆ベル，2008.，河﨑，2019：125）[5, 6]。要は，教師側で最初からクエスチョンを準備しておくのが一番易しくて，ハードルが低い探究ですが，オープンな探究では，自ら設計した計画に基づき，問いも立てて探究に臨みます。まさにABR的な自分でクエスチョンを見つけて探究していくのが一番，難易度が高いといえます。

そのときに，どういうふうに足場掛けをするのか。つまり，教師が，探究のテーマや到達点の提示などどれだけ「枠」を設定して，探究のプロセスをどの程度示してしてあげるのかということは，何を学習の目標とするかによって変わってくるのではないかと考えています。科学的な探究の中では，こういった段階的なやり方がされていますが，ABRで行うようなオープンな探究が，本当に可能なのかどうかは検討が必要になってくるということです。小学校では特に発達段階も関係してきますので，最初からいきなり，子ども達に全てを任せて考えさせる

ことができるのだろうかということは気になります。

一方で，これは私が思うことですが，子どもだからとか，大人だからとかあまり関係なく気付く人は気付くというか，発見したりとか気付いたりすることに年齢はあまり関係ないのかなとも思います。学校教育での探究の活動をどこまで構造化していくのかということは，何を軸に考えればよいのかということも含めて，まだはっきりしたものが見えてこないというのが今のところの結論です。

3. 海外の動向から見た今回の学校教育における ABR の特徴

池田：森本さんは，2019年当時は既にブリティッシュ・コロンビア大学（UBC）の博士課程に在籍されていて，ABRやアートグラフィーについて学術的な研究をされていました。それから世界のABR研究の動向も，ある程度キャッチアップした状況で今回の中野や香川の実践をされました。その中で，日本の取り組みにはどういう特徴があったのか，森本さんの見解で結構ですので教えてください。

森本：分かりました。まず，2019年の僕のほうの実践をどう見るかというのが，当時はもちろんなんですが，現時点でも実は私，ABRが何なのか，いまだによく分かりません。私自身の研究は，制作活動と理論の考察を巡るようなもので，それを今回は学校での実践に広げてもらって，いろいろ迷惑を掛けてしまったんじゃないかとも思っています。ただ，本当にありがたく思っています。

日本の取り組みで，特にこの本に載ってる人たちで面白いのが，笠原先生，池田先生は，2019年のInSEAのバンクーバー大会で，学会の前に開催されたアートグラフィーのリトリートで，アートグラフィーやABRの実践の体感や経験があるわけですよね。他の先生たちは，そういうのがなくて，手塚先生，生井先生は，学会や交流で，いろいろ発表とかを聞かれたと思うんですけど，研究について聞いたり読んだりするのと実際参加するのは，全然違う感覚だと思うんですよ。そういっ

た経験がない先生方が，どうやってABR的な研究だったり，学校教育の実践だったりを見いだすのかという点はとても興味深かったです。また，学校と共に何かをやろうとするというのは，日本ならではじゃないかと思います。学校で実践をして研究するという例はいくつかはあるんですが，世界的にABRの実践を見てみると，どっちかというと，個人的な制作活動を通した研究が主で，その次がワークショップです。その理由として，学校に入って何かをするということの難しさがあると思うんですが，それにもかかわらず学校に持ち込んでABRとは何かを実践を通して探求してくださる先生たちの力というのはすごいなと思いました。

一般的には測れないものを正当な知とするためには

森本：理論的なほうをメインとしてる身として一つ課題だったのが，どれくらい実践現場に，ABRを持ち込めるのかっていうとこが一つの課題だったんですが，香川の幼稚園での実例から一つ励まされたのが，特に何か新しいものを持ち込まなくても，そこに起こってることについて，それをどう理解すればいいかという適切な言葉を与えるだけで，それで十分なんだなというのが一つ，個人的には大きな発見でした。その理由が，ここから実はアートグラフィー寄りの話になってしまうんですが，アートグラフィーの発祥の背景には，どういうふうに美術教師の経験をそのまま研究として正当化するかっていうのが一つの大きな課題としてあったと思うんですよ。そこで難しいのが特に美術教育における実践っていうのが，もともと目標がないものだったり，測りにくいものだったりなんですよね。その決まった基準，目標基準に定められるものだったり，偏差値とか点数に合わせようとすると，どうしても取り残されがちなものになってしまったんですね。その一つの例としては，個人的に中野の実践で印象に残ったのが，栗山先生が担当していたクラスの子どもが外をいろいろ歩き回ってフロッタージュを作ってたんですけど，ずっと考えてるわけですよね。

第15章　ABR黎明期にある我が国の受け止めと学校教育実践に向けた展望　255

古いものって何なんだろうとか，新しいものって何なんだろうって。私もそのときに，いろいろ回って見てたんですけど，入り口を出てすぐの裏庭の水場でフロッタージュを作ろうとしてる子どもたちがいて，その中の一人が，その蛇口を見て，「じゃあ俺は60年前の水を飲んでやる」って言ったんですね。蛇口ひねって水，飲んで。理論的に理屈的に考えるとおかしいんですよね。別にその蛇口から出てくる水は60年前の水であるわけでもなく。

だけど，その瞬間その子ども，これは私個人の想像でもあるんですが，一つのフィクションが出来上がってるってことですよね。自分と学校と，それを束ねる時間軸との関係性との間の中にいる自分っていうのは，この学校っていうのは何なのか，この60年前の水っていうのは何なのかっていうのが生まれてくるわけなんですね。ただ，そういうのって一般的な研究方法じゃ測れないものなんですよね。

だから，一般的な方法では測れないようなものを見ることができる環境をどのようにつくれるのか，つくることができないのかということや，それをどのように育んでいけるのかということを考えていくことが，ABRにとってとても大事なことだと思っています。このようなことが，美術教師のための正当化された知識の一つになり得るのではないかと。それが日本での実践でも見えて，とても興味深かったです。

4. リサーチ・クエスチョンのない博士論文

池田：自己紹介の中でお話されていた，リサーチ・クエスチョンのない博士論文というのが一体どういうものかぜひ教えていただきたいです。私たちにも示唆がたくさんあると思います。

森本：リサーチ・クエスチョンのない博論については，これも私自身なんでこうなったのかよく分からないですが，今年（2021年）の7月にキャンディデート（博士論文提出資格者）の試験があって，指導教授と3人のコミッティー（審査委員会）に論文3本と博論の願書を送って評価をし

てもらったんですが，そこで，リサーチ・クエスチョンはないけど，何か作って出来上がったものを出しますっていうふうに提出したらOKが出たんです。

簡単に言うとそうなるんですが，その理由としては，別にリサーチ・クエスチョンを設定する必要はないんですよね。リサーチ・クエスチョンが欲しければ，リサーチ・クエスチョンの下にABRすることも可能なんですが，本当にアート的知性があるということを大事にしていて，アートをすることによって生まれる知識に着目して，それを基に研究をするならばリサーチ・クエスチョンって特に不要なわけですよね。取りあえず何かやってみて，やって生まれたものの良さで，それが，博論にふさわしいかどうかを決めてもらうことになります。

ABR，アートグラフィーにおけるビジュアルと言葉

手塚：そのときに，どのくらい言葉で説明をするのかを伺ってみたいです。博論では，アート的知性というのをビジュアル化していくだけじゃなく，言葉による説明もないといけないのかなと。その辺どう折り合いを付けていく予定ですか。

森本：今回の博論のケースは，ある程度ABRとアートグラフィーが成り立っている文化と研究社会の中で動いてるからこそできるものだと思っています。アートグラフィーがあるよねっていうところから始めて，アートグラフィーやABRは一般的な研究方法ではなく，アートに基づく研究であることが基盤ですよね。それを本当に信じて，そこを基に動くならば別にリサーチ・クエスチョンはなくてもいいんじゃないですかってとこですよね。

アーティストでもリサーチ・クエスチョンは持っていたり，何か探求したいものがあって，それを探るように僕たちもいると思うんですが，だけど，必ずしもそうではなくて，ただ何か興味があったり，それとも素材だったり，過程だったり，プロセスだったり，何かやりたいこ

とがあって，それをやってるうちに出来上がってくるものってあると思うんですよ。そういうアート的知性があるならば，それを基に，それをアートグラフィー，ABRとして，研究としてできるんじゃないかということですよね。

手塚：今，テキスト（本著）を書き上げるにあたって，「言葉の問題」が結構引っ掛かっていて。探究を言語化するというプロセスですね。（ABRのプロセスで）暗黙的にいろんなことを感じ取って，何か身体的に理解できたとしても，最終的にそれを誰かに伝えるときは（ビジュアルで伝えながらも，）言葉での表現（説明）も必要で。アートグラフィーも言葉で補完していますよね。「言葉にできないもの」と「言葉にできること」があって，それをどのように使い分けたり，組み合わせたりしているのかなと思います。ここは言葉，ここは言葉じゃない，という線引きをどのように決めるのかに興味があります。

博論「愛する旅行記」と美しさの探求

森本：博論は，検証して確かめられる答えがあって研究をしてるのではなくて，本当に分からなくて，この分からないものをやってるうちに，もしかしたら分かるかもしれないという研究になります。だから，どちらかというと，研究というよりは旅行記に近いんじゃないかなと思っています。だから，一応博論の願書を出すときには，笠原先生には言ったと思うんですが，旅行記として書いていくということでプロポーザルを出しました。旅行記から始まって，今，日本庭園に至ってるのでよく分からないとこに今いるんですが，そういう感じです。

池田：ちなみに森本さん，博論の題目って何なんですか。

森本：もともと出したものを日本語に訳すと，「愛する旅行記」です。この題目で提出したんですが，今は日本庭園になっちゃったんで，ちょっと

変えないといけないかもしれないのですが，それも許されるとこなん
ですよね。

笠原：英語で言うと，どういうタイトルですか？

森本：*Loving traveler*です。その背景には，アートグラフィーでウオーキン
グアートの展開がある中で，動きながら，また制作しながら行き立つ
ところで，取りあえず成り立ちと行きたったところを記録して，それ
を出してるんですよね。それが，ふさわしいものかどうかという勝負
です。逆に，それが個人的には不安なところではあります。一般的な
研究だと，このプロポーザルが通れば，ほぼ9割方，問題ないわけです
よね。あとは，やるって言ったことをやりましたということで，研究
がうまくいったかどうかはさておき，取りあえずやったことで収まる
んですが，今回の研究の場合は，取りあえず何かやりますって言って，
やったものが良くなかったら問題なわけです。うまくいけば美しいも
のが出来上がって，それが認められることになるんですが，これって
ちょっと面白いですよね。リスクは冒険だとか大きなこと言った身な
んで，ちょっと責任取って個人的にもリスク取ろうかなっていうこと
です。

作品としての博士論文
櫻井：博論と別に作品制作はあるんでしょうか。

森本：今のところ，それを一環として考えています。これは，あくまでも個
人的な思いなんですが，自分が書きたい，ABRというよりアートグラ
フィーの博論というのは，博論そのものが一つの作品として受け入れ
られるようなものだったらいいなと思ったわけなんです。作品と博論
が別でも全然いいと思うんですが，個人的には作る中で両方があっ
て，出来上がったものも両方として取れるようなものだったらいい

なっていう，ある意味，夢の段階なんですが，実際的にそうなるか分からないですが理想だと考えています。

櫻井：ありがとうございます。お話を聞いて，旅行記自体が作品だなと思ったので，それとは別に作品制作をする必要があるのかなと，疑問に思って質問しました。素晴らしい計画だと思います。造形作品も旅行記も，どちらも芸術，美術作品だと思うんですけど，その過程にはさまざまな旅があって，それらが積層しているわけです。でも，終着点としての作品を，造形作品にしてしまったときには，それらはいったん隠蔽されて，はっきりと見えなくなりますよね。

でも，森本さんの旅行記というのは，どこをどうたどって途中でどういう寄り道をしたかというのが全部テキストとして残る。それは多分，科学的な言語とは違うと思うけれども，一つのテキストとして残る。作品として残るけど，そこに過程が全て書かれているというのは，芸術的な思考を開示する一つの可能性だなと思いました。楽しみです。

学術論文で抜け落ちるもの

生井：すごく面白い話だなと思いながら拝聴しました。僕は最近，雑に書くというのが，すごい大事だなと思ってるんです。ABRを語るときに硬質な文章で書いちゃうとABRにならないなと思うところがあって，だから雑に書くって言うと変だけど，直さないことってすごく大事かなと思っていて。

ABRって常に概念が更新されていくようなものというか，こうですって多分，永遠に言えないものじゃないかって気がしていて，文章のつながりがちょっとおかしくても，どんどん書いていくと，書くこと自体が探究だから，どんどん更新されてくように文章も書いていく，まさに旅行記を書くように書いていくことが，ABRを語る上ではすごく大事じゃないか。つまり今までの論文の形式に落とし込んでいくと大

事なものが抜け落ちていくっていうか，そんなことがあるんじゃない
かなって気がしています。もちろん言葉に対する厳しさを捨てるわけ
ではなくて，常に言葉に対する緊張関係は持ち続けるわけですが……。
最近，哲学者の千葉雅也が，そんなことを言っていて，文章なんか直さ
ないほうがいいっていうか，直した時点ですごい大事なものがどんど
ん落ちていくから，雑に書いてたって多分，読み手は大体，読めるって
いう，想像して読んでくれるもんだから，あんまり直さないというの
も大事だと。そういうと，論文を真面目に書いてる人たちからすると，
いいかげんだと言われるかもしれないんだけど，でも，そのぎりぎり
をどう狙っていくかっていうところが，すごい面白いと思っていて，
旅行記的に書くのっていいなって思って聞いてました。

5. ABRと学校教育

池田：今回，ABRの学校教育への展開ということで，笠原先生を中心に多く
　　　の人を巻き込みながら研究が展開しています。そもそも，どのような
　　　意図で，これまで積極的に行われていてこなかった学校でのABRの実
　　　践を計画されたのか，また，実践から2年が経過した現時点で，今回の
　　　一連の実践をどのように捉えられているのか教えてください。

個人と社会を繋ぐ

笠原：なぜABRを学校教育に，ということですが，少なくとも日本の美術教
　　　育，いわゆる学校教育も大学も含めてかと思いますが，自己表現とい
　　　うと，割と自分の中の話だけにとどまってしまいがちです。その一方
　　　で，工芸やデザインといった機能的な表現や，最近であれば社会的な
　　　課題の解決を目指す実践もあるとは思うんですが，そうなってしまう
　　　と今度は，自分とのつながりがすごく希薄になるんですよね。大きい
　　　テーマが，ぽんと与えられて。
　　　そうしたときに本当は，その自分というものが社会だったり，歴史
　　　だったり，いろんなものの問題の上に生きている。だから自分自身の

ある種の生きづらさや，何か考えていることというのは，実は絶えず背景にあるものとすごくつながっていると思うんです。しかし，今の美術教育が用意している内容，方法というのは，そこは結構，分けられてるんですよね。自己は自己の問題だし，社会や何か機能的なものの場合は完全にそちらのほうに振れてしまっていて，そこの間のつながりが弱いように感じられます。

そこをちゃんと繋いでいく道筋を見つけ出そうとしています。そこにABRは位置づいていて，方法としてABRを用いると，例えば，パーソナルに自己表現をするというような活動であっても自分の問題だけじゃない見え方だったり，何か社会的なことを浮かび上がらせることを可能にするんですよね。だけど，それが可能だと実践者が思っていないと，それは，あまり起きないんですね。そのためにも，人々がそれは可能なんだと思えるような実践と理論を具体的に示していくということが重要になるんだと思います。

対話を通した複数の文脈への接続

笠原：さっき，森本さんが，ちょっと声を掛けるというか，言葉を少しプラスするということを香川の幼稚園の話で言ってたと思うんですけど，ABRといったときに，決して，それは特別な技法を使うとか複雑なプロセスを用いるということではないと思っています。だけど，大きく異なるのは，例えば，何か対象を見るとか，そのことを写真であれ，絵であれ，何であれ，少し捉えてみる。そこまでは同じなんだけど，でも，それをどう見るか。そのことをどのように言葉で意識化していくのか。もしくは，そこに潜んでる別の側面をモノやコトや表現との間の往還の中で，どのように捉えていくのか，そこに何かを見出していくという，その対話であり生成的で創造的なトランザクションが重要だと思うんですね。対話を通して，つくっていく中で捉えた美的な質が変容したり，発想が広がったり，もしくは何か別の事象，社会的な事象や，別のコンテキストと結び付けられるような，ある種のアートの

プロセスならではの接続がそこにあるのだと思います。通常の科学では，そういった飛躍は許されないわけですけれども，そこにアートのプロセスが持つ一つの可能性があると思うんです。何かそういったことを教育の中に，美術教育の中にしっかり入れていく必要があるなと考えています。

探究の手法としての美術・図画工作

笠原：そのためには，美術が専門ではない先生達も含めて，多くの先生がアートを探究のための一つのアプローチとしてイメージできればいいと思いますし，ABRの議論を持ち込むことで，今後学校教育の中でのアートの役割を再検討できるのではないかと考えています。昨今，探究や教科横断ということがよく取り上げられますが，そういった問題を考えていく場合の美術や図工が果たす役割について，理論的にも，実践の例としても示していきたいと考えたことが，今回学校教育とABRを繋げようとした一つの理由です。このことで，アートが生きることの支えになっていくような方法として，教育や美術教育への知的貢献ができればと思っています。

ABRの研究については，日本は世界の中では決して早いほうではないわけです。ただ，リタ先生たちの研究コミュニティーの中でも，特に日本のチームは人数も多いし，学校でやることも含めて，多くの人が動いています。できるだけ多くの先生が何かイメージできるような形なり議論なり提案をしていくことで，先ほどの北海道や中野の先生，また香川の先生のように，やってみようと思ってもらえるとよいと思います。

広がりつつあるABRの取り組み

笠原：この3年間の状況でいうと，それこそ2018年頃から田町の広島大学サテライトオフィスでABRの研究会を開いたりしながら学校教育への取り組みが模索され始めて，少しずつ学校でもやらせていただいたん

ですけれども，今日来られてる東京都の図工専科教員である和久井さんもそうですし，うちの（学芸大の）附属の先生も，ABRの視点を取り入れた授業に取り組み始めているようです。ウォーキングだったり，あとは探究的なアートベース的なものなどに取り組んでいます。やる人によっては結構できるという実感がでてきた段階かなと思います。一方で，国内でも今，複数の研究チームがABRだったり，ABR的なアプローチの研究をスタートさせている所があるので，そういう意味では，自分たちも取り組んだり，受け入れて何かやってみようという動きはあるように思います。

ABRは今まで主に海外でやってきた話なので，それを日本の，しかも，学校の文脈に入れるのはどうかとか，大学ではよいとしても学校に適用しようとすることには問題はないのかという疑問も抱かれるかと思います。もちろん私たちもそこは同じように考えているところですが，そこにある可能性をきちんと示していくと，見てくださる先生方はご自身でも工夫してやっていかれているんだなというのは感じています。ですから，恐らく，ここ数年のうちに日本の中で，ABRとかアートグラフィーって言葉は使わないけれど，同様の取り組みはたくさん出てくるだろうなと思っています。

海外に向けた提案として

池田：ありがとうございます。最初に笠原先生お話をされていた，取り入れるということではなくて，世界の人たちと共に考えていくという考え方は本当とても大事だと思いました。そこで，端的に言うと，今回の一連の学校での実践は，海外の人たちに向けてどのような提案になりそうですか。

笠原：海外に今回の取り組みを発信することは，日本にとってはすごく意味があると思うんですね。ご存じのように，日本が今，国際社会の中で置かれてる状況って，いろんな意味で難しいところがありますよね。経

済的なイノベーションと発展が遅れているのではないかとか，ジェンダーギャップの指数であるとか，いろんな国が努力して解決してることに，我々がきちんと立ち向かえてない状況があります。そのような中で，日本が新しい教育の可能性をひらいていく例を示したり，アートによる探究を学校教育の中にどう実装していくかというプロセスを開示していくというのは結構，意義があると思います。まして，それがアーティストや研究者による単独というか，少数の実践ではなくて，共同研究として複数の研究者や教員が携わって生み出された成果であるという点もユニークだと思っています。

一方で，国際的な教育の議論や取り組みの中にABRとか美術教育の知見から何かを提起していくことも重要だと思っています。海外の状況を見ると，ABRの研究は決して多数を占めているわけではありません。ですので，国際的な動向の中に意義ある提案を提起していこうとした場合，アーティストや研究者サイドの取り組みを発信するだけでは社会への実装という意味では十分ではないと思うんですね。そういう意味では，学校教育における取り組みの可能性としてABRによる探究的な教育を提起してくというのは非常に意義があると思います。

6. 実践報告の形式はリフォームが必要か

池田：今日の議論の中で，論文や報告書の書き方の問題が出てきました。常にABRが更新されていくことを考えると，次回，例えば，書籍を書くときに，旧来の形式を乗り越える実践報告の書き方としてどのような可能性があるか，笠原先生，何か構想されてることはありますか。

旧来の方法では対応できない時代の変化

笠原：森本さんの博論の「旅行記として書く」ことが学術的な承認を得られるような可能性が出てくると，我々にとっては非常に大きな助け舟になりますね。今，和久井さんが評価の研究をされていて，国内の様々な評価の動向を見てますと，アイスナーの議論も最近また復活してると

ころもあります。そうしたときに，これまでの知的な作法というのか，枠組みだけでは足りない，十分ではないという議論が，まだ限定的かもしれませんが，以前よりも共有されている状況は広がってると思います。

少なくとも今の社会状況，例えば子どもたちが将来就きたい職業にYouTuber が挙がっています。どうやってインパクトを生み出すのかということに関しては，今までのロジックだけでは通用しないわけです。そうしたときに，今までとは違う知的創造の在り方というのは非常に重要だし，アカデミアもそれは避けられない。それを扱わないわけにいかないという状況が出てきていると思うんですね。

前著『アートグラフィー 芸術家/研究者/教育者として生きる探求の技法』[7]でご一緒いただいた演劇教育の高尾隆先生もそうですが，ここ10年ぐらいで，質的研究で博士論文の研究を進めていくような蓄積は少しずつ進んできています。その延長に，今回のABRの議論やパフォーマティブなリサーチの成果の表し方というのがあって，まさに森本さんが言ってましたけれども，その形式自体が，リサーチの可能性を同時に自己言及的に示すことにもなるんですね。旅行記なんだけど，その旅行記自体がいかにして研究となり得るかということを言及しながらの書き物になると思うんです。そういった問題意識で何かを書いたり作ったりすることに対して，以前と比較すると，意図が理解される土壌というのは，少しずつですが育まれているように思います。

「説明」を超えた記述へ

笠原：もう一つ，さまざまな研究者が，物語や詩といったような文学的な作品を手掛けることも増えてると思います。今の段階では，例えば，学会論文は通常の社会科学的な論証であり説明ですよね。しかし，今後はそれだけではない研究の形がうまれていくように思います。

今回，特に中野の実践で言いますと，紀要では，いわゆる従来的な実践

に対する説明としての文章という形で書いていただきました。この文章を，書籍ではもう少し崩してもらって全然，構わないわけです。書き方の表現というか，表され方ですね。表現のされ方が必然性を帯びていくというんでしょうか，研究のされ方，研究の具体化のされ方が，今後少し変化していくのかなと思っています。

ですので，現段階では，紀要や学会論文は，日本ではまだ従来の形式でやってるってところが多いと思うんですが，少なくとも，この書籍に関しては，実践で得た知見はベースになるんだけれど，さらに，この2年間，3年間を我々がどう生きたかということも含めて描き出されて，読者に手渡されることが大事なのかなと思います。

池田：ありがとうございます。今後，書き方を検討していく場合，内容や意図に応じた適した書き方があるはずだということですね。確かにそうなんですよね。教育は心が大事と言いながら，研究になると一気に心がなくなるんですよね。その心の部分をどうすれば，そのまま読者にも伝えられるのかというような話にもつながるかと思います。ありがとうございます。

7. 座談会を終えて

池田：最後に，お一人一言ずついただきたいと思います。

テキスト／対話の違い

櫻井：すごく面白い対話ができてよかったです。皆さんのお話を聞いて，テキストだけ読んだり，発表を聞いたりするのと印象が変わりました。ABRを学校教育に「取り入れる」ということに対する疑問から出発して，本書に書かせていただいたのですけれども，皆さん自身もこのことに疑問を感じながら取り組まれていたことが分かってよかったです。

男木島でのABRに向けて

吉川：ありがとうございます。今後の予定について今考えているのが，香川県の男木島っていう所で香川大学の美術講座の学生と一緒にABRができないかなと考えています。この前，男木島の人にあいさつをしに私一人でフェリーに乗って行ってきました。歩きながら写真を撮ったんですが，写真を撮りながら，来てみないと分からないことがあるなと思ったので，学生がどんな作品をつくるか楽しみです。また，今まであまり行ったことない島に行ってその土地を感じられるというのもさまざまな実践や探究が可能であるABRのいいところだと思います。コロナが落ち着いたら，いろんな人に来ていただいて，（森本さんの言う）旅行記をみんなで書きたいなと改めて思いました。

日本でのABRの可能性

森本：私からは，もう感謝の言葉しかないです。特に2019年は，私のよく分からないABRの説明を真摯に聞いてもらって，さらに様々な場所を訪問して実践に関わらせていただいて，本当にありがとうございました。これからも，もう少し我慢していろいろ一緒にやってもらえたらなと思っています。特に日本は，まだABRの理論がまだ広がり始めたばかりなので可能性しかなくて，本当に楽しいです。楽しいという思いがあれば進んでいくと思いますので，今後もぜひよろしくお願いします。

研究コミュニティの形成過程

小室：今日は，ありがとうございました。僕が笠原先生からABRを教えてもらったときは，まだ論文とか実践が全然なくて，国内だと慶應義塾大学の岡原先生が社会学の分野で出されていた論文ぐらいでした。そこから，今回，参加されている先生方と出会って，その輪がどんどん広がっていきました。こんなふうに研究というのは広がっていくんだなというのを間近で見させていただけたのはとても貴重な経験だと感じ

ておりますし，それが現在進行形で続いてますので，今後もさらに広くなっていくんだろうなとも感じています。

問いなおし，問い続けること

岩永：ABR に出会う前から表現活動って何だろうって考え続けてるんですけど，美術ってそもそも何かと考えたときに，自分がいつも根拠にしてるのは，人類が初めて表象行動をしたのが社会を形成したときに相手も同じ価値観を持ってるっていう前提で何か物を作り始めたということです。ただ，ABR でそれぞれが取り組んだものが何かというのは，共有や交流はするけれども，合理的な方向に行っちゃいけないと思っています。なので，自分が取り組んでる彫刻とか美術もそうですし，教育ってものも常に問い続ける。今まで築いてきた概念というのは変わっていくでしょうし，今われわれが持ってる美術ってものも常に問い直していって，それぞれが持ってる美術って何かというのも擦り合わせていかなきゃいけないし，アートと美術ってどう違うのかってことも考え続けて終わりのないものなんだろうと思っています。

年齢を問わない探究の姿

栗山：今日はありがとうございました。手塚先生が話されていましたが，私も探究活動って誰でもできる，もしくはどこかでやれてるものと思っていて，同じテーマでちっちゃい子から大人までできるものだと思います。仮に探究に科学的な根拠がなかったとしても，例えば，子ども達は，子ども達なりの創造的な探究を行えるし，大人はこれまで得た知識を含めて，いろんなことを考えられるんだろうなと思います。だから一つのことを一緒にいろんな年齢の人がやったら，そこに集まるだけのいろんな形が見えてくるという面白さも，もしかしたら，ABR にはあるのかなと思っています。

子どもを信頼し，ノイズを大切にする

生井：今日は，ありがとうございました。ABRをやってく上で大事なのは，圧倒的に子どもを信頼するということが，すごく大事だと思っています。任せていくっていうか，本気で任せないと本当の探究は始まらないんだろうなと思っています。

あと，もう一つは，ノイズを消さないということが大事かな。今はノイズを排除してしまいがちで。論文なんて，まさにノイズをどんどん消していって，きれいな文体にするんだけども，そうすると面白くないんですよね。だからノイズをいかに残しながら語っていけるかということが大事じゃないかなって思って，そんなことを，今日は考えてました。ぜひ旅がしたい。どこか行きたいと思ってます。皆さんで行ったら，すごい楽しいだろうなって思ってるので，よろしくお願いします。

ABRのグラデーションと自分ができること

和久井：今日は，どうもありがとうございました。自分自身は，今年笠原先生のゼミに入ってABRとは何かというところからスタートしたところでした。ですので，今日の実践を含めたお話をとても楽しく聞かせていただきました。また，今年はABRに関係する論文を書いていて，今Zoomで，ここに自分がいるというそのつながりにもすごく感謝しています。あと，今日のお話聞いていて，ABRっていっても結構いろんなグラデーションがあると思いました。その中で自分が小学校の教員として，子ども達とどういったABR的なことができるかを，あらためて考えていきたいなと思いました。

動的な知の探究

手塚：ここ数年の自分の取ってきた行動を振り返ってみると，ABRに初めて出会ったのも文献を読んで知ったというよりも，まず，自分でその場所に行ってみて，そこで触れる（体感する）というところから始まりま

した。実は2019年は，香川，東京，旭川の往復を，かなりの頻度でやっていました。もちろん，机に向かって論文を書いたりもしていたんですけれども，結局，何か思考する，考えるときって，私は移動しているときとか，誰かと会って話をして，そこで深まるっていう，そういうプロセスをすごく大事にしていたんだなと改めて思いました。

なので，多少寝られなくても，多少仕事が詰まっていても，でも，出張することを続けてきたのは，そこに行って，そこのモードに自分がはまることで探究が深まるから，そうしていたんじゃないかなと思います。まさに，この研究のやり方自体が，すごく探究的だったということを今，振り返りました。次の展開が楽しみです。旅したいです。ありがとうございます。

池田：最後に，笠原先生お願いします。

「共に」考え，動き，生み出すこと

笠原：ABRとの出会いを最初に話しましたけど，あれから，かれこれ10年弱ですが，だいぶ時間が過ぎました。特に2014年にリタ先生と出会って，同じくInSEAで池田先生，手塚先生，そしてもう一冊の「ABRから始まる探究(1)高等教育編」でご一緒いただいている茂木一司先生とご一緒したことは非常に大きなきっかけですね。その出会いがなければ，小松先生と科研をご一緒したり，今回の取り組みのようにみんなで一緒に研究を進めるっていうことはなかったと思います。また，森本さんも含めてカナダ，スペイン，オーストラリア，中国，韓国等の研究者と国際的に研究に取り組めたことにも本当に感謝しています。

ABRについて，私自身は皆さんにお示しするほどの研究がなかなか進まない中で，本当に動くことを先行する中で，皆さんの研究者としての，アーティストとしての，また，教育者としてのこれまでの蓄積された力が集まって，われわれなりのABRが立ち現れたり生み出されたりしていると感じています。関わりの中で研究が具体化して，それが少

しずつ，いろんなところに広がっていったり，また，多くの人の実践や研究を支えるような何かを生み出しつつあるというのは非常に喜ばしいことだと思います。

未知のものにどんなふうにみんなで取り組んでいけるのか。そこに何かまだ自分達が気付いていない，もしくは，あったらいいな，できたらいいなと思うけど具体化されていないものがたくさんあると思うんです。私たちが取り組んでいるこの限られた領域においても。だけど，それをみんなで楽しみながら，試行錯誤しながら，「リスクと書いて冒険」と称して踏み込んでいけるような，そんなことを引き続きご一緒させてもらえたらなと思います。

また次，数年後にどんな地平に皆さんと一緒に立つことができるのか。そこでどんなものを一緒に見ることができるのかということを非常に楽しみしています。これまで本当にどうもありがとうございました。また，これからもどうぞよろしくお願いします。

座談会という作品

池田：今日のお話にもありましたけれども，例えば，論文が一つの作品なのであれば，この座談会も一つの作品ということだと言えると思います。本当に美しい座談会（作品）になったなと思いながら，幸せな時間を過ごさせていただきました。本当に皆さんのおかげだと思っております。あらためまして感謝します。ありがとうございました。

註

1　小松佳代子編著 (2018)．美術教育の可能性　作品制作と芸術的省察　勁草書房

2　Lee, Y. S. N. & Irwin, L. R. (2020). *Mapping A/r/tography: Exhibition Catalogue.* InSEA Publication.

3　田中修二 (2018)．　近代日本彫刻史　国書刊行会, pp.97-98 を参照。

4　開隆堂　第1・2学年下みんなおいでよ　文部科学省検定済教科書小学校図画工作用　平成27年度用

5 Banchi, H., & Bell, R. (2008). The many levels of inquiry. *Science and children*, 46(2), 26.

6 河﨑美保(2019). 探究学習　大島純，千代西尾祐司編 学習科学ハンドブック 北大路書房

7 笠原広一，リタ・L・アーウィン編著(2019). アートグラフィー：芸術家／研究者／教育者として生きる探求の技法　ブックウェイ

特別講演録

海外の事例紹介

第16章

Arts-Based Research を実践的に学ぶ
バルセロナ大学の取り組みについての
講演とワークショップから

フェルナンド・H・ヘルナンデス
(バルセロナ大学)

1. ABR 理解のためのワークショップ企画

　ABR 研究を牽引する一人であるバルセロナ大学のフェルナンド・H・ヘルナンデス教授（Fernando Hernández-Hernández）が 2017 年 3 月に来日し講演会が行われた。招聘したのは小松佳代子・長岡造形大学教授（当時，東京藝術大学）で，科研費研究「教育空間におけるモノとメディア」（代表：今井康雄）の国際シンポジウム「教育空間におけるモノの意味」によるものである。今回，来日に際して東京学芸大学でもヘルナンデス教授によるワークショップを開催する機会をいただいた。バルセロナ大学で取り組んでいる学生との実践や地域の児童との活動を紹介してもらい，参加者とワークショップも行ってもらった。実際に参加者も活動してみることで実体験としても ABR について理解を深めてもらうことを意図した。ヘルナンデス教授によれば，彼が行ったのは ABR とは何かを説明することではなく，ABR のプロセスについての説明だという。たしかに ABR の概念や方法を知るだけでなく，それがどのように ABR に「なっていくのか」という一連の展開のプロセスとして（とともに）知ることが重要である。本稿では講演内容とワークショップの概要を報告する。[1]

企画名：Workshop on Arts-Based Research
日　時：2017年3月10日（金）13:00-17:00
場　所：東京学芸大学 美術教育演習室
参加者：本学教員・院生／学生，他大学教員・院生，その他で20名
講　師：フェルナンド・H・ヘルナンデス（Fernando Hernández-Hernández）
　　　　バルセロナ大学教授
内　容：講演，ワークショップ（各2時間）
通　訳：金　周熙（教員研修留学生）
司　会：笠原広一

2. 講演会の内容

笠原：本日はお集まりいただきありがとうございます。今回はABRの第一人者であるバルセロナ大学のフェルナンド・H・ヘルナンデス教授をお招きして講演とワークショップを行っていただきます。

Hernández（以下：H）：昨日は東京藝術大学で美術系の学生達とのセミナーでしたが，今日は教育学を学ぶ学生とご一緒いたします。ですので昨日とは違った内容になると思います。大学によって違いますので，美術教育においてABR研究を行った例を紹介いたします。皆さんは将来教師になる方々と聞いておりますので，子どもの時代の経験をいか

に探究するかが重要になります。

なぜあなたはここにいるのですか

　グループに別れる前にまず質問したいと思います。「なぜあなたはここに
いるのですか？」。例えばあなたは誰で，どうしてここにいるのですか。

院生：今回の内容が何をするのかピンとこなかったのですが，面白そうだと
　　　　思ったからきました。

H　：好奇心ですね，何が起こるかわからないからここにきたのですね。こ
　　　　れもあなたのためになると思いますよ。

学部1年生：海外の方の講演は初めてで，それと笠原先生の授業で面白かっ
　　　　たので気になっていました。

H　：それもまた好奇心ですね。あなた（他の方）はどうですか。

学生：私は国語科の学生で分野は違うのですが，卒業研究でワークショップ
　　　　について研究しようと思っています。日本のワークショップを研究し
　　　　ているのですが，今回は海外の方の話が聞けるので興味を持ってきま
　　　　した。

H　：何が起こるか分からないからここにきたのですね。きっと驚くことが
　　　　起きるかもしれませんね。とても危険なことが起こるワークショップ
　　　　ですよ（笑）。

学生：私は英語の研修生としてここで学んでいます。

H　：私の母語は英語ではありません。バルセロナからきていますので，私
　　　　も英語を練習しています。

教員：先生のことは知りませんでしたが，30年ほど前にバルセロナに行った
　　　　ことがあります。とてもいい街でした。バルセロナ大学の先生がこら
　　　　れるということでお会いしたいなと思って来ました。パブロ・ピカソ
　　　　に似ていらっしゃる。

H　：ピカソに似ているとよく言われますね（笑）。あなたは昨日も来ておら
　　　　れましたが今日も来ておられますね。

第 16 章　Arts-Based Researchを実践的に学ぶ　　279

他大院生：昨日の経験も素晴らしかったので，今日もそうした経験がしたい
　　　　　と思ってきました。

H　　：あなたはどうですか。

他大院生：危険なことが起こると思って！

H　　：あなたの人生も危険がたくさん起こりますね？　いい考え方ですね。
　　　　　もっと皆さんに聞いてみたいのですが，後でグループに分かれて聞い
　　　　　てみたいと思いますが，どうしてここにいるのか，どうしてこのよう
　　　　　に人々が集まったのかを知ることがまず基本です。ほとんどの教師は
　　　　　生徒がどんな人なのか知らない人が多いです。バルセロナ大学では二
　　　　　週間は生徒が誰であるのかを一生懸命話したりします。なぜなら自
　　　　　分のことが誰なのかを知ることで初めて芸術を生み出すことができ
　　　　　ます。

H　　：本日の午後にどのようにリサーチをするかをお話しします。どのよう
　　　　　に行うのか。異なった視点，異なったアプローチ，異なる認識論，普通
　　　　　人々が考えるリサーチとは異なるやり方です。

　複雑さを意識することによって，私たちは不確実性からは決して逃れられ
ないこと，完全な知識を得ることはできないことを知るのです。「全体性と
は真実のことではないのです」（Morin & Weinmann, 1994:101）

　これはフランスの思想家の言葉で，ABR はこのことに関連しています。科
学者の目的について書いているのですが，フォトブックによってリサーチメ
ソッドの考え方を越えていこうとしています。「リサーチとは……」と教師は
言いますが，特に私たちにとってアートは経験的な科学からやってきます。
あなたはあらゆるものがコントロールされる必要があることを求められま
す。しかし，私たちが行うリサーチはコントロール可能なものは何もありま
せん。今この瞬間も一度しかなく繰り返されることは無いのです。実験室な
らば何度も繰り返すことができるのですが，ここでは繰り返すことは出来ま
せん。このエドガー・モリンの言葉にあるのは「私たちは決して不確実さか

ら逃れることはできないのだ」(Morin & Weinmann, 1994:101)ということです。Arts-Based Educational Research（ABER）はこの不確実さと共に行われなければなりません。例えば，午後に私は皆さんに話そうと思ってきましたが，何を話すことになるのかはわかりません。あなたたち次第です。これも私にとっては不確実さなのです。あなた達と何を共に行うかであって何が起こるのか私には分からないのです。これが不確実さです。

　この風景（スライド）がバルセロナです。私たちの学部があるところです。この辺りがガウディのサグラダファミリアです。日本人が大好きですね。Esbrina は協会の名前です。この web サイトにはいろんな情報があるのでご覧ください。今日お話しするのはここでの話です。

　アートとは最終的な生産物ではなく，学習，反省，変化の体系的なプロセスです。

　まず ABER について，それがアートとはどう違った使い方をするものなのかをお話ししたいと思います。アートは最終的な生産物のことではありません。学習と省察と変化のシステマティックなプロセスのことなのです。そのことを示す資料(Joe Spnence: The Family Album)としてジョウ・スペンス（1978-1979）の家族の記録を収録したアルバムを用意しました。ここに家族の写真があり，その上にそこで何が起こったのかを省察した文章があります。そこには社会に方向付けられたコンテクストも含まれ，ここで再び意味づけがなされるのです。これがリサーチの例でありアートの中で行われる例です。彼は何が起こっているのかを学習し，自分自身を省察し，自分自身のパーソナリティを変化させていくのです。あなた（通訳）はパフォーマーなのでもう少し動くスペースを差し上げますね（笑）。なぜならあなたは通訳者であるばかりか，とても優れたパフォーマーなのですから（身振り手振りで通訳や会場を和ませる）。とても素晴らしい！　もっと場所を使ってもいいですよ，動いてください！　みなさんもお分かりでしょうが，彼女はリアルタイムに演じているのです！

第 16 章　Arts-Based Research を実践的に学ぶ　　281

「アートとは，即興的に考え，学ぶための再帰的なシステム」であり，知識の獲得は「実験的学習の可能性の異質な連続性」を通して現れる「形成，情報，変容」の瞬間毎のフィードバックを通して行われる。(Rollings, 2013: p,13)

昨日も話しましたが重要なことはアートは何か事を行うことなのではなく，即興的な方法による思考であり，学習の再帰的なシステムだということです。即興的な方法なのです。アートの重要性とはとりわけ教育にとっては「出来事の創造」です。私たちは出来事の一部分の中でまさに学ぶのです。出来事は私に何かをプラスするのです。

次の例は芸術家になるということが何を意味するのかを示すもので英国の作家ティノ・セーガル (Tino Sehgal) の作品 (Bienalle di Venezia, 2013) です。彼はモノとしての作品を決して作りません。単純に出来事をつくっているのです。彼はこの場にいないのですが，この場で人が集まっているイベントを作っているのです。彼は人が何かを考える状況を作っているのです。私にとって教師になるということは，こうした創造的な出来事を作ることだと考えます。私たちは (今日) そうしたクリエイティブな出来事を作ることになるのです。このことは重要です。私たちは出来事を生み出す状況を作り出すという，四ヶ月間の実験をしました。そこで何をしたのか，何が起こったかを説明します。

アートについて語るとき，私たちはそれを重要な実践として考えることができます。それは，あらゆる知識にアプローチするための形式，手法，方法論かもしれません」(Atkinson, 2015)

英国のデニス・アトキンソン (Dennis Atkinson) は，私たちがアートについて話している時というのは生命的な実践なのだと述べています (Atkinson, 2015)。アートについて語ることは私たちの生に影響を与えるものなのです。私にとって，教えること，学習することは，このような生命的な実践である必要があります。そしてリサーチすること，教えること，学習することも同様です。

- 芸術の価値とは，見ること，考えること，行うこと，感じることの新しい，あるいは修正された方法を生み出す感情の力であると私は言いたい。
- ここでは，感情の力が思考に先行する。
- アートの出来事とは主観的な生産物ではなく，出発地点であり，発生地点である。

(Atkinson, 2015:1)

　アートの価値とは，アートに内在する，見ること，考えること，行うこと，感じることの新しい方法や適切な方法を生み出すための感情的な力を通して生み出されると私は考えています。感情はあなたに異なった考え方をもたらします。そして「感情の力は思考に先行する」ものであり，アートの出来事，学習としての「アートの出来事とは主観的な生産物ではなく，出発地点であり，発生地点である」(Atkinson, 2015:1)。そして学んでいる時に起こっていること，それが（ここで言う）「出来事」なのです。

表1　芸術による研究の類型

Creative Research	Practice Based Research	Research on/with images	Arts-Based (Educational) Research
	Artistic Research		
		Sensorial Research	
	The Artists as Social Researcher		

　次に重要なのは研究方法の違いです（表1）。「Creative Research」は芸術が重要な要素となりますが，「Practice Based Research」では美術制作などの実践に基づくものになります。「Artistic Research」は表現的で芸術的な行為に基づくリサーチで，「The Artists as Social Researcher」という社会的な探究を行う芸術家や，「Research on/with images」はイメージに基づくリサーチの方法で，イメージによるコミュニケーションなども含みます。次に「Arts-Based

（Educational）Research」は今から私の見解を説明しようとしているものです。「Sensorial Research」は新しい実践の方法ですが，これは人々の体験に注意を向けるもので，教育や美術制作や街を歩いたり，様々な感覚的な探究を行うものです。そして ABR がこれらの体系の中でどこに位置しているかを理解することが重要です。

　芸術に基づく研究の方法論は，芸術家・研究者の実践，あるいは芸術的実践に由来する探究アプローチから生まれ，想像され，派生するものであり，これらの方法は，科学ではできない方向に研究者を導く柔軟な結果をもたらすことができる。（Rolling, 2010）.

　今から私たちのABRについてお話ししますが，今日お話ししようとしているアートに基づく研究の方法論というのは，想像することや芸術的な探究に由来するものであり，芸術的な実践によって為されるものです。方法を芸術から取り入れているという点が重要です。そして芸術から取り入れた方法を教育へと持ち込んでいくのです。

　バロンとアイスナーは，ABER について，芸術的手法（文学的，視覚的，パフォーマンス的）を用いて，異なる主体（研究者，読者，協力者）による経験の実践とその経験に関する解釈を説明する，他の種類の研究では見えない側面を明らかにする質的志向性を持った研究の一種であると述べている。（Barone & Eisner, 2006）

　今から私たちのABRについてお話ししますが，今日お話ししようとしている ABR ですが，アイスナーとバロンは 2006 年に *Handbook of Complementary Methods in Education Research* を刊行していますが，その中で二人は共著で 'Arts-Based Educational Research' を書いています。これが基本となる ABR の説明となっています。この論文が出てくるまで ABR は教育学研究の範疇に入ってはいなかったのです。この中で彼らが述べているのですが，AB（E）

Rの中に「E（Education）」があることがとても重要です。ABERは質的研究の志向性を持っており，詩や視覚芸術や演劇などの芸術の方法を採用することによって，研究者や読者や協同で取り組む者といった異なる主体の経験的な実践や，彼ら自身による経験の解釈をも説明するものであり，他の研究方法では視覚化できない側面を顕にするのです（Barone & Eisner, 2006）。ここで重要なのは「他の研究方法では視覚化できない側面を顕にする」という点です。これがABERを理解する出発点となります。芸術を方法として用いることで，視覚化できなかったもの，気づかなかったものを視覚化できるということが重要なのです。

　リサーチとは常に問いと関連しながら存在します。重要なことは，問いは半分だけが存在しているのであり，確定できるものではないのです。その問いはリサーチのプロセスの中で変化していくことができるのです。最後には違う問いになっていたりします。このスライドにあるように，私たちは知らないこと（unknown）について質問することができますし，既に知っていることについて研究する必要はないわけです。例えば，インタビューのような方法を用いる時には知らないことを聞くわけです。知らないことについて質問項目を組み立てるわけです。聴く側の人はそのことを知らないのです。「Creative Research Methods」[2]をグーグルで検索するとたくさんの情報が出てきて，多くの人々がこのことに関心を寄せていることがわかるでしょう。社会科学，医学，教育のための研究方法において，芸術的な研究の取り組みがなされているのです。

　・ABERについてどうやって学ぶのか
　・私たちに影響を与えているものをどうやって調べるのか
　・わからないことをどうやって調べるのか

「ABERについてどうやって学ぶのか」。これが私からの最初の質問です。これは昨年9月にバルセロナでABRについて学びたいと思っている15人の

研究者と出会ったときの質問です。どのように彼らに ABR を教えるのか？
そこで私がしたことは，それを「教える」のではなく，それを「行っていく」
ことでした。重要なのは ABR について話すことではなく，行っていくことで
「生きる」ことなのです。もう一つ重要な問いは「私たちに影響を与えている
ものをどうやって調べるのか」いうことです。三つ目の質問は，「私たち自身
わからないことをどうやって調べるのか」ということです。これがスタート
の際の三つの質問です。

現代において子どもとは何か？

　今年の後半の学期の問いは，「現代において子どもとは何か？」です。今日，
子どもであるということは何を意味するのか。このことはあなたが教師にな
る上で重要であり，このことが何を意味するかを知る必要があります。なぜ
なら子ども時代とはある種の「思考」ではなく「体験」なのです。私が初めて
日本に来たのは 2008 年でした。そして 9 年後にここに来ていろんなことが変
わっていることに気づきました。時にこの中にいるとそれに気づくことはで
きないでしょう。しかしそこから出て外側から見れば，この 9 年間に様々な
ことが変わっていることに気づきます。同じカーテンでも子どもたちの経験
では昨年とは異なっているのです。心理学者が言うように，子ども時代とは
体験であり，誰もが子ども時代を体験しています。もしあなたが今子どもの
体験をしたいと思うならば ABR を行ってみるとよいのです。

　次の事例では本日のような座り方ではなく，15 人ほどが自由に教師や生
徒が様々な高さに座っていました。毎週月曜と火曜に 10 時から 12 時ごろ
まで行いました。そして ABR を学ぶ中で毎週そこに集まったことよりも重
要だったのは，そこで毎週朝食を一緒にとったということです。それが大事
だったのだと思います。それがなぜ大事だったと思いますか？　それを通し
て自分がそのグループの一員だと感じることができたことが大切だったので
す。もしそのグループを大事だと思ったら，そのメンバーに注意を払うから
です。例えばある日の朝，ある人はお茶を持ってきたり，ケーキを持ってきた
らお互いに与え会えます。

私たちが調べようとしていたテーマは「現代の子どものあり方」でした。どのように展開していくのか，グループとしてどのようなアプローチをとるのか，最初はわかりませんでした。（学生の記録より）

　これは学生が行った (ABR) 活動のプロセスのドキュメント（記録）です。ノートをとります。写真を撮り記録をつける。基本的な活動です。これはいずれも学生によるものです。ここで調査したのは「今日どのようにして子どもになるのか」ということです。はじめはどのようにしてこの問いを発展させてよいかわかりませんでした。グループでどのようにアプローチするのかも。当初学生たちは自分たちが何をすべきかが明確ではないため不安になりました。私も彼らが何をすべきだったかは明確にはわかりませんでした。私たちが初めにもっているのはこの問いだけなのです。何が起こるのかもわかりませんでした。

調べる場所として，考えるプロセスとして，子どもの頃の経験がある。
　このたくさんの写真はファッション雑誌のように子どもたちが自分を表現しようとしたものです。この写真は子どもたちに許可をとっていますので，後で一人ひとりが誰でどんな人であるかがわかってきます。ここでの問いは，「調べる場所としての，考えるプロセスとしての，子ども時代の経験」です。このことが重要なのは，私たちの研究にとってはエビデンスにつながっていることや思考のプロセス，あなたに何を考えさせるのかが重要だからです。

- 私にとって重要だったのは，子ども時代のテキストやイメージを共有することでした。
- 私たちは非常に個人的で深遠な部分をお互いに見せ合っています。
- 積極的に耳を傾け，偏見のない共感を得ることができました。

　この写真の部屋ではこのようにグループで座りました。彼はブラジルから招聘した研究者です。グループに混ざって一ヶ月参加しました。私たちはど

のように研究のプロセスをリサーチするのだろうか。自分はどのようにして自分の中にある子ども時代を見ることができるのか。私たちは自分が子どもであった時の，子どもであることの経験について書かれた文章を参照しました。私たちが子どもだった時の写真について文章を書きました。ABRで少し異なるステップとして覚えておいてほしいのが，「ABRではエビデンスを探しに行くのではなく，ABRではエビデンスを創り出すのだ」ということです。このことはとても重要なことです。エビデンスを「見つけ出す」のではないのです。「創り出す（create）」のです。まずテキストの中で「私にとって重要だったのは，子ども時代のテキストやイメージを共有することでした」。その次になされた調査での問いは，その書かれた文章やイメージや物の内容やテーマについて話すというものです。ABRにおける問いとは，考えることが難しいくらいに明確ではないものなのです。このイメージは私たちに何を思考させるのでしょうか。私たちはその内容をどのように考えていけば良いのかについて，アイディアを見つけ出すことができませんでした。こちらの写真では，「私たちは非常に個人的で深遠な部分をお互いに見せ合いました」。トラウマ，傾聴，共感など，とても興味深い状況でした。なぜなら私たちは先入観無しに聴くということを学んだからです。

- 個人的なストーリーを書くことや共有することはグループの助けとなるし，お互いを知り開示する方法になる。
- 自分のストーリーを知らない人の前で読み上げるのは挑戦でした。
- シャイと確信のなさとの間で最初少し戸惑いました。
- でも授業が進むにつれて私たちは同じような方法ですべてを開示し，グループ内の確信も高まっていきました。

これは例文と写真です。一番重要なことは教師もそのグループの一人であるということです。これは私が1歳と5歳の時の写真で，私が自分について書いたものです。私はこれをまず学生に紹介しました。私は学生と同じグループ内の一人なのです。個人的なストーリーを書くことや共有することはグ

ループの助けになるし，お互いを知り開示する方法になります。これを示すことは学生が互いを知るための一番よい方法です。私にとって自分のストーリーを知らない人の前で読み上げることは挑戦でした。シャイと確信のなさとの間で最初少し戸惑いました。でも授業が進むにつれて私たちは同じような方法ですべてを開示し，グループ内の確信も高まっていきました。経験とエビデンスを挟み込んで共有するのです。

子ども自体の系譜に関連する読み物："Constructing childhood" (Marilyn Fleer, Mariane Heregaard and Jonathan Tudge), "Understanfing childhood"(Mary Jane Kehily) "Understanding children and childhood" (Virginia Morrow). Introduction by Carlos, Leonardo, Marina, Carlota. [3]

ここに子ども時代の研究の系譜があります。私たちの社会は「子ども時代(childhood)」を創りだしましたし，芸術家もまた子ども時代を創りだしました。子ども時代はその時代に合ったものにつくり変えられます。時代を超えて世紀を超えて。私は授業でこれらの本を学生に提示します。なぜなら，自分の子ども時代を考える上で役に立つからです。振り返ることは単に個人的な行為というわけではなくて，再度自己同定化していくプロセスなのです。そのためには子ども時代がどのように研究されてきたのかについて知る必要があるのです。では，私たちは「どこ」で子ども時代について理解するのでしょうか。心理学者が，教育学者が，医者が，メディアが，子ども時代を何と言っているのか。いろいろな視点から読むこと，学生たちのディスカッションを見ることが（この場合の）研究なのです。

ファッション誌の中の子ども時代

学生グループの中には，ファッション雑誌の中から子ども時代を表すイメージを何百も集めてきて研究する者もあります。「現代写真において子どもはどのように表されてきたか」を調べたグループもあります。写真家や芸術家はなぜ，どんな視点で子ども時代を表現しているのかを学生にまず問

いかけました。写真家の写真から子ども時代を研究する者もいれば，ファッション雑誌から子ども時代の経験について研究する者もいます。私たちは雑誌や写真家に対する異なる思考や文脈や物語からの自分たちの「読み方」がありますから，それを互いに接続していくわけです。

- 子ども時代とは他者であるあなたへの期待の中で行われるトレーニング期のようなものだ。
- 私たちは体験にまつわる言説について話した。
- 子ども時代の体験という一般的なものがあるのではなく，それぞれ具体的な子ども時代の体験があるのだ。

- 子ども時代とは大人の投影物だ。
- 子どもたちの個々の物語は歴史的文脈の中にある。
- 子ども時代は芸術的な形式で表象できるのだ。
- 無邪気な，怪奇な，性的視点が付加された，変容する，自律的な，無防備な，正々堂々とした，大人びた，おかしさ……といった様々な子ども時代の表象がある
- 子ども時代は社会的に構築される。

私たちは ABR のプロセスで自分の写真を撮ったりもしました。この修士の院生はそうしたイベントに皆を招待したりもしました。子ども時代についてのあなたたちの疑問とは，自分たちだけでなく，自分が生きている社会の文化も含めて考えていくものなのです。子ども時代の体験とは一体いかなる体験なのか。内的体験とは何なのか。子ども時代の体験という一般的なものがあるのではなくて，それぞれ具体的な子ども時代の体験があるのです。子ども時代とは大人が投影したものなのです。それは特に教師にとってはそうでしょう。子どもたちの個々の物語は歴史的な文脈の中にあります。そしてそれは芸術的な形式で表象することができるものです。芸術家は映画や漫画などを通して，子ども時代の表象において重要な役割を担うのです。無邪気な子ども時代，怪奇な子ども時代，性的視点が付加された子ども時代，変容する子ども時代。自律性は日本においてはアニメの中での子どもの自律性が他の国とは少し違うように思えます。他にも無防備さ，正々堂々，大人ぴた感じ，おかしさといった様々ものを通して様々な子ども時代の表象がなされる。そして私たちの結論は，子ども時代とは社会的に構築される，ということです。

　2016 年 11 月 29 日（火），フェルナンドは子どもたちに対し手紙で，ミーティングに何を持って行こうとしているのか，自分たちが誰なのかを簡単に紹介しました。手紙にはミーティング中の音声や映像の記録の肖像権についても書かれてあります。それとは別に保護者にも手紙が必要かどうか，子どもに送ったものと同様の内容でよいかなど，家族に伝えることについての質問も出てきました。それが議論され，最後は同じものを用意して配ることで同意を得ました（子どもたちや関係者や保護者へコピーを送ること）。この手紙を学校に送り，8 歳から 9 歳の子どもたちと私たちが行ったことと同様のことを行いたいということを申し出ました。そして一つの方法として自分のことについて書いたり，自分の子ども時代を表象する写真をもってきたり，大学に来てあなたと私の子ども時代の体験について共有したりすることを書きました。ある日のこと，大学のカフェはいつもと少し違っていました。子どもたちが大学にやってきたのです。三人の学生が子どもたちと待ち合わせ

に向かいました。みんなで3分ほど歩いて到着しました。残りのメンバーは教室に適切なスペースを設定して準備しました。

空間の再利用：教室から出会いの場へ

とうに忘れてしまった無邪気さを迎え入れるために，私たちは空間を変化させたいと思いました。ここで出会い，活動して，子どもたちの言葉や音，作品を共有したり，全てのプロセスをドキュメンティング（記録）するのです。そうした出来事をつくるのに2時間かかりました。

学びと研究の場を共有する

子どもたちを制作場所に連れて行く前に，私たちの研究の場所に連れて行きました。どのように私たちが学び，彼らが学ぶのかをシェアしました。自分たちの子ども時代を表す物をもってきて，それを置くテーブルを用意しました。男の子と女の子と，自分たちの研究と子どもたちの研究をシェアするものを持ち寄り，丸く並べられたた椅子に座ってシェアしまいた。私は学校ではどのように学んでいるのかを子どもたちに尋ね，私たちからは大学でのどのように学んでいるかを話しました。

学校や大学での学び方について

この写真では，一人ずつ子どもが真ん中に立ち，学校でどのように学んでいるかを話しています。次に学生も真ん中に立って，自分たちがアートベースの授業でどのように学んでいるかを話します。このとき学生たちは，子ど

もたちが恥ずかしがることもなく自分のことを発表することにとても驚いていました。ここで起こっている出来事は写真とビデオで記録しています。いまここで起こりつつあること（emergence）のエヴィデンスとなります。その過程を記録する。これらのイメージによって，子ども時代についてどのように考えることができるでしょうか？

子どもの頃のことを考えてみよう

　どんな物が子ども時代の何を私たちに思い起こさせるのかを考えました。学生は，ここにもってきた文章や写真などを紹介し共有しました。2名の学生と子ども3名が座っているこのグループでは，子どもたちはグループ学習が自分の限界を超えたり，他者が知っていることを学びあったりする機会になるなど，活動の重要さを強調していることに驚いたと言います。そして大学での学習との違いを学び，学校ではグループでの学習が基盤になっていることを理解しました。この後ろの壁に 6m × 1.5m の紙が貼ってありますが，ここに自分たちの教室を描いたりしました。とても混沌としていましたが活気ある時間でした。このときに子どもたちが持ってきた自分についての資料です。

　子ども時代についてのビジュアル・ナラティヴを共有しました。私たちは3人の子どもと2人のグループで作業をしました。パートナーのヨハンナと私が一緒に作業をした子どもたちには，私にとって意外なことが起こりま

Using artistic methods to give account of the sharing process

第16章　Arts-Based Researchを実践的に学ぶ　　293

した。グループでの活動は，いかに自分の限界を克服し，学び，また自分の知っていることを共有して他の人を助ける機会を与えてくれるかを教えてくれました。

子どもであることの意味を共有する

　これらの色紙に「子どもであること」とはどういうことかを文章で書き，それを壁に貼って自分たちの経験をシェアします。これらはアーティスティックな地図制作なのです。そして子どもたちは壁につくられた地図の前で，自分がもってきたものがどういう意味を持つかを語ります。大学生も自分の子どもの時の経験について語ります。子どもたちの先生たちもここにいます。また，活動の過程で重要だと思ったことですが，こうして途中でポラロイドカメラを使って子どもたちの写真を撮り，今日の出会いと記憶のためにお土産にしました。

Sharing the meaning of the childhood objects

出会いのおみやげ

　私たちの学びは，子どもたちや大学での研究だけではありません。恐怖，空想，欲望，自分の意見と同じかそれ以上に興味深い意見の出現，すべての会話を理解し，非難することなくすべてを利用する能力など，私たちの人生のすべての面に通じるものです。

　私たちの学習は子どもと大学に関する研究に限定されません。子どもたち

は私たちの人生のすべての側面を通過します。例えば，恐れ，空想，欲望から
すべて。そしてあなたの意見や，それ以上に興味深いあらゆる話を理解し，ひ
どい判断をせずに，すべての話を活用する能力といった多様な意見の出現を
経験するのです。そして自己を開示することやシェアすることの大切さを理
解するのです。これがみんなで撮った集合写真です。

　いえ，ABR は私の目を世界，生命，無限の知識と知恵に開いたわけではあ
りませんでした。しかし，私はそれが研究の方法として芸術的な道具の使用
を深める可能性の観点から見て重要なステップを表しているのだと考えてい
ます。そしてグループワークへの私の自信という点では，このことはこれま
でずっと私のアキレス腱でした。私たちは共有したこれらの全ての経験や子
ども時代の経験を表す写真など全ての取り組みを論文にまとめました。これ
らを論文として発表することは，この取り組みのプロセスを社会へ公開する
ことであり，公共的なものにする説明を付与することなのです。

芸術家，教育者，研究者は，状況の創造者である

　最後に，芸術家，教育者，研究者は環境のクリエーターです。それは未だ何
かわからないものを探索することであり，芸術的な思考（artistic thinking）の
方法論です。ABR は条件を作り出すのです。テキストとビジュアルメソッド
を用いて生起すること（出来事）やすべての物語へ説明を加えるのです。今
日は ABR とは何かを説明するのではなく ABR のプロセスについて説明した
かったのです。そこでバルセロナ大学と学校の子どもたちが ABR を通して
どのようにコラボレーションしたのかをお見せしたというわけです。ありが
とうございます。

3.　ワークショップの内容

　講演の後に質疑応答が行われ，その後ワークショップが始まった。まず 4,
5 人程度のグループになり，講演を聞いて考えたことを話し合い，そのことを
テーブル上の模造紙にペンで書き込んでいく。それを発表し，グループごと
の内容を共有する。そして予め参加者に連絡して持ってきてもらっていた自

分の研究と関連する「もの」をテーブに置き，それについて話してもらった。

　そこで感じたことや考えたことを付箋に書き込んで貼っていく。そうすると，テーブルの上が持参してきた自分の研究に関連する「もの」と，それにまつわる感想や思考が言葉として広がり，テーブルの上がインスタレーションのようになっていく。こうしたプロセスによってABRについての議論と自分にとっての研修（理解）を「もの」を通して結びつけ，さらに対話と紹介，参加者相互のコメントや気づきを重層的にリンクさせていったのである。最後に参加者全員が輪になり，活動を振り返って感じたことを言葉にして共有し，ワークショップは終了した。

4. さいごに

　ワークショップを通してABRを実践的に理解することがテーマであったが，単に方法を学ぶというよりも，ABRの取り組みをここに集った人々と実際に立ち上げてみることで，ABRとは何なのかを実体験をとおして学ぶことができた。今回紹介していただいたABRの基本的な考え方や事例，ワークショップを理解の出発点として，今後の取り組みを重ね，拡げていきたい。

謝辞

　ワークショップの開催に際してはヘルナンデス先生と小松佳代子先生に多大なご協力をいただきました。参加者の皆様の積極的なワークショップへの参加がABRの実践的理解を深めました。金周熙先生の通訳のサポートにも御礼申し上げます。本研究は科研費（18H01010; 18H00622; 26381083），カナダ政府人文・社会科学研究評議（SSHRC:890-2017-0006）の助成を受けています。

Atkinson, D. (2015). The adventure of pedagogy, learning and the not-known. *Subjectivity*, 8, 43–56. https://doi.org/10.1057/sub.2014.22

Barone, T., & Eisner, E. (2006). Arts-Based Educational Research. In J. L. Green, G. Camilli, & P. B. Elmore (Eds.), *Handbook of complementary methods in education research* (pp. 95–109). Lawrence Erlbaum Associates Publishers.

Morin, Edgar & Weinmann, Heinz (1994). *La Complexité Humaine*. Pari: Flammarion.

Rolling, J. H. (2010). A Paradigm Analysis of Arts-Based Research and Implications for Education, *Studies in Art Education*, 51:2, 102-114, DOI: 10.1080/00393541.2010.11518795

Rolling, J. H. (2013). *Arts-Based Research Primer*. Peter Lang Inc., International Academic Publishers.

註

1　本ワークショップは以下の報告書で概要を報告済みだが，本稿では講演全データを収録している。笠原広一 (2017)「Workshop on Arts-Based Research：フェルナンド・H・ヘルナンデス教授によるワークショップ　統合的芸術体験の理論と実践の理解に向けて」，笠原広一，山本一成，坂倉真衣『芸術活動を媒介とした統合的な自然体験を基礎とする幼児教育実践体系の構築』科学研究費補助金（基盤C）平成26年度〜平成28年度，研究成果報告書（課題番号26381083），p. 78

2　ヘレン・カラ(Helen Kara)による "Creative Research Methods in the Social Sciences" Policy Press, 2015. https://helenkara.com/2015/03/26/creative-research-methods/（2018年5月6日）

3　Fleer, M., Heregaard, M. & Tudge, J. (2008). *Constructing Childhood: Global–Local Policies and Practices*. NY: Routledge.

　Kehily, M. J. (2013). *Understanding Childhood: A Cross Disciplinary Approach*. Bristol:

Policy Press.

Morrow, V. (2011). *Understanding children and childhood*. Southern Cross University, Centre for Children and Young People; Lismore, NSW.

おわりに

　今回，Arts-based Research（ABR）の初等教育における理論と実践化の試み
を紹介した。冒頭でも述べたが，これらは ABR を「学校教育にどう応用する
か」「学校教育での ABR 実践とはどんなものか」を直接例示するものではない。
実践者や研究者が ABR を学びつつ，自身の実践や研究を捉え直したときに何
が見えるのか，どのような実践が立ち現れるのかを問いかけた試行錯誤を開
示したものだという表現が適切だろう。ABR を単に目新しい「使える」方法
として取り入れるならば，ABR が問い深めてきたものが何なのかを深く知る
ことなく「消費」して終わってしまうだろう。確かに未だ理解の途上ではある
が，それでも先行する理論や実践のキャッチアップではなく，私たちなりの
学術的貢献（学校教育での可能性）を模索した四年間であった。特に収録した
学校園での実践は本研究期間の前半に初期の理論研究と並行して行なったも
ので，中盤以降は新型コロナウィルスの感染拡大に伴い実施が見送られたた
め，その後進んだ理論研究と歩調を合わせた後半期の実践は行うことができ
なかった。それゆえページの進行とは逆に本書の後半が初期の実践となり，
前半の理論研究を反映した実践については後続の研究で紹介できればと思
う。そうした制約はあるものの，本書掲載分の実践は海外で刊行される ABR
関連書籍に収録予定であり，ABR の議論に参加する中でこうした国際貢献も
進んだことは私たちなりの応答責任を果たせたものと自負している。
　学校教育や教員養成の目的や制度，内容や方法の考え方には国毎に違いも
大きい。しかし，様々な社会問題が国を超えて影響し合うと同時に，相互の交
流が国境や言語を超えて活発化する今日，共通する学術的営為の上に各国の
実践を共有することで新たな美術教育研究の共創空間を創り出すことは大き
な意義がある。この間に出会った園児や児童の表現と探究は私たちのこれま
での美術教育の考え方を大きく更新させるものであった。目の前の子どもの
姿とその背後にある実践と理論の奥行きを意識しながら美術教育の可能性の

模索に取り組み，私たちの文脈からの展開可能性を引き続き国内外に発信していきたい。今後はぜひ読者の皆様の研究や実践を聞かせていただき，新たなコラボレーションが生まれることも期待している。

（笠原広一）

「ファーストペンギン」という言葉がある。この言葉は，集団で行動する群れの中から獲物を求めて天敵がいる可能性のある海に最初に飛び込む一羽のペンギンのことを指す。このことから，最初に行動を起こす人，リスクを恐れず初めてのことにチャレンジする人がそのように呼ばれる。今回私達は，まさにその一羽たらんと飛び込んだ感がある。理解してから飛び込むのではなく，その渦中に入ってから，もしくはうねりにもまれながら模索し，思考し，行動し，各自が得たどこか心許ない知を持ち寄ることで再考し，その繰り返しの中でABRの本質への接近を試みた。それはまさに生きた探究であったと思う。この営みを今後も継続し，読者の皆様からの忌憚のないご意見を頂戴することで建設的な議論を積み重ねていければ幸甚である。

（池田吏志）

ABRという「フィルター」から覗く世界をどのように描き／書き出すのか。「フィルター」そのものを創作しながら進める実践先行型の研究では，探究を深める2つのきっかけがあったと考える。1つ目は，協働的なふりかえりである。各執筆者の専門性からそれぞれに見いだされた「ABRという知の営み」の＜あいだ＞を探ることで新たな知に接近することが可能となった。2つ目は，過去の実践のふりかえりである。時間の経過と共に新たな知識や感覚を獲得することが，当時の理解を越えた理解を導いた。そのように考えると，本書に執筆されたテクストは各執筆者の「今」の探究の成果として切り取られた一部である。この先も続く探究の旅路を，読者のみなさんと共にすることを楽しみにしている。

（手塚千尋）

本研究は科研費研究 基盤研究 (B)「Arts-Based Research による芸術を基盤とした探究型学習理論の構築」(18H01010)(代表：笠原広一)の助成を受けて実施した取り組みである。同時期に行われた ABR 関連の複数の研究プロジェクトとも相互に連携しながら取り組んできた成果でもある[1]。各大学の研究分担者，全国各地の附属学校園や公立学校の教職員の皆様，研究員，大学院生，学部生等の参画によって実現された。また，海外の研究者の協力なくして実現はできなかった。ブリティッシュ・コロンビア大学のリタ・L・アーウィン教授，同大学博士課程院生の森本謙，マルジェ・モサバルザデ，コンコルディア大学のアニタ・シナー教授，バルセロナ大学のフェルナンド・H・ヘルナンデス教授，杭州師範大学の胡俊准教授らには，日本で講演やワークショップを実施していただいた。また，本メンバーや大学院生・学部生とともに海外の学会や現地大学を訪問した際には暖かく迎えていただき，レクチャーやワークショップなど貴重な機会をいただいた。そして各大学の研究支援および学務支援等の皆様にも多くのサポートをいただいた。編集印刷では小野高速印刷株式会社の湯川祥史郎様，黒田貴子様に，編集作業では東京学芸大学大学院生の小島菜緒子さん，元院生の高橋美花さんにご協力いただいた。この場をお借りして皆様に御礼申し上げる。

　本研究の成果がアート，研究（リサーチ），教育（実践）に関わる多くの方々の取り組みの一助となれば幸いである。

2022 年 3 月

笠原広一・池田吏志・手塚千尋

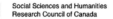

1 以下の研究プロジェクトからも多くの示唆に富む知見をご提供いただいた。
科研費研究 基盤研究 (B)「判断力養成としての美術教育の歴史的・哲学的・実践的研究」(18H00622) (代表：小松佳代子)
科研費研究 基盤研究 (B)「インクルーシブアート教育論および視覚障害等のためのメディア教材・カリキュラムの開発」(18H01007) (代表：茂木一司)
カナダ社会・人文科学研究会議 (SSHRC)「Mapping A/r/tography: Transnational storytelling across historical and cultural routes of significance」(890-2017-0006.) (PI: Irwin, L. Rita).

著者紹介（編者以降執筆章順）

笠原広一（Koichi Kasahara）編者　1章，5章，7章，9章，15章

　東京学芸大学教育学部准教授。専門は芸術教育学。アート・ワークショップ，幼児の美術教育，A/r/tography や Arts-based Research（ABR）の研究に取り組んでいる。著書に『子どものワークショップと体験理解：感性的視点からの実践研究のアプローチ』（単著，九州大学出版会），『美術教育の現在から』（分担，学術研究出版 Bookway）『アートがひらく保育と子ども理解：多様な子どもの姿と表現の共有を目指して』（編著，東京学芸大学出版会），『アートグラフィー：芸術家／研究者／教育者として生きる探求の技法』（共編著，学術研究出版 Bookway）他がある。

池田吏志（Satoshi Ikeda）編者　3章，15章

　広島大学大学院人間社会科学研究科准教授。アートと障害の交点を主な研究領域とし，質的調査，サーベイ，アクション・リサーチ，ワークショップなどの実践・研究を通して，障害のある人達のエンパワーメント及び共生社会の実現を目指している。主著には，『重度・重複障害児の造形活動− QOL を高める指導理論』（単著，ジアース教育新社），「特別支援学校における美術の実施実態に関する全国調査」（共著，『美術教育学』38 号）がある。

手塚千尋（Chihiro Tetsuka）編者　4章，5章，6章，11章，15章

　明治学院大学心理学部教育発達学科准教授。専門は美術教育。人とひととがより良く生きることに貢献できる学びの環境デザイン原則の構築を目指して，これまでに広義の異文化理解アートワークショップの実践や実践研究，教科教育における協働的な学びの実践研究に取り組んでいる。主著に『色のまなび辞典』（編著，星の環会），「美術（アート）の領域固有性と協調的な問題解決スキルに関する一考察」（単著，『美術教育研究』52 号）がある。

和久井智洋（Tomohiro Wakui）　2章，15章

　東京学芸大学大学院教育学研究科教育実践専門職高度化専攻教科領域指導プログラム美術・工芸教育サブプログラム在学中。東京都公立小学校主任教諭（図工専科）。

吉川暢子（Nobuko Yoshikawa）　5章，15章

　香川大学教育学部准教授。専門は幼児造形，親子の造形ワークショップなど。高松市芸術士派遣事業における芸術士®としても活動し，子どもの表現について研究を進めている。『アートがひらく保育と子供理解─多様な子どもの姿と表現の共有を目指して』（分担執筆，東京学芸大学出版会），「子どもの表現を育む場における芸術士®の役割と課題」（単著，『美術教育学研究』53号）他。

森本　謙（Ken Morimoto）　5章，7章，15章

　ブリティッシュ・コロンビア大学カリキュラム・教育学科の博士課程に在籍し，芸術教育を専門とする。研究テーマは，芸術に基づく教育研究，美的経験，教育哲学。日常経験における非日常的出来事に対する関心と探究心が教育にもたらす可能性と，それらがいかにアートを通して育まれるかについてアートグラフィーを通して探求している。

岩永啓司（Keiji Iwanaga）　6章，9章，15章

　北海道教育大学旭川校准教授。国画会会員。専門は彫刻（実技研究）。実材（主に木）を用いた彫刻表現の可能性をテーマに作品制作を行っている。また，その経験を生かして身近な素材を用いた立体造形表現に関する教材の開発や実践にも取り組んでいる。「教員養成系大学における彫刻表現の「プレフィグラツィオン」に着目した授業の検証に向けた基礎研究─シラバス調査による傾向の把握を通して─」（共著，『美術教育学研究』54号）他。

加山総子（Minako Kayama） 7章

武蔵野大学非常勤講師，東京都公立学校図画工作科非常勤講師。女子美術大学専任助手，同非常勤講師を経て現職。日展会友・白日会会員・日本彫刻会会員。保育園での造形活動や図画工作科の授業研究，大学公開講座でのワークショップを通して，子どもの粘土による造形活動について研究している。『アートがひらく保育と子供理解—多様な子どもの姿と表現の共有を目指して』（分担執筆，東京学芸大学出版会）他。

池田晴介（Seisuke Ikeda） 8章

東京学芸大学大学院教育学研究科教育実践専門職高度化専攻教科領域指導プログラム美術・工芸教育サブプログラム在学中。

和田賢征（Kensei Wada） 8章

東京学芸大学教育学部中等教育教員養成課程美術専攻在学中。

丁　佳楠（テイ・カナン）（Ding Jianan） 9章

中国生まれ。中国浙江省杭州市の杭州師範大学美術教育専攻修了，東京学芸大学大学院修士課程次世代日本型教育システム研究開発専攻在学中。

小室明久（Akihisa Komuro） 10章，15章

中部学院大学短期大学部幼児教育学科助教。専門は美術教育。小学校図画工作科教諭を経て，現在は幼児・児童を対象とした造形活動について研究している。著書に『まちと・アートと・場づくりと—こくぶんじアートラボ・プロジェクトの実践から』（共編著，学術研究出版）他がある。

佐藤真帆（Maho Sato） 10章

千葉大学教育学部准教授。美術教育を専門とする。関心がある研究テーマは，工作・工芸教育，伝統・文化，文化遺産教育，美術教師教育。

生井亮司（Ryoji Namai）　12章, 15章

　武蔵野大学教育学部教授。専門は美術教育学，教育哲学，彫刻制作。美術制作，美術教育の意味を哲学的に探究するとともに Arts-based Research の実践的・理論的な研究に取り組んでいる。とりわけ美術制作における身体と意識の問題に関心をもっている。主な著書に『美術と教育のあいだ』（共著，東京芸術大学出版会）。主な論文に「かたちと身体－木村素衞の身体論と伴に」（科研報告書）。主な展覧会に「ART=Research 展」（小山市立車屋美術館）などがある。

栗山由加（Yuka Kuriyama）　13章, 15章

　東京学芸大学個人研究員。東京家政大学非常勤講師，東京成徳大学・短期大学非常勤講師，玉川大学非常勤講師。絵画制作とともに美術教育の実践研究に取り組む。子ども園や小学校，美術館でのワークショップの他，公・民・学連携で行う子どものためのワークショップの企画運営にも関わる。幼児の探究活動の中で見られる造形的な表現について関心を持つ。

櫻井あすみ（Asumi Sakurai）　14章, 15章

　星野学園小学校非常勤講師，川口短期大学こども学科非常勤講師。画家。日本画材を用いた絵画を制作しながら，図画工作指導，子どもの造形活動の研究，保育士・幼稚園教諭養成などに取り組む。美術制作におけるアーティストや子どもの探究を知的活動と捉え，その質を明らかにすることに関心をもつ。共著に『美術教育の可能性』（小松佳代子編，勁草書房），主な展覧会に「ART=Research 展」（小山市立車屋美術館）などがある。

フェルナンド・H・ヘルナンデス（Fernando Hernández-Hernández）　16章

　バルセロナ大学（University of Barcelona）美術学部・文化教育学ユニット教授。大学院で芸術教育プログラムのコーディネーターを担当。現代的な視覚性とABRの研究に取り組んでおり，研究グループ ESBRINA（http://esbrina.eu），「REUNI＋D－教育研究とイノベーションのための大学ネットワーク：デジタル時代の教育における社会の変化と課題」（RED2018-102439-T）に取り組む（http：// reunid.eu）。

編集・デザイン補助

高橋美花（Mika Takahashi）

　東京学芸大学教育学部中等教育教員養成課程美術専攻卒業。

小島菜緒子（Naoko Kojima）

　東京学芸大学教育学部中等教育教員養成課程美術専攻卒業。東京学芸大学大学院教育学研究科教育実践専門職高度化専攻教科領域指導プログラム美術・工芸教育サブプログラム在学中。

ABRから始まる探究（2）初等教育編
子どもの表現とアートベース・リサーチの出会い

2022年3月31日　初版第1刷発行
2024年5月31日　初版第2刷発行

編 著 者　笠原広一、池田吏志、手塚千尋
執 筆 者　小松佳代子、生井亮司、茂木一司
　　　　　佐藤真帆、吉川暢子、岩永啓司
　　　　　栗山由加、小室明久
　　　　　フェルナンド・H・ヘルナンデス
　　　　　森本　謙、加山総子、櫻井あすみ
　　　　　和久井智洋、丁　佳楠、池田晴介
　　　　　和田賢征
写真装丁　笠原広一、小室亜美
発 行 所　学術研究出版
　　　　　〒670-0933　兵庫県姫路市平野町62
　　　　　［販売］Tel.079（280）2727　Fax.079（244）1482
　　　　　［制作］Tel.079（222）5372
　　　　　https://arpub.jp
印 刷 所　小野高速印刷株式会社
　　　　　©Koichi Kasahara 2022, Printed in Japan
　　　　　ISBN978-4-910733-30-2

乱丁本・落丁本は送料小社負担でお取り換えいたします。
本書のコピー、スキャン、デジタル化等の無断複製は著作権法上での例外を除き禁じられています。
本書を代行業者等の第三者に依頼してスキャンやデジタル化することは、たとえ個人や家庭内の
利用でも一切認められておりません。